宗教改革三大文書

付「九五箇条の提題」

マルティン・ルター
深井智朗 訳

講談社学術文庫

訳者序文　五〇〇年目のルターのために

一五一七年のことである。世界中で古い社会システムの転換、変化の兆しが見え始めていた。日本では、室町幕府が関東や北陸で起こった永正の乱の鎮静化に苦慮していた。イスラームの世界では、セリム一世が率いるオスマン帝国がマムルーク朝を滅ぼし、ムハンマドの後継者としてのカリフを廃位させ、政治的にも宗教的にもスンナ派イスラーム世界の支配者となった。そして、ドイツ国民の神聖ローマ帝国では、一人の勇気ある修道士の行動に人々の目が向けられていた。

マルティン・ルターである。

この年ルターが公にした「贖宥の効力を明らかにするための討論」（いわゆる「九五箇条の提題」）は、彼の意図に反し、神聖ローマ帝国の宗教的・政治的対立、帝国とバチカンの教皇主義者との複雑な政治的駆け引きに巻き込まれることになった。彼の勇気ある発言は、自国の経済を成長させ、この時代の新しい政治思想の影響のもと、みずからの力に見合った権力を皇帝に求めるようになっていた領主や帝国自由都市の人々の野望を後押しすることにもなった。

一六世紀初頭の神聖ローマ帝国は暗黒の時代の中にあったわけではない。むしろ、政治も経済も宗教もある種の成熟を経験していた。だからこそ、改革が始まった。一五一七年のルターの発言が、そのスイッチを押したのだ。そして、時代は動き出した。

混乱の元凶であるルターは、教皇の権威に逆らうものとしてバチカンから審問され、自説を撤回しないなら破門となることを伝えられた。また、一五一九年に皇帝となったカール五世からも、内外に課題を抱えたドイツ国民の神聖ローマ帝国にさらに困難な問題をもたらした厄介者とみなされた。

「九五箇条の提題」を公にしてから三年が経過し、ルターは発言の意図を、それ以後に起こったさまざまな変化や論争を踏まえて、人々に詳しく説明する必要性と責任を強く感じていた。だからこそ、この年多くの重要な著作を書いた。昼も夜も書き続けた。印刷所も人々の期待に応えてルターの著作を刊行した。ルターの原稿の取り合いが起こり、今日で言うなら海賊版も横行した。

本書に収録したのは、彼の著作活動のピークと言える一五二〇年に書かれた三つの著作で、のちに「宗教改革三大文書」と呼ばれるようになった。すなわち、同年八月に刊行された『キリスト教界の改善について』、一〇月に刊行された『教会のバビロン捕囚について』、そして一一月に刊行された『キリスト者の自由について』である。また、付録として「贖宥の効力を明らかにするための討論」(「九五箇条の提題」)も収録した。

これらの文書は、その扉を開くことで、ルターという途方もなく大きな城の奥深くへと至ることができるはずの城門である。

目次

凡例

・本書は、マルティン・ルターによる「宗教改革三大文書」と称される三篇に「九五箇条の提題」として知られる文書を付したものである。
・翻訳にあたっての底本は、*D. Martin Luthers Werke*, Kritische Gesamtausgabe (Weimarer Ausgabe) である。詳細な書誌情報については、巻末「訳者解説」を参照されたい。なお、翻訳に際しては、既刊の現代語訳や近年編集された選集を参照した。
・原文には注は付されておらず、＊1の形で示したのはすべて訳注である。
・訳文中で用いた〔　〕は訳者による補足・注記を示す。また、〈　〉は原書の改訂版で挿入された箇所であることを示す。挿入の経過については、各箇所の訳注で説明した。
・原文中の聖書からの引用は『新共同訳聖書』(日本聖書協会)とはかなり違っているため、著者が直に聖書の言葉を引用している場合には原文から訳出した。著者が聖書の箇所だけを示している箇所で訳者が聖書本文を補った場合は、原則として『新共同訳聖書』から引用したが、表記などについては全体の統一のために変更した場合がある。
・原書は一六世紀に書かれたものであるため、現代の人権意識からは不適切と判断される表現が散見される。これらについては、訳語に配慮しつつ原文に即して訳した。

宗教改革三大文書

付「九五箇条の提題」

贖宥の効力を明らかにするための討論〔九五箇条の提題〕

一五一七年（原文ラテン語）

真理への愛、そしてその真理を探究したいという熱情から、これから記す事柄について、文学と神学の修士であり、この地の神学正教授である司祭マルティン・ルターが司会をしてヴィッテンベルクで討論を行いたい。これに参加して直接見解を述べることができないなら、不在者として、書面で参加してほしいと願っている。私たちの主イエス・キリストの名によって。アーメン。

1

私たちの主であり、また教師であるイエス・キリストが「悔い改めのサクラメントを受けよ」[*1]と宣したとき、イエス・キリストは信じる者たちの生涯のすべてが悔い改めであることを願った。

2

その言葉が（司祭が職務上行う告解と償罪としての悔い改め、すなわち）サクラメントとしての悔い改めを指していると理解することはできない。[*2]

3

しかし、それはただ内的な悔い改めだけを意図しているとは言えないし、それどころか内的な悔い改めが〔内的なものに対して〕外的なものである肉をさまざまな方法で殺すという帰結に向かわないなら、虚しいものになってしまう。

4

〔今ある〕自己を憎むということ（それは真の内的な悔い改めではあるが）が続くかぎり、つまり天の国に入る時まで、罰は残る。

5

教皇は、自らが科した罰、あるいは教会法に従って科された罰以外には、他のどのような罰の赦しを宣言することも、あるいは赦すこともできない。

6

教皇は、神によって罪[*3]が赦されたと宣言すること、あるいはそれを承認すること以外には、どのような罪も赦すことはできない。また、自らに委ねられている責務に関する訴訟事項を赦すこと以外には（それゆえ、このような事項が見過ごされるなら、罪はなお残ることになる）、他のどのような罪も赦すことはできない[*4]。

7

神は、人間がどのようなことにおいても神の代理人である司祭に、謙虚に従っていないなら、誰の罪も赦すことはない。

8

教会法が定める悔い改めは、生きている人間にのみ関わるものであり、死者については何も課していない。

9

〔教会法によれば〕教皇は自らの決定において死と必然についての条項を除外するので、聖霊は教皇を通して私たちに正しい対応をしている。

10

教会法による悔い改めは煉獄でも適用できる、と死を迎えようとしている者に言う司祭は、無学であり、害を及ぼす者である。

11 教会法が定める〔この世の〕罰を、煉獄における罰に変えているあの毒麦は、司祭たちが眠ってしまっているあいだに蒔かれたのだろう。[*5]

12 以前は、教会法に基づく罰則は、真の痛悔《つうかい》[*6]を検証するために罪の赦しの後ではなく前に科された。

13 死を迎えようとしている者は、死によってすべてを支払うのであり、教会法の規定に対してはすでに死んだ者となっていて、その法の規定から解放されている。

14　死を迎えようとしている者たちの癒しや愛が不完全であると、避け難いこととして大きな恐れがいつも付着してしまう。また、愛が小さければ小さいほど、恐れはますます大きくなる。[*7]

15　(他には何も語られなかったとしても)この恐れと慄《おのの》きは、それ自体がすでに十分に煉獄の罰になっている。それは絶望という慄きに最も近いからである。

16　地獄、煉獄、天国の違いは、絶望、絶望への接近、救いの確かさの違いに対応している。

17　煉獄に置かれた魂にとっては、この慄きが軽減されるのに応じて愛が増し加わるのは当然である。

18

煉獄にある魂が功績をもつこと、愛が増し加わる状態にないことは、理性によっても聖書によっても証明されていない。[*8]

19

たとえ私たちが強く救いを確信しているとしても、煉獄にある魂が自らの救いについて確信し、また安心しているなどということは証明されていない。少なくとも〔そこに置かれている〕すべての魂がそのように確信しているということは証明などできない。

20

だからこそ教皇は、すべての罰についての完全な赦しを与えることで、それによって単純にすべての罰が赦されると理解するのではなく、それはただ自らが科した罰の赦しだけだと理解しているのである。[*9]

21

それゆえ、教皇の贖宥《しょくゆう》[*10]によって人間はすべての罰から解放され、救われる、と説明する贖宥の説教者は誤っている。

22

それどころか教皇が、この世で教会法の定めに従って解決されねばならなかった〔のに解決されなかった〕罰を、〔今は〕煉獄にある魂においては赦すことができる、などということはない。

23

あらゆる罰の完全な赦しを誰に与えるのかということになるなら、それは最も完全な人間に、ごくわずかなそのような人間にだけ与えられる[*11]。

24 以上のような理由から、多くの人が節操のない仕方で、荘厳であるだけの約束が与えられることで、罰から解放されているかのように騙されてしまっている。

25 教皇が煉獄に対してもっている権限と同じものを、その司教も、高位の聖職者も、それぞれの司教区、聖堂区に対して個別的にもっている。

1[*12]〔**26**〕教皇の鍵の権能（もちろん教皇はこの権限を煉獄ではもっていないのであるが）によってではなく、とりなしの行為〔代理の祈りとしての代禱〕によって魂に赦しを与えるのは最もよい行いである。[*13]

2〔**27**〕

お金が箱の中に投げ入れられ、そのお金がチャリンと音を立てるや否や、魂が飛び立つ〔ともに煉獄を去る〕と教える人たちは、〔神の教えではなく〕人間的な教えを宣べ伝えている。

3〔**28**〕

お金が箱の中に投げ入れられ、そのお金がチャリンと音を立てることで、利益と貪《むさぼ》りは確かに増し加わるに違いないが、教会のとりなしはただ神の御心に基づいている。

4〔**29**〕

聖セヴェリヌス、またパスカリスの物語*14が示しているように、煉獄にある魂のすべてが贖《あがな》われることを願っていたのかどうかを誰が知りうるというのか。

5〔**30**〕

自分の痛悔は確かに真実だと言う人は誰もいない。自分が十分な赦しを得ているかどうかは、それ以上に確かなことではない。

6〔31〕

真実な悔い改めが稀であるように、真実に贖宥を買う人も稀である。〔後者は前者よりも〕さらに稀なことである。

7〔32〕

贖宥の文書によって自らの救いが確実になると信じる人がいるなら、その人はそれを教える教師とともに永遠に断罪されるだろう。

8〔33〕

人間と神を和解させる教皇の贖宥は計り知れないほど高価な神の恩寵である、と主張する人がいるなら、その人は厳しく警戒されるべきである。

9〔34〕

なぜなら、〔教皇が与える〕贖宥の恩寵は、人間によって制定された償罪のサクラメントでの罰とだけ関係しているからである。

10〔35〕 魂を買い戻すことができ〔人を煉獄から連れ戻せ〕ると考え、告解の証明書をお金で買ったり、痛悔は必要ないと考えたりする人は、非キリスト教的なことを教えている。

11〔36〕 真に痛悔したキリスト者であれば、贖宥の証明書なしでも、その人が当然得ることができるはずの罪と罪過からの十分な赦しをもつ。

12〔37〕 〔このようにして〕真のキリスト者になった者であれば、生きている時も、死んでも、贖宥の証明書なしに、神から与えられるキリストとその教会のあらゆる宝に与《あずか》ることができる。

13〔38〕 しかし、教皇の赦しとそれへの関わりを軽視するようなことがあってはならない。（これまで述べてきたように）それは神の赦しの宣言なのである。[*15]

14〔39〕 人々に対して贖宥の恩寵と痛悔の真理を同時に称賛することは、どれほど知識に富んだ神学者であっても困難なことである。

15〔40〕 真実の痛悔は罰を求めるし、それを愛しもする。しかし、寛大すぎる贖宥は罰を緩和し、それを嫌悪することになる。少なくとも、そのような機会を提供してしまう。

16〔41〕 使徒的伝承に基づく贖宥[*16]は、他の愛に基づくよい行いに優先するものだと人々が誤解しないよう、注意して説明されねばならない。

17〔**42**〕

贖宥をお金で買うことは憐れみの行いと何らかの意味で同じものだと認められているという考えは教皇の意見ではない、とキリスト者は教えられるべきである。

18〔**43**〕

貧しい者に与え、困っている人に貸し与える者は、贖宥をお金で買うよりもよい行いをなしている、とキリスト者は教えられるべきである。

19〔**44**〕

愛は愛の行いによって増し加えられ、人はよい者となる。しかし、贖宥によっては、人はよい者とならず、むしろ罰から〔無責任な仕方で〕解放されてしまうだけである。

20〔**45**〕困っている人を知っているのに、その人を見ず、贖宥のためにお金を使う人がいるとすれば、その人は贖宥を手に入れることはなく、神の怒りを自らに招くことになる、とキリスト者は教えられるべきである。

21〔**46**〕財産を使いきれないほどもっているのでなければ、その人は必要なものを家で蓄えておくべきであって、贖宥のために浪費すべきではない、とキリスト者は教えられるべきである。

22〔**47**〕贖宥を買うのは自由であって命令ではない、とキリスト者は教えられるべきである。

23〔**48**〕教皇が人に贖宥を与えるとき、教皇は〔人が贖宥を買うために〕喜んで払うお金よりも、むしろそこでは欠けている自らのために捧げられる祈りを願っているのだ、とキリスト者は教えられるべきである。

24〔**49**〕

教皇の贖宥は、キリスト者がそれを信頼しないなら有益だが、それによってキリスト者が神への畏れを失うようなことがあるならまったく有害だ、とキリスト者は教えられるべきである。

25〔**50**〕

教皇が贖宥の説教者によってどれだけの取り立てがなされているかを知ったなら、教皇は聖ペトロ教会が彼の子羊たちの皮、肉、骨で建設されることではなく、それを灰燼に帰すことを選ぶに違いない、とキリスト者は教えられるべきである。

1〔**51**〕

贖宥の説教者たちは多くの人々からお金を騙し取っているが、教皇は（もし必要とあらば〕聖パウロ教会を売却してでも、自らそれらの人々の代金を支払いたいと願っている、とキリスト者は教えられるべきである。

2〔**52**〕

たとえ全権を与えられた人、いや、教皇自身が、自分の魂を質に入れ、保証しても、贖宥の証明書によって救いの確かさを得るのは虚しい。

3〔**53**〕

贖宥〔販売〕の説教がなされている時には、他の教会において神の言葉は〔語れず、むしろ〕沈黙すべきだ、と命じる人はキリストと教皇の敵である。

4〔**54**〕

一つの説教で贖宥のための説教と神の言葉の説教が同じ時間なされるなら、あるいは〔贖宥販売のための説教に〕神の言葉の説教より長い時間が使われるなら、それは神の言葉に対する不誠実である。

5〔55〕

（最も小さなものである）贖宥が、一つの鐘によって、一つの聖列によって、また一つの儀式の中で語られるというのなら、（最も大いなるものである）福音は、一〇〇の鐘によって、一〇〇の聖列によって、また一〇〇の儀式の中で語られねばならない、というのが教皇の考えである。

6〔56〕

教皇は教会の宝の中から贖宥を引き出してくるのであるが、それはまだ十分にふさわしい名で呼ばれていないし、キリストの民にも十分に知られているとは言い難い。

7〔57〕

説教者たちが教会の宝を簡単には放出せず、むしろもっぱら集めていることからしても、それは確かにこの世のものとは思えないようなものである。

8〔**58**〕

教会の宝はキリストと聖人たちの功績ではない。なぜなら、それらの功績は、教皇なしでも、内なる人に恩寵を、外なる人には十字架、死、地獄を与えているからである。

9〔**59**〕

聖ラウレンティウス[*17]は、教会に集まる貧しい者たちこそ教会の宝である、と語っている。しかし、それは彼の時代の用語使用に基づいて語っているのである。

10〔**60**〕

私たちはよく考えた上で、（キリストの功績によって与えられた）教会の鍵[*18]こそが教会の宝である、と主張する。

11〔**61**〕

なぜなら、さまざまな罰、教皇の専権事項である免赦は教皇の権能のみで十分であることは明らかだからである。

12〔62〕
教会の真の宝とは、神の栄光と恩寵である最も聖なる福音である。

13〔63〕
しかし、この真の教会の宝は、最初の者を最後の者にする[*19]ので、当然のことながら最も嫌われる。

14〔64〕
それに対して、贖宥の宝は、最後の者を最初の者にするので、当然のことながら最も好まれる。

15〔65〕

福音の宝は網である。この網で富んでいる人が以前には漁《すなど》られた。

16〔66〕

贖宥の宝は網である。この網で人の富が漁られる。

17〔67〕

贖宥は最も大きな恩寵だと声を大にして叫ぶ説教者たちは、それが利益を増やすという点で、確かに最も大きな恩恵だと理解している。

18〔68〕

しかし、贖宥は神の恩寵と十字架における慈《いつく》しみに比べれば、何とも小さな恵みにすぎない。

19〔**69**〕司教や教会の主任司祭たちは、使徒的な贖宥の委託販売人たちに敬意を払い、またその主張を認めるよう義務づけられている。

20〔**70**〕しかし、〔司教や教会の主任司祭たちは〕贖宥の委託販売人たちが教皇の指示ではなく自らの勝手な夢物語を語ったりしないように、目を凝らし、耳をそばだてて注意するよう義務づけられてもいる。

21〔**71**〕使徒的な贖宥の真理に反して何かを語るなら、その者は破門《アナテマ》*20とされ、呪われる。

22〔**72**〕逆に、贖宥の説教者の〔語る〕節操がなく身勝手な言葉に反対するなら、その者は祝福される。

23〔**73**〕 さまざまな仕方で贖宥の務めを偽り、悪事を試みるすべての者を、教皇は雷《いかずち》によって正しく制圧する。

24〔**74**〕 贖宥という口実で、聖なる愛と真理を欺《あざむ》くような悪事を試みるすべての者を、教皇は雷によって厳しく罰する。

25〔**75**〕 もちろん不可能なことだが、もし誰かが神の母を犯したとして、教皇の贖宥によってその人を解き放つことができるほど教皇の贖宥は大きいと想像するなら、正気の沙汰ではない。

1〔76〕

私たちは、教皇の贖宥は、赦されうる罪[*21]の中で最も小さなもので、その罪責を取り除くことなどできない、と理解している。

2〔77〕

聖ペトロが今ここで教皇だったとしても、より大きな恩恵を与えることはできないと言うなら、聖ペトロと教皇に対する冒瀆となる。

3〔78〕

しかし、私たちが主張したいのは、今の教皇であっても、またどの教皇であっても、『コリントの信徒への手紙一』第一二章〔第二八節〕で主張されているように、〔贖宥以上に〕大きな恩恵である福音、徳、癒しの恵みをもっているということである。

4〔79〕よく見えるように教皇の紋章を取りつけられた十字架がキリストの十字架だと主張するなら、それは冒瀆である。

5〔80〕このようなことを民衆に説教することには何の問題もないと言う司教、教会の主任司祭、あるいは神学者たちがいるなら、それに反論し、釈明すべきである。

6〔81〕このようないい加減な贖宥の説教が、厳しい申し立てや鋭い質問をなす信徒たちの教皇に対する尊敬の想いを救い出すのを困難にしてしまっている。

7〔82〕教皇が〔聖ペトロの名を冠したローマの〕大聖堂を建設するための最も汚れたお金で、すなわち最も薄弱な根拠で数えきれないほどの魂を贖《あがな》っているというのなら、なぜ聖なる愛や魂の大きな困窮、すなわちこのような最も正しい理由に基づいて〔まず〕煉獄をからにしてしまわなかったのか。

8〔83〕

また、すでに贖われた人のために祈ることは正しいと言えないのに、なぜ死者に対する儀式や、その記念が引き続き行われているのか。[*22] さらには、なぜ死者に、すでに受け取った規定の献金を返さないのか。また、それを受け取ったままにしておくことを許可しているのか。

9〔84〕

また、敬虔で神に愛される魂こそが贖われるということを、お金のためなら不敬虔な者や敵にまで適用しておきながら、〔真に〕敬虔で愛された魂自体の困窮に対しては無償の愛で償うことをしない神と教皇のこの新しい敬虔とは、いったい何だろうか。

10〔**85**〕

また、悔い改めについての教会法が事柄自体についても、その適用についてもすでに長らくそれを停止し、死物同然だったのに、なぜ今になって贖宥を認めるために、それが最も力をもっているかのように、お金を引き出すための根拠とされているのか。

11〔**86**〕

また、なぜ教皇は、財政的に今日では〔ローマの大富豪である〕豊かなクラッスス*23より富を得ているのに、貧しい信徒たちのお金ではなく、自らのお金で、この聖ペトロ大聖堂だけでも建ててみようと思わないのか。

12〔**87**〕

また、教皇は、十分な痛悔によって完全な罪の赦しを与えられる権利をもっている者たちの何をさらに赦すというのか。さらに何を与えるというのか。

13〔**88**〕

また、教皇はこのような意味での罪の赦しとその恩恵を与えることを〔それぞれの人生に対して〕ただ一度だけ行っているが、もしすべての信者に対して一日にこれらのことを一〇〇度も行うとしたら、それによってもっと大きな善が教会に加えられることになるのだろうか。[*24]

14〔**89**〕

教皇が贖宥によってお金ではなく魂の救いを求めているのであれば、かつて与えた証明書や贖宥は今も同じように有効であるはずなのに、なぜそれを停止させることがあるのか。

15〔**90**〕

信者たちのこのような鋭い疑問を力ずくで抑えつけ、説明責任を果たさないことは、教会と教皇の敵から嘲笑を買い、キリストを信じる者たちを不幸にする。

16〔**91**〕贖宥について教皇の精神と理解に基づいて説教されるなら、これらすべての疑問は簡単に解決され、存在しなくなってしまうだろう。

17〔**92**〕それゆえ、キリストの民に「平安、平安」と語る預言者[*25]は皆、立ち去れ。そこに平安はない。

18〔**93**〕キリストの民に「十字架、十字架」と語る預言者は皆、幸いである。そこに十字架はない。

19〔**94**〕キリスト者は、苦難、死、地獄によって、キリスト者の頭《かしら》であるキリストに熱心に従うよう勧告されるべきである。

20〔**95**〕

キリスト者は、〔これまで見てきたような〕平安の保証よりも、むしろいくつもの困難をくぐり抜けて天の国に入ることを固く信じなければならない。

一五一七年

訳注

＊1　『マタイによる福音書』四・一七には「その時から、イエスは、『悔い改めよ。天の国は近づいた』と言って、宣べ伝え始められた」とあるが、原文は訳出したとおり「悔い改めのサクラメントを受けよ」となっている。

＊2　ルターがこの討論の解説に付した序文（„Resolutiones disputationum de indulgentiarum virtute" (1518), in *D. Martin Luthers Werke*, Kritische Gesamtausgabe (Weimarer Ausgabe = WA), Abt. 1, Bd. 1, S. 544）によれば、「福音的な悔い改めとサクラメントとしての悔い改めは同じではなく、サクラメントが義とするのではなく、それに対する信仰が義とする」。

＊3　原文は culpa.「4」と「5」で「罰」と訳したのは poena である。

＊4　この時代のルターは、既存の教会制度や法、また教皇が取り扱う責務については否定していない。

＊5　「イエスは、別の喩えを持ち出して言われた。『天の国は次のように喩えられる。ある人がよい種を畑に蒔いた。人々が眠っているあいだに、敵が来て、麦の中に毒麦を蒔いていった』」（『マタイによる福音書』一三・二四以下）。

＊6　悔い改めのサクラメントの中核をなす行為で、神の前に罪を犯すより、すべてを失うほうがよいと決心するまで罪を悔やむこと。

＊7　「愛には恐れがない。完全な愛は恐れを締め出します。なぜなら、恐れは罰をともない、恐れる者には愛が全うされていないからです」（『ヨハネの手紙一』四・一八）。

＊8　この命題によって、ルターは死んだ者にも教会が罰を科すのは神の行為に対する越権行為だと述べている。

＊9　ルターがここで思い起こしている歴史的出来事は、教皇ウルバヌス二世（在位一〇八八―九九年）が一〇九六年の第一回十字軍に従軍した者に教会が科した罪の罰を完全に赦したことである。ルターは、今日では教会が科した罪の罰だけでなく、神が定めたものにまで教会が赦しを与えていることを問題にしている。

＊10　「訳者解説」参照。悔い改めのサクラメントによって罪に対する罰を代行したり免除したりすること。それが有料の贖宥状として発行された。

＊11　ルターはのちにこの見解を訂正し、「最も完全な人間」だけでなく「最も不完全な人間」にも与えられるとしている（WA, Abt. 1, Bd. 1, S. 571）。

＊12　この討論命題の初期の印刷では、命題が二五ずつにまとめられていた。それゆえ、番号はここで再び「1」に戻るが、これは印刷技術に関する問題であって内容的な区分ではない（参照の便宜のため、〔 〕の形で通しの番号を付加した）。なお、これは当時、大学の出版物を刊行していたヨハン・ラウ＝グリューネンベルク（一五〇八―二五年）による印刷技術の形式で、「九五箇条の提題」の八週間前に刊行され

た『スコラ神学論駁』でも同じようになっている。この点については、Andrew Pettegree, *Brand Luther: 1517, Printing, and the Making of the Reformation*, New York: Penguin Press, 2015 を参照。

＊13 「私はあなた〔ペトロ〕に天の国の鍵を授ける。あなたが地上でつなぐことは、天上でもつながれる。あなたが地上で解《と》くことは、天上でも解かれる」（『マタイによる福音書』一六・一九）。それゆえ、ルターはここで教皇が鍵の権能をもっていることを否定しているのではなく、それが煉獄でも有効であるという考えを否定している。

＊14 「聖セヴェリヌス」の物語とは、アガウヌムのセヴェリヌス（生年不詳―五〇七年頃）の伝説を指す。彼はブルゴーニュに生まれ、アガウヌム修道院長だったとき、医師も匙を投げた難病に悩まされるフランク王国のクロヴィス王（在位四八一―五一一年）を治した、という伝説が残っている。パスカリス二世は教皇で（在位一〇九九―一一一八年）、皇帝ハインリヒ五世（在位一一一一―一一二五年）と叙任権の問題で論争した。

＊15 ここに初期のルターの立場が明らかにされている。彼は一方で教皇の職務を否定していないが、他方でサクラメントや司祭が人間を義とするのではなく、キリストの言葉への信仰が司祭とその職務を通して人間を義とすると考えていた。

＊16 『マタイによる福音書』第一六章の記述にあるように、ペトロに与えられた鍵の権能に基づいて使徒から伝承された贖宥のこと。教皇がなす贖宥を指す。

＊17 ラウレンティウス（二二五―二五八年）は、ローマ皇帝による迫害の中で、攻撃を受けた修道院のもつ財産すべてを貧民に与えたが、ローマ兵によって焼き殺されたと伝えられている。

＊18 悔い改めによる罪の赦し、悔い改めない者の破門、サクラメントの執行、福音の説教のこと。

＊19 「このように、後にいる者が先になり、先にいる者が後になる」（『マタイによる福音書』二〇・一六）。

＊20　原文はanathema.「破門」と訳したが、もともとは「聖絶」と訳される言葉である。

＊21　死罪にあたるような大罪ではない、いわゆる小罪のこと。

＊22　この時代には、人が死ぬと、その日のうちに葬儀ミサが行われ、死後三日して死者のためのミサが行われ、さらに埋葬の日にもミサが行われた。

＊23　マルクス・リキニウス・クラッスス（前一一五頃—五三年）。富と贅沢の象徴だった。「クラッスス」は「太っている」という意味から転じて、ローマに住む富豪を揶揄する言葉として使われる。

＊24　当時、贖宥状は一生に一度与えられるだけだったが、教皇の許可があった祝祭日などには別の贖宥状を発行することが特別に許された。

＊25「彼らは、わが民の破滅を手軽に治療して平和がないのに、『平和、平和』と言う」（『エレミヤ書』六・一四）。

キリスト教界の改善について——ドイツのキリスト教徒貴族に宛てて

一五二〇年（原文ドイツ語）

私が親愛の情を感じる友人、
聖書の学位をもつヴィッテンベルクの司教座聖堂参事官、
尊敬し、品格のあるアムスドルフのニコラウス氏[*1]に〔献呈する〕。

博士　マルティン・ルター

尊敬し、品格のある友よ、神の平安と恵みがありますように。

コヘレトが言うように、沈黙の時は過ぎたのです。語るべき時が来たのです。[*2] 私はドイツのキリスト者貴族に、神が今日なお教会を、信じる者たちによって助けようとしているのかどうかを語るために、計画を練って、キリスト教界の改善のためにいくつかのことをまとめました。なぜなら、本来このことをなすべき霊的な〔指導〕者たちが関心をもたなくなっているからです。そのため、これらの課題について見解を表明し、必要なことについては改善するためにも、品格のあるあなたに、そのすべてを書き送っておきたいのです。もちろん、私は、キリスト教界についてさまざまな配慮をすること、賢明な人々にあえて忠告することと、また卑しく、この世を捨てた人間であるこの私が、あたかもルター博士しかいないかのようにふるまい、このような重大な問題について高貴な身分をもつあなたに意見するなどということは、あまりにも不遜な行為だと批判されるに違いないということは十分に理解しています。しかし、誰が私を非難したとしても、もう弁明しないことにします。私は、私の神とこの世に対して、おそらくあえて愚かなことをなすという役目を負っているに違いないのです。もしそうであるなら、この責任を正しくなすために、そして宮廷でまるで道化役者であるかのように笑われる役目を果たすために、大いに自らの愚かさを発揮すべきなのだと、今、私自身、心に決めたところです。たとえその決心を果たしえなかったとしても、それでも私にはなお益になることがあるに違いありません。それゆえ、私のために装飾用の鬘《かつら》や櫛《くし》を届けようなどとは考えてくださらなくともよいのです。[*3] 問題は、誰が他の人の首に鈴をつけるのか、ということなのです。私は「修道士の姿を思い浮かべるとすれば、この世に何らかの問題があるなら、そこにこそいるのが修道士である」という格言を実行すべきでありましょう。パウロが〔『コリントの信徒への手紙一』三・一八で〕「この世の知者になりたいと思う者は愚かな者にならねばならない」と述べているように、愚かな者は確かに繰り返し正しく語ってきたし、この世の知者だと思っている人は常に愚かな者とされてきたのです。私は、ただ愚かな者として語るだけでなく、誓願を立てた聖書の博士なのですから、愚かな者になるという仕方で、この私の誓いを誠実に果たす機会が与えられていることを、むしろ喜んでいます。しかし、最も高貴で分別ある人々の同意や恩恵を十分に受けることができるかどうかは定かではないので、的確な判断ができる人々の弁護を願っています。私はこれまでそのような人々の同意や恩恵を求める努力を続けてきました。しかし、今となってはもうこれ以上のことは希望しませんし、この問題のために心を砕くのはやめようと思うのです。私たちが自らの栄誉を求めるのではなく、ただ神の栄光だけを求めることができますように。神よ、私たちを助けたまえ。アーメン。

一五二〇年　洗礼者聖ヨハネの日の夜[*4]
ヴィッテンベルクのアウグスティヌス会修道院にて

尊厳と大権をもつ皇帝陛下ならびにドイツのキリスト者貴族に〔奉る〕。

博士　マルティン・ルター

何よりも神の恵みと力が、威厳をもちたもう〔皇帝〕陛下、恵みに満ちたもう愛する貴族の皆さんの上に豊かでありますように。

取るに足らない私のような一人の人間が、あえて皆さんのような尊い身分を負った方々の前で何かを語りたいと願っているのは、ただの好奇心ではありませんし、傲慢な心の表れでもありません。キリスト教界のあらゆる身分、とりわけドイツという国を抑圧し続けている艱難《かんなん》や重圧が私を動かしているのです。いや、それだけではありません。そのことは、すべての人々を動かし、助けを求める叫びをあげさせているのです。神はご自身の霊を与え、艱難と重圧の中にある悲惨な人々に助けの手を差し伸べて、ある人に叫ばせ、また人々に呼びかけてこられたように、私を今そのように用いようとしておられるのです。公会議によって、これまでにも重大な事柄が提案されてきましたが、人々の策略が〔決定が実行されるのを〕妨げ、事態は悪くなる一方でした。神よ、助けてください。私は今〔本書で〕このような悪巧みや悪意ある行いを明らかにし、今起こっていることをお伝えすることで、これからは人々が〔決定されたことによって守られるのを〕妨げられたり、傷つけられたりしないようにと願っているのです。神よ、あなたは私たちの首長として、一人の若き、尊い血統をもったお方をお遣わしになりました*5。それによって人々の心によき希望を目覚めさせたのですから、私たちはなすべきことをし、与えられた時間も恩寵も可能なかぎり有効に用いるべきだと考えています。

その際、何よりも心得るべきは、もし全世界の力が私たちの手の中にあるのだとしても、私たちはまず慎重に準備をすべきであって、大いなる権力あるいは理性に依存して何事かを始めてはならないということです。というのも、神はよい行いが自らの力でなされたとか、理性によって始められるということを許したまわないし、また許そうともなさらないからです。神はこのような仕方でなされるよい行いを滅ぼしてしまうでしょう。『詩編』第三三編〔第一六節〕で歌われているとおり、「王は自らの多くの軍勢によって救われるのではないし、勇士たちは自らの大きな力によって助けられるのではない」のです。それらのものは何の役にも立ちません。かの偉大な君主として君臨された皇帝フリードリヒ一世[*6]、皇帝フリードリヒ二世[*7]をはじめ、多くのドイツのための皇帝たちが、この世ではまことの畏れをもって迎えられたのに、あの教皇[*8]によって悲劇的な仕方で抑えつけられ、抑圧されることになったのはこのような理由によるのではないか、と私は考えて心を痛めているのです。これらの人々は神に頼るよりも自らの力により頼んだのではなかったでしょうか。それゆえ、これらの人々は倒れねばならなかったのです。今日、吸血鬼〔と呼ばれる教皇〕ユリウス二世[*9]が、なぜあのような地位を得たのかといえば、それは結局、〔周辺国である〕フランス、ドイツ、ヴェネツィア〔の王たち〕が自らの力により頼んだからではなかったでしょうか。私はそう理解しています。〔聖書の時代に〕ベニヤミン族の子孫がイスラエルの四万二〇〇〇人もの人々を打ち倒すことができたのも、結局はイスラエル人が自らの力により頼みすぎていたからです[*10]。

私たちは、まことに高貴な血統を受け継ぐカール〔大帝〕がこのようなことにならないよう願っており、このような状況の中で私たちが立ち向かわねばならないのは人間ではなく、陰府《よみ》の力をもった諸侯たちであることを知らなければならないでしょう。確かに、彼らは戦いと流血によって世界を支配しうるのかもしれません。しかし、世界がそのような力に征服されてしまうことは決してありません。ですから、この世のいかなる肉の力にもより頼むことはせず、謙虚に、ただ神を信頼し、問題と取り組み、真実に神に祈り、助けを求め、悪人たちが手に入れようとしているものなどには目もくれず、悲劇的な状況にあるキリスト教界の艱難と困窮という目下の一大事にのみ集中すべきなのです。もしそうでないなら、これからなそうとしていることは、ただの見せかけの試みになってしまうでしょう。そして、人々はそれに関わることで悪霊の働きに加担することになり、そうして世界中に流血の惨事がもたらされ、結局は何をしてもだめなのだという誤った考えをもつようになるに違いありません。そのようなことにならないためにも、私たちは神を畏れ、しかも賢くこれらのことをなしたいのです。神を畏れることを忘れて謙遜さ[*11]が失われる時には、暴力がはびこり、不幸がもたらされます。教皇やローマ主義者たちはこれまでサタンの力が働くのを許し、諸侯たちを攪乱してきたのですが、私たちが〔これらと戦う際に〕神の助けではなく私たち自身の力や策略によって事をなそうとするなら、私たちも同じようなことをすることになってしまうでしょう。

ローマ主義者は巧みに三つの砦[*12]を自らの周囲に張りめぐらし、誰も改革の動きに手をつけられないようにしてきました。そうしてキリスト教界は堕落したのです。第一に〔ローマ主義者の〕誰かが、世俗の権力によって迫害されるなら、世俗の力には彼を支配する権利はなく、教会の力こそが世俗の力の上に立つものであるという主張を擁護し、貫いてきました。第二に〔ローマ主義者の〕誰かが、聖書〔の教え〕によって断罪されようとしても、それに反対して、教皇以外は誰も聖書を解釈する資格をもっていないと規定してきました。第三に〔ローマ主義者の〕誰かが、公会議によって糾弾されても、〔それに反対して〕教皇以外は誰も公会議を召集することはできないと主張し、ありえないことを捏造してきました。

ローマ主義者は、罰を逃れるために、これら三つの〔過ちを罰する〕ための鞭をそっと盗み出し、さらに私たちには周知のことですが、卑劣で、誰が見ても悪い行いをさまざまになしているにもかかわらず、この砦の中に安住しています。彼らは、公会議の開催が必要になったとしても、自らの利益を守るために、いち早く諸侯たちに忠誠を誓わせ、公会議の秩序のすべてを支配するのは教皇の権能だと主張し、公会議を開催してもしなくても同じ結果になるように画策し、その上で仮面と欺瞞に身を包むことで人々を欺《あざむ》いて、公会議を骨抜きにしてしまうのです。*13 彼らは正当で自由な公会議が開催されることを恐れたのです。自らの薄汚く狡猾な策略に従わない人がいるなら、それは神に逆らう行為だと主張し、それを信じ込ませることで王や諸侯を脅迫したのです。

神よ、私たちを助けてください。私たちがこの藁《わら》あるいは紙で作られた砦を打倒し、罪を罰して、サタンの悪巧みや偽りが明らかになるように、キリストの鞭を自由にお使いくださり、私たちが罰によって自ら悔い改め、神の恩寵を再び回復するために、かつてあのエリコの城壁を崩壊させたラッパの音の一つを私たちに与えてください。[14]

最初の砦を攻略したいと思います。

教皇、司教、そして司祭、修道士たちは霊的で、諸侯、王、手工業者と農民は世俗的な身分だと言われています。そのような驚愕すべき、しかも巧妙な言い方が考案されているのです。けれども、そのような言い方に脅かされる必要はありませんし、恐れを感じることもありません。『コリントの信徒への手紙一』第一二章〔第一二節以下〕でパウロが「私たちは皆一つの身体であるが、しかもすべての肢体は他の肢体に仕えるために独自の業をもっている」と述べているではありませんか。すべてのキリスト者は誰でも皆、霊的な階級に属しているのです。それぞれの職務の違い以外には何の違いもありません。最も重要なことは、私たちは一つの洗礼、一つの福音、一つの信仰をもっており、私たちは皆同じキリスト者だということです。〔一つの〕洗礼、〔一つの〕福音、〔一つの〕信仰が、私たちを皆、霊的なものにし、キリスト者にするのです。教皇や司教が油注がれた者とされ、剃髪式に与《あずか》り、叙階され、品級のサクラメントを与えられ、一般信徒とは異なる聖服を着用することで、[15]偽善者や〔人々が陰でそう呼んでいるように〕枯れかかった樹木[16]〔のような男ども〕を生み出すのかもしれませんが、それによってキリスト者を生み出し、霊的な人間を生み出すことはありません。『ペトロの手紙一』第二章〔第九節〕で「あなたがたは王なる祭司であり、また祭司である王」と言われ、また『〔ヨハネの〕黙示録』〔五・九以下〕で「あなたは私たちをその血によって祭司、王とされました」と言われているとおり、私たちは誰でもまさに文字どより洗礼によって祭司として聖別されているのです。それと同じように、私たちには教皇や司教が与えるよりも高次の聖別が与えられているのです。教皇や司教の聖別だけでは誰も司祭になることはできませんし、司祭はミサを執行することも、説教することも、罪の赦しを宣言することもできるはずがありません。

このような次第ですから、司教の聖別というのは、まったく同じ力をもつすべての人々の中から誰かを代表として選ぶこと、また民衆の名によって一人の人物を他の人の中から選び出し、その人が代表して他の人ももつ力を行使するように命じることと同じなのです。あるいは、王の子供が一〇人いたとして、その一人が同じ相続人である他の者の中から自分たちの遺産を管理するために一人の代表を選ぶことと同じなのです。彼らは皆、王であり、同じ力をもちますが、ただ一人だけに遺産の管理が命じられるのです。さらに具体的に考えてみたいと思います。信仰の深い信徒たちの小さな群れが捕えられ、司教によって聖別された司祭がいない荒野に放置されてしまったなら、その時には既婚者であるか独身であるかなどは問われず、誰か一人を今いる人の中から選び出し、その職務につけないでしょうか。そして、その人を司教や教皇が選んだ者と同じように本当の司祭として認め、その人は洗礼を授け、ミサを執行し、罪の赦しを宣言し、説教することを命じられるに違いありません。必要な場合には、誰でも洗礼を授け、罪の赦しを宣言するのです。そのとき、もし私たちすべてが司祭でなかったら、それは不可能です。ところが、ローマ主義者たちは、教会法の規定によって、洗礼の恩恵とキリスト者がもつ大きな力を私たちから取り上げ、何も分からないようにしてしまいました。かつては、そのような仕方でキリスト者はその群れの中から自らの司教や司祭を選び出しました。そのとき、司教や司祭は、今日行われているような儀式なしでも、他の司教たちによって承認されてきました。聖アウグスティヌス[*17]も、聖アンブロシウス[*18]も、聖キプリアヌス[*19]も、そのようにして司教になったのです。

世俗の権力をもつ者たちも、私たちと同じように洗礼を受け、同じ信仰と福音をもつのであれば、私たちはこれらの人々を祭司であり司教であると認めなければなりませんし、彼らの職務をキリスト教会に対する正当な権能をもつ有用なものとみなさねばなりません。なぜなら、洗礼によって新しく生まれた者は、すでに司祭、司教、教皇として聖別された者として、たとえその職務をすべての人が適切に担うことができないとしても、そのように自らを誇ることができるからです。このように私たちは皆同じように司祭なのですから、皆がその権能に対して同じ権利を有している事柄について、皆の同意や皆によって選ばれることなしに自分のものにするということを誰もしてはならないのです。ですから、もし誰かが、ある職務に選び出されたのに、それを誤って行い、罷免されるようなことがあれば、その人は選ばれる前と同じただの人に戻ります。それゆえ、キリスト教界における司祭の身分というのは、この世の職務保有者と同じであり、それ以上のものではありません。人はその職務についているかぎり職務を執り行うことができますが、罷免されれば他の人と同じように一人の農民、一人の市民です。同じように、司祭も罷免[*20]されれば、もはや司祭ではありません。ところが、彼らは「消せない性質」などという考えを捏造し、罷免された司祭であっても、その人はなお一般の信徒とは違うと主張しています。それどころか、司祭は二度と司祭以外のものにはなれないし、一般的な信徒にはなれない、という幻想を彼らは語るのです。しかし、それらはすべて人間によって作り出された話であり、勝手な掟にすぎません。信徒と司祭、諸侯と司教、あるいはローマ主義者たちの言う「霊的なもの」と「この世のもの」という区別は、その職務あるいはその業務以外の違いを意味しているわけではなく、両者のあいだに身分的な違いはありません。なぜなら、彼らはどちらも同じように、霊的な身分に属する真の司祭、司教、教皇だからです。ただ〔聖書が言うように〕皆が同じ業をすべきではないように、皆が同じ職務をもっているわけではないのです。この点については、私がすでに引用した『ローマの信徒への手紙』第一二章、あるいは『コリントの信徒への手紙一』第一二章の聖パウロの言葉や、また聖ペトロによって『ペトロの手紙一』第三章で述べられているように、キリストがすべての者たちの頭《かしら》であり、それぞれはその肢体なのです。[*21] キリストが、一つはこの世のもの、もう一つは霊的なもの、というように二つのものあるいは二つの身体をもつわけではないのです。キリストは私たちの頭であると同時に一つの身体をもっておられます。ですから、今、霊的なものと呼ばれている司祭、司教、教皇の職務、すなわち彼らの神の言葉とサクラメントを扱うという職務は、彼らの職務なのであって、それゆえ高貴な身分であるとか、他のキリスト者から区別されるというものではないのです。それと同じ意味で、この世の権力者は剣と鞭をもち、それで悪人を罰して、よき敬虔なものを守る職務を帯びています。靴造り、鍛冶屋、農民が、それぞれ自分の稼業という職務をもっているように、彼らも聖別された司祭、司教としてそれぞれの職務を、また業務によって他の人々にとって有用で役に立つことを行わなければなりません。このようなさまざまな業は、まさに一つの身体のそれぞれの肢体が相互に役に立っているように、身体と魂のために一つの共通の目的に向けられているのです。

この世の権力が聖職者を支配することができず、また罰することができないということがキリスト教的ということなのでしょうか。それは、例えば目がひどい苦難に直面しているのに手は何も手伝うべきではないというのと同じことではないでしょうか。身体の一部が他の〔困っている〕部分を助けて、それがだめになってしまうのを防ぐべきではないというなら不自然であるのと同じことではないでしょうか。[*22] むしろ、それはキリスト教的でない行いではないでしょうか。その身体が高貴であればあるほど、その肢体は他の肢体を助けなければならないのではないでしょうか。それと同じように、この世の権力が、神によって、悪人を罰し、善人を守るように定められているのであれば、その職務は、たとえ教皇、司教、司祭、修道士、修道女、あるいは他のどのような身分であっても、キリスト教界のすべてにおいて邪魔されることなく自由に行使されねばなりません。そう私は言いたいのです。この世の権力はキリスト教的な職務のうちの説教職や懺悔を聞く聖職者たちの仕事、すなわち霊的職務より低次のものなので、それらの聖職者たちにはこの世の権力を行使できない[*23]というのであれば、縫製業、靴職人、石工、大工、料理人、給仕、農民など、この世のあらゆる職業の人々は教皇、司教、司祭、修道士のために靴、着物、家、食料、飲み物などをもう作らないようにし、また税金なども納めないようにすべきでしょう。しかし、実際には、これらの信徒たちの仕事は自由にやらせているのです〔から、それは詭弁です〕。ですから、ローマ主義者たちの書記官は、自分はこの世の権力の支配を免れているのだと言うことで、聖ペトロが〔『ペトロの手紙二』二・一以下で〕言う「あなたがたの中に偽教師が現れ、彼らは何も分からないあなたがたを欺くために、不誠実な、捏造された言葉であなたがたを扱うだろう」という事実を成就することになるでしょう。

ですから、この世の権力をもつ者は、教皇、司教、司祭であっても、それ〔らの職位〕に惑わされることなく、自由に、妨げられることなく自らの職務を行うべきなのです。罪を犯した者は罰を受けよ、と言われているとおりです。教会法がそのことにどのような反論をしようと、それはどれも捏造と言うべきですし、ローマ主義者の傲慢きわまりない行為です。なぜなら、聖パウロは〔『ローマの信徒への手紙』一三・一以下で〕この世の権力に従うべきであるに対して「どのような魂も（私は教皇も含まれると思いますが）この世の権力に従うべきである。なぜなら、権力はただ剣をもっているのではなく、それを用いて悪人を罰し、信仰深い者たちを誉め称えることによって神に仕えるために、それをもっているからだ」と述べ、さらに聖ペトロは〔『ペトロの手紙二』二・一三で〕「あなたがたは神のために、人間の立てたすべての秩序に従いなさい。神はそれを望んでおられる」と述べているからです。さらに聖ペトロは〔『ペトロの手紙二』二・一〇で〕「この世の権力を軽んじるような者たちが現れるだろう」と予言していますが、そのことは教会法によって現実化してしまったのです。

これまで見たとおり、この世の権力はキリスト教的な身体〔共同体〕の一つの肢体であり、それはこの世の権力であると同時に霊的な身分なのですから、すでに述べた第一の紙で作ったような砦は打ち倒されたことになります。ですから、この世の権力は、教皇、司教、司祭が脅迫して破門をちらつかせようとも、それを気にすることなく、自由を妨げられることなく、キリスト教的な身体〔共同体〕の各肢体に対して、罪がある場合には必要に応じて罰を与えて、罪があることを認めさせなければならないのです。聖職者たちがこの世の法によって裁かれる場合、罪ある祭司は祭司の身分をあらかじめ剝奪されます。そのようなことをするのは、神の制定によって、この世の権力の剣が罪ある祭司たちに対して権力をもっているのでなければ許されないことです。もともと教会法は聖職者たちの自由については身体についても財産についても非常に重視しているのに、〔信徒については軽視して〕信徒が聖職者より下位の存在であるかのように、あるいはあたかも信徒が教会に一つの肢体ではないかのように扱われているのはおかしなことです。私たちは〔どちらも〕同じキリスト者であり、洗礼、信仰、聖霊の働きは一つであるにもかかわらず、なぜあなたがた〔教皇、司教、司祭〕の身体、生命、財産は自由なのに、私たちは自由ではないというのでしょうか。任命された司祭が殺されるようなことが起こると、その地域には〔サクラメントの執行などの〕聖務禁止令[*24]という罰が下されるのに、農民が殺されてもそうならないのはなぜなのでしょうか。同じキリスト教を信じる人間なのに、このような違いはどこから生じるのでしょうか。それは人間が作り出した掟からであり、人間が作り出したいくつもの捏造されたものから来るのです。

このような例外条項を作り出して、罰することのできない罪を可能にし、自由に罪を犯させる機会を作り出してしまったのが、よき霊の働きであるはずがありません。それゆえ、私たちは、キリストが命じられたように、また使徒たちが命じてもいるように、この悪い霊の業や言葉と戦い、これを追い出す責任があるのです。私たちは、教皇や教皇の手下たちが悪魔的なことを計画し、またそれを宣伝しているのを平然と黙認していてよいのでしょうか。私たちは洗礼を受けた時に命をかけてそれを守ると誓った戒《いまし》めと真実を、人間的なもののゆえに放棄してよいのでしょうか。もしそんなことになるのなら、私たちはそのことのゆえに神に見捨てられ、誘惑された魂に対する責任を負わねばならなくなるはずです。ですから、教会法に「教皇が無数の魂をサタンに引き渡すほど悪い者だったとしても、人は彼を罷免することはできない*25」と書かれているのは、サタンの首領が言わせた言葉でしょう。ローマ主義者たちは、このサタンの言葉の上に立って、サタンの行いに反抗するのではなく、むしろ全世界の魂をサタンに手渡してしまおうと考えているのです。もし〔聖職者たちが〕罪を犯しても罰を受けることがない理由が、この人は他の者の上に立つ者だから、ということだけであるのなら、キリスト者は誰も罰することができなくなってしまいます。なぜなら、キリストは〔『マタイによる福音書』一八・四で〕「すべての人は自分を最も低い者、最も卑しい者とすべきである」と述べているからです。ですから、どのようなキリスト者も他者を罰することができないのです。

聖グレゴリウスは、こう述べています。「私たちはまったくすべて平等である。しかし、罪は一方を他方に従属させる」[*26]。このように、罪のあるところには、もはや罪を防ぐ手立てはありませんでした。ローマ主義者たちは、聖書をまったく引き合いに出すことなく、彼らの傲慢ゆえに、不法なことを勝手に、自由に行っているのです。しかも、そのような自由というのは、神と使徒たちがこの世の剣によってようやく服従させている類のものなのです。それは、もはや反キリスト[*27]の行為か、反キリストの前に事前に現れる露払いのような者の行為です。

〔第二の〕砦は、それ以上に根拠のない、役に立たないものです。それは何でしょうか。ローマ主義者たちが、これまでの人生で聖書から何も学んでいないのに、自分たちだけが聖書の教師であろうとしていることです。彼らは傲慢にも権威を独占し、教皇は良い人であっても悪い人であっても信仰においては過ちを犯すことなどないと言って私たちを騙そうとしていますが、それについては何らの証拠も示そうとしません。そのため、教会法には、異端的でキリスト教的ではないだけでなく、理論的には破綻した規定まで存在しているありさまです。彼らは自分たちがどれほど無学で、しかも悪人であっても、聖霊は決して自分たちを見捨てるはずがないと言い張るので、自ら望むことをただひたすら勝手に書き加えていくのです。それなら、聖書はいったい何のために必要になるのでしょうか。聖書は何のために有用だというのでしょうか。そんなことなら、いっそのこと聖書を焼いてしまおうではありませんか。そして、信仰深い心にしか宿ることのない聖霊を無学だがもっていると主張して憚《はばか》らないローマ主義者の手下たちだけで満足しようではありませんか。しかし、聖霊は敬虔な心以外のどこにも内在しません。もし私が教会法を読まなかったら、サタンがローマでこのような愚かなことを行って、自分たちの味方を得ている、という事実を信じることはできなかったでしょう〔が、私は読んでしまったのです〕。

このような主張が単なる言い争いに終わらないように、聖書を引用しておきたいと思います。聖パウロは『コリントの信徒への手紙一』第一四章〔第三〇節〕で次のように述べています。「皆が座って他の人が語る神の言葉を聞いているとき、その人がより優れた啓示を受けたなら、はじめの人は沈黙して、その人に譲るべきである」。もしそこではじめに語っている人、あるいは上座にいる人の言うことしか信じられないというのであれば、この戒めには何の意味があるのでしょう。キリストも『ヨハネによる福音書』第六章〔第四五節〕で「すべてのキリスト者は神からの教えを受けるべきである」と述べています。例えば、教皇とその手下たちが悪い人々で真のキリスト者ではなく、神の教えを学んでいないので真の知性をもっておらず、むしろ取るに足らない者たちと呼ばれた人々が真の知性をもっているということがあるわけですが、その場合、後者の人に従ってはならないとでもいうのでしょうか。教皇はこれまでにもしばしば誤りを犯してこなかったでしょうか。もし人が聖書を自ら具現化している教皇以外に信じるものがないと言うのなら、その教皇が誤った場合、誰がキリスト教界を救えるのでしょうか。

それゆえ、聖書を解釈し、その解釈を確定できるのはただ教皇だけがもつ権能であるというのはまことに傲慢な作り話であり、事実それを証明する聖書の言葉をローマ主義者たちは一言も見つけることができずにいるのです。彼らは聖書を解釈する権利を不法に独占しています。また、彼らは聖ペトロが鍵〔の権能〕を預けられた時に、この権能も授けられたのだと主張するのですが、あの鍵はただ聖ペトロにだけ授けられたのではなく、教会全体に与えられたことは自明です。それどころか、この鍵は教えや教会統治のために与えられたのではなく、誰かを罪につなぎ、あるいはそれから解き放つためのものなのです。ですから、彼らがこの鍵についてこれ以外のことを述べたり付け加えたりするのなら、虚しいことです。キリストがペトロに「私はあなたの信仰がなくならないように祈った」と〔『ルカによる福音書』二二・三二で〕言ったことをそのまま教皇にあてはめることはできません。なぜなら、ほとんどの教皇は、自ら認めざるをえないように、ほとんどが無信仰だったからです。キリストはもちろんペトロのためだけに祈ったのではありません。すべてのキリスト者のために祈ったのです。そのことは『ヨハネによる福音書』第一七章〔第九節〕で「父よ、あなたが私にお与えの人々のためにお願いいたします。私がお願いするのは、彼らのためばかりでなく、彼らの言葉を信じる者たちのためにも」とキリストが祈っているとおりです。このことは自明です。

ぜひお考えいただきたいのです。私たちのあいだには、真の信仰、聖霊、知恵、そして〔神の〕言葉、意思をもっている信仰深いキリスト者がいるということを。そのことはローマ主義者でさえ否定できないはずです。それなのに、なぜこのような人々を退けてまで、信仰も聖霊ももたない教皇に従わねばならないのでしょうか。それは真の信仰とキリスト教会を否定することにはならないでしょうか。また、「聖なる公同の教会を信じる」という〔使徒信条第三項の〕言葉が正しいのなら、教皇だけがいつも正しいなどと言えるはずがないのです。もしそうでないとすれば、人は「私はローマ教皇を信じる」と言わなければならないはずです。もしそうであるとすれば、キリストの教会をただ一人の人と関係させることになってしまうでしょう。それは悪魔的で地獄のような誤り以外の何ものでもありません。

さらに、私たちはすでに述べたとおり、皆、司祭であり、皆が一つの信仰、一つの福音、一つのサクラメントをもっています。もしそうであるなら、なぜ〔聖職者はもっているのに〕私たちには信仰の世界の中で何が正しく何が誤っているのかを考えたり判断したりする力がないと言えるのでしょうか。パウロが『コリントの信徒への手紙一』第二章〔第一五節〕で「霊の人はすべての判断をするが、誰からも判断されない」、あるいは『コリントの信徒への手紙二』第四章〔第一三節〕で「私たちは皆、同じ信仰の霊をもつ」と言っているのは、どうでもよいことなのでしょうか。私たちが、あの不信仰な教皇たちと同じように、何が信仰にふさわしく、何がふさわしくないのかを考えることは、なぜいけないのでしょうか。私たちは、これまで述べてきたような理由から、また他の聖書の言葉によって励まされ、勇気を出すべきですし、もはや何かにとらわれるべきではありません。パウロ自身がそのように呼ぶ自由の霊が教皇の虚偽の言葉によって萎縮させられてしまうような事態を見過ごしてはなりません。教会がすべきこと、あるいはしなくてよいことを私たちが信じる聖書の知性に従って批判し、自分自身の知性ではなく、より高次の知性に従うよう教皇に強いるべきなのです。その昔、アブラハムは、私たちが地上の誰かに服従するよりもさらに厳格に、アブラハムに服従したはずの〔彼の妻〕サラの言葉に完全に聞き従わざるをえなかったではありませんか。[*28] また、バラムのロバは預言者より賢明ではなかったでしょうか。[*29] 神が一頭のロバを使って一人の預言者に反対したのだとすれば、どうして一人の信仰深い人が、教皇に反対して語ることはありえないなどと言えるのでしょうか。『ガラテヤの信徒への手紙』第二章〔第一一節以下〕で語られているとおり、聖パウロは聖ペトロが誤っていると批判しています。つまり、キリスト者は誰でも信仰について責任を負い、理解し、それを守って、あらゆる過ちを断罪する権能を与えられているのです。

第三の砦は、これまでの二つの砦が倒れるなら、同じように倒れるはずです。教皇が聖書に逆らって行動するのなら、聖書に従う私たちは『マタイによる福音書』第一八章〔第一五節以下〕でキリストが「あなたがたの兄弟があなたがたに対して罪を犯したら、彼のところに行って、そのことをあなたと彼の二人だけで話しなさい。もし彼があなたの言うことを聞かなかったら、一人か二人を一緒に連れていきなさい。それでも聞かなかったら、そのことを教会に言いなさい。彼が教会の言うことも聞かなかったら、彼を異教徒とみなしなさい」と言っているとおり、教皇を罰して、従わせる責任があるのです。聖書では、教会の一つの肢体は他の肢体に配慮するように言われています。ですから、教会を統治している肢体が悪い行いをし、それによって他の多くの肢体に被害を与えて、さまざまな衝突を起こしているのなら、私たちはできるだけのことをするべきではないでしょうか。もし私がその人を教会員の前で訴えるのであれば、私は教会の肢体すべてをその場に集めなければならないのです。

ローマ主義者たちは、教皇だけがただ一人、公会議を召集し、それを決定することができるなどと言っていますが、そのような意見には聖書的根拠がありません。その根拠は、キリスト教界と神の律法にとってただ有害である彼らの掟にのみ書いてあることです。現在の状況でも教皇は公会議によって罰せられないのですから、そのような掟はキリスト教界にとって有害であり、そのような身勝手な掟はすべて無効になります。

『使徒言行録』第一五章〔第六節〕によれば、使徒による公会議を召集したのは聖ペトロではなく、すべての使徒、そして長老たちであったことは明らかです。ですから、公会議の召集権は聖ペトロにのみ属しているという考えのもとに召集される公会議はキリスト教的な公会議とは言えず、それは異端的な秘密集会だったに違いありません。まさにあの有名なニカイア公会議[*30]を召集し、開催を確認したのは、ローマの司教ではなく、皇帝コンスタンティヌスだったのです。しかも、それ以後も他の多くの皇帝がそのような仕方で公会議を召集しましたが、それらはいずれもきちんとしたキリスト教的な公会議でした。ですから、もし教皇だけが公会議の召集権をもっているというのであれば、これらの公会議はいずれも異端的な公会議ということになってしまいます。教皇が召集した公会議だったからといって、何か特別な効果があり、他と異なっているなどということはないのです。

緊急事態が起こり、そのために〔公会議の開催が〕必要な状況なのに、教皇がキリスト教界からふさわしくない者として顰蹙《ひんしゆく》を買っているような場合には、〔キリストの〕身体〔としての教会〕全体に属する忠実な肢体として、それをなしうる者が正しく自由な公会議が成立するよう努力すべきです。そして、それを最も誠実になしうるのは、この世の支配者です。なぜなら、今日では〔聖パウロの時代と違って〕この世の支配者もまた同じようにキリスト者であり、他の司祭と同じように司祭であり、同じ霊的な者として同じ権能をもち、神に与えられた職務や業を、それが必要とされる場合には、誰に対しても自由に行使することができるからです。ある町で火災が発生したとします。そのとき、自分は市長の権能をもっていないとか、火事が市長の家から発生しているといった理由で、誰も何もせずに傍観し、火がさらに燃え上がるというようなことがあれば、それは理屈にも現実にも合わない判断です。このような場合、どの市民も、他の市民に声をかけ、皆を呼び集める責任があるのではないでしょうか。たとえそれが教皇庁であっても、また他のどこであっても、火の手が上がっているのであれば、それがキリスト教の霊的な都市であればますます、そのような対応がなされるべきではないでしょうか。敵がある都市に攻め込んできた場合でも同じはずです。そのとき率先して立ち上がり、他の者たちも立ち上がらせる人が誉め称えられて、皆から感謝されるのは当然のことです。そうであれば、今はサタンのような敵に攻め込まれているのですから、そのことを知らせ、キリスト者たちを呼び覚まして、彼らを召集する者に栄誉が与えられないはずがないのです。

ローマ主義者たちは、自らの権力を誇り、それに抵抗することは許されないと言いますが、まったく愚かな発言です。キリスト教界では、相手に損害を与えること、あるいはその損害を避けることを禁止する権力をもっているような者は誰一人いないはずです。教会の中には、改善のための権力が存在しているだけなのです。それゆえ、教皇が自由な公会議の開催を阻止するためにその権力を行使し、教会の改善を妨げようとするのであれば、もはや教皇やその権力など顧みる必要はなく、たとえ教皇が破門を宣言したとしても、それは愚かな者たちの計略にすぎないのだから軽蔑して、神をこそ信頼し、逆に教皇は破門して訴追すべきなのです。このような教皇の権力は不遜きわまりないものです。教皇であってもそのような権力はもっていませんし、もし彼がそれをもとうとするなら聖書の言葉がそれを打倒するでしょう。パウロが〔『コリントの信徒への手紙二』一〇・八で〕コリントの教会の人々に「神は私たちに、キリスト教界を堕落させるためではなく、改善するために権力を与えてくださったのだ」と言っているとおりです。誰がこの言葉を無視してよいというのでしょうか。キリスト教界の改善に役立つはずのものを妨害するなら、それはサタンあるいは反キリストの権力です。それゆえ、このような権力にはどのような場合にも従ってはならず、私たちの身体、財産、私たちがもちうるあらゆるものによって抵抗しなければならないのです。

もしこの世の権力が教皇に対抗したことによって何らかの不思議な奇跡が起こったり、あるいはそのような者たちが災難に遭ったりしたとしても（ローマ主義者は、すでに数回それは起こっている、と誇らしげに主張していますが）、それは私たちの神への信頼の欠如ゆえに悪魔によって引き起こされたものとみなすべきでしょう。キリストが『マタイによる福音書』第二四章〔第二四節〕で「私の名前で偽キリストたちや偽予言者が起こって、しるしや奇跡を行い、選民さえ惑わすだろう」と述べ、また聖パウロがテサロニケの人々に〔『テサロニケの信徒への手紙二』二・九以下で〕反キリストがサタンによって偽の奇跡的なしるしで強力なものになるだろうと述べているとおりです。[*31]

それゆえ、聖パウロが〔『コリントの信徒への手紙二』一三・八で〕「私たちはキリストに逆らっては何をする力もなく、キリストのためであるなら何をすることもできる」と述べているとおり、キリスト教的なあらゆる権力はキリストに逆らうようなことは何もすることができない、という確信に堅く立とうではありませんか。ですから、もしキリスト教的な権力がキリストに反する何事かをなすというのであれば、それはいずれも反キリストであり、悪魔的な権力です。ですから、それらがなすかもしれない奇跡や災害なども何の証明にもなりません。特に、さまざまな書物に書かれている最後に起こる最悪の時代についても、実は何の意味もないものです。だからこそ、私たちは堅く信仰に立ち、神の言葉に従わねばなりません。そうすれば、サタンは彼らがなそうとしている驚くような出来事を行うのをあきらめるでしょう。

さて、これまで私が述べてきたことで、ローマ主義者たちが私たちの良心を脅かし、弱体化させようとしてなしてきた偽りの嘘にまみれた威嚇はすべて取り除かれたと思います。明らかに、ローマ主義者たちは私たちと同じように剣〔に象徴されるこの世の権力〕の支配のもとにあります。また、聖書を正しく解釈するのではなく、権力によって聖書を読む力などというものは与えられていないこと、さらに、公会議の開催を阻止したり、その決定を制限したり、勝手に公会議の権限を取り上げたり、根回しをしたり、この会議の自由を奪ったりする権力も与えられていないことが明らかになったと思います。ですから、もしローマ主義者たちがそれを行おうとするなら、彼らは明らかに反キリストとサタンの一味だということが明白になりますし、キリストとはその名前以外に何の関係もないものであることになるのです。*32

私たちは、これから公会議で当然扱われねばならない件について検討してみたいと思います。それらはいずれも、教皇、枢機卿、司教、あるいはすべての学者たちが、キリストとその教会を愛しているのであれば、昼となく夜となく日々取り組んでいる問題のはずです。しかし、もしこれらの人々がそれに取り組まないというのであれば、彼らがなす破門、さまざまな威嚇などを気にすることなく、民衆が、そしてこの世の権力がその力を行使すべき問題なのです。なぜなら、一つの不当な破門は一〇の正当な赦免よりも、一つの不当な赦免は一〇の正当な破門よりも悪いものだからです。それゆえ、愛するドイツの皆さん、目を覚ましそうではありませんか。ローマ主義者たちの恥ずべき悪魔的な支配によって悲惨なまでに失われた魂になってしまった人々の仲間入りをしないように、私たちは神を畏れましょう。そして、サタンの力がこれ以上この世界に広まらないようにしましょう。私には、このような権力の支配が増大するのはサタンの力の増大、あるいはその仕業としか思えないのです。

第一の点です。キリストの代理人であり、聖ペトロの後継者であることを誇るキリスト教界の首長〔である教皇〕が、どのような王あるいは皇帝もその足許にも及ばないほど、また比較することさえできないほど世俗的で豪華な生活をしていること、また「最も聖なる、最も霊的」と呼ばれているその人が世俗よりも世俗的である姿を見るのは、恐ろしく、また驚くべきことです。最も強大な権力をもつ王でも一重の冠ですが、教皇〔のティアラ〕は三重の冠なのです。もしそのような姿をしているのに、貧しいキリストと聖パウロに倣っていると主張するのであれば、それはまったく新しい模倣の手段ということになるでしょう。そして、教皇は誰かがこのことに異議を唱えると、すぐその人を異端呼ばわりするのです。このようなことがどれほど非キリスト教的であり、神に背くことであるかを説明しても、聞く耳をもたないのです。もし教皇が涙を流して神に祈っているのだと宣伝するのなら、〔その真実を証明するために〕まずこの三重の冠を捨てるべきでしょう。なぜなら、神はどのような驕り高ぶりも許してはおかれないからです。元来、教皇の務めは、キリスト教界のために日々涙し、祈り、謙遜の模範を示すことにあったはずです。

いずれにしても、このような傲慢な装いは悪であり、教皇は自らの魂の救いのためにも、このようなものは脱ぎ捨てるべきです。聖パウロは〔『テサロニケの信徒への手紙一』五・二二で〕「あらゆる種類の悪い行いから遠ざかりなさい」と、あるいは『ローマの信徒への手紙』第一二章〔第一七節〕では「私たちは神の目の前だけでなく、すべての人の前で善を図ろうと勤《いそ》しむべきである」と述べています。教皇であっても、ふつうの司教の冠と同じで十分なのです。教皇は知性と徳において他の者たちより偉大であるべきで、虚栄の冠は、数百年前の前任者たちがそうしたように、反キリストに委ねてしまえばよいのです。ところが、ローマ主義者たちは、教皇はこの世の主なのだ、と言います。しかし、それは嘘です。教皇は自分がキリストの代理人であり、またその使者であると驕り高ぶっていますが、そのキリストは〔ポンテオ・〕ピラトの前で「私はこの世のものではない」〔『ヨハネによる福音書』一八・三六〕と言われたのです。代理人は、その人が代理している主人がなしている支配以上のことをすることはできません。それに、教皇は高く上げられたキリストの代理人なのではなく、十字架につけられたキリストの代理人なのです。パウロが〔『コリントの信徒への手紙二』二・二で〕「キリスト、しかもただ十字架につけられたキリスト以外には、あなたがたの中で何も知ろうとは思わない」と、あるいは『フィリピの信徒への手紙』第二章〔第五節以下〕で「かくしてあなたがたは己を虚しくして、下僕の形をとりたもうキリストにおいて生きるように心がけるべきである」と、さらには『コリントの信徒への手紙一』第一章〔第二三節〕で「私たちは十字架につけられたキリストを宣べ伝える」と言われているとおりです。それにもかかわらず、ローマ主義者たちは教皇を天に高く上げられたキリストの代理人にしてしまっているのです。またある人は、自らの心をサタンに支配させてしまったために、教皇は天使以上の者であり、むしろ天使に命令しなければならない、とさえ言います。これはまさに完全に反キリストの業です。

第二の点です。枢機卿と呼ばれる人々はキリスト教界で何らかの役に立っているのでしょうか。この点について、ぜひ申し上げたいのです。イタリアもドイツも多くの恵まれた修道院、聖堂参事会、その支配下にある領地、そして聖堂区をもっています。これらのものをローマの手中に収めるために考え出された方法が、枢機卿という立場を創設し、この枢機卿のもとに司教領、修道院、高位の聖職者の職位を〔聖職禄とともに〕譲渡し、さらにそれを自由に支配させて、神への礼拝を地に堕ちたものにしてしまう、というやり方でした。ご承知のとおり、イタリアでは、すべてが荒廃し、修道院は没落し、司教領は荒れ果て、高位聖職者たちのもつ聖職者禄などから教会が得る地代のすべてはローマに召し上げられるので、都市は衰退し、政治も人民も退廃し、もはや礼拝も説教も行われなくなっています。なぜそのようなことになったのでしょうか。それは枢機卿たちが本来もつべきではない、必要のない財産をもたなければならなかったからです。たとえ〔異教徒が支配する〕トルコであっても、イタリアをこれほどまでに退廃させ、神への礼拝を取り上げることはできなかったはずです。

さて、彼らはイタリアからは搾り尽くしたので、今度はドイツにやって来ました。彼らは慎重に事を進めています。私たちは心配しているのです。ドイツも近いうちにイタリアのようになってしまうのではないでしょうか。私たちの国にも、すでに何人かの枢機卿がいます。ローマ主義者たちはドイツで何をなそうとしているのでしょうか。おそらく、酔っぱらいのドイツ[*33]には、司教領、修道院、聖堂区、支配下にある領地を失い、さらにはびた一文[*34]なくなっても、その仕組みを理解できないでしょう。反キリストは、〔聖書が〕警告しているように、地上の宝を取り立てるに違いありません。彼らの巧妙な手口とは、こういうものです。すなわち、司教領、修道院、支配下にある領地から首尾よく可能なかぎり吸い上げるのです。しかし、イタリアでしたようなことはもはや手の内が明かされているので二度とできないため、さらにこんな信心深さを装った小細工を行うのです。すなわち、すべてを完全に取り上げてしまうのではなく、一〇人か二〇人程度の高位聖職者を寄せ集め、そのそれぞれから毎年一定の金額を召し上げて、それによってある程度の総額を生み出す、という仕組みです。それによってヴュルツブルクの司教座聖堂参事会主席からは一〇〇〇グルデン、バンベルクのある人からはそれ以上を、マインツやトリールからも同じように一〇〇〇グルデンあるいは一万グルデンを集めており、これによって枢機卿はローマで裕福な王たちでさえその足許にも及ばないような生活を続けることができるのです。

このようなことに慣れてしまい〔感覚が麻痺してしまうと〕、私たちは一日のあいだに三〇人や四〇人もの枢機卿を生み出し、たった一人の人にバンベルク、ミヒャエルスベルクの修道院や他の豊かな聖堂区も含むヴュルツブルクの司教領を与える、といったことを平気で行うようになってしまいます。そして、彼らは教会や都市が荒廃するまで寄進を勧めるのです。そのような結果になっても、自分はキリストの代理人だと主張し、キリストの羊たちのための羊飼いなのだと彼らは言うのです。その結果、「酔っぱらいのドイツ人」はこのことに耐えなければならなくなるのです。

私の意見は、枢機卿の数をもっと減らすべきであり、教皇は教皇自身の財産で養われるべきだ、というものです。一二人も枢機卿がいれば十分でしょう。それぞれに一〇〇〇グルデン程度が与えられれば十分なはずです。なぜドイツ人はこのように自らの財産を教皇に略奪され、搾取されることに甘んじなければならないのでしょうか。フランスの国王はそのような要請を断ち切っているのに、なぜ私たちドイツではこのようなことに愚かにも騙され続けているのでしょうか。もしローマ主義者たちが私たちの財産だけをもっていくのであれば、まだ耐えられるかもしれません。しかし、彼らは教会を荒廃させ、キリストの羊を聖なる牧者から奪い取り、神への礼拝と神の言葉を踏みにじろうとしているのです。もし枢機卿が一人もいないとしても、教会が滅びることはないでしょう。なぜなら、彼らは教会の益になるようなことは何もしていないからです。彼らがなしていることのほとんどは司教領や支配下にある領地に関する金銭問題やさまざまな争いであり、これは強盗たちが得意としていることです。

第三の点です。教皇の邸宅［であるいわゆる教皇庁］に仕える者を一〇〇分割して九九を取り去ってしまったとしても、それでも十分に信仰の問題については答えることができるはずです。ところが、現在のローマには数えきれないほど、蛆《うじ》のように皇帝に仕える者たちがいて、しかも皆が皇帝と同じように誇らしげにしています。あのバビロニアにも、こんなところはなかったはずです。教皇には書記官だけでも三〇〇〇人も仕えているのです。他の役人については、あまりに数が多くて数えることさえできません。しかも、その役人たちは羊を狙う狼のように、ドイツの教会やその領地を手に入れようと狙っているのです。現在のドイツは、かつて皇帝に与えていたよりはるかに多くのものをローマの皇帝に与えているのです。毎年ドイツからローマに三〇万グルデン以上のお金が持ち出されている、と推定する人がいます。まったくの見返りなしに、ただ舌打ちをして見ているしかなく、嘲笑と侮辱が残されるだけなのです。これでは、諸侯、貴族、都市、教会、領邦、そしてそこに住む人々が貧しくなるのは当然です。このような状況なのに、私たちがまだ何とか食べていける状態にあることのほうが不思議なくらいです。

ここから私たちは本題に入りたいと思います。その前に、少し立ち止まって、ドイツ人はローマの計略が分からないほど愚かではないことを明らかにしておきたいと思います。ローマで神の掟やキリストの正義が軽んじられていることについて、ここで苦情を述べようというのではありません。なぜなら、現在のキリスト教界、とりわけローマは、このような高尚な問題を取り上げることができる状況にはないからです。また、私はここで自然法、あるいはこの世の法や理性が〔ローマでは〕少しも重んじられていないことについても苦情を述べようとは思っていません。すべてはもっと低俗な問題から来ているのです。私がここで苦情を述べたいのは、ローマ主義者たちは自らが生み出した教会法さえ守っていないということです。しかし、その教会法自体は、法と呼べるようなものではなく、ただの圧政、貪欲、この世における粉飾なのです。この問題を引き続き考えてみましょう。

かつてのドイツの皇帝や諸侯は、ドイツのあらゆる教会の領地で初収入税[*35]を集めることを教皇に許していました。これはドイツの教会領地で〔司教が自らの教会領地で空位になった聖職禄から〕初年度の租税の半分を受け取る制度でした。しかし、皇帝や諸侯がこれを承認したのは、教皇がこの莫大なお金でトルコ人や異教徒と戦ってキリスト教界を守ると言っていたからです。つまり、自力で戦うという過重な負担が貴族だけにかからないように、司祭たちも何らかの協力をするということだったはずです。ところが、これまで数百年にわたって、教皇たちはこのようなドイツ国民の無垢な願いを利用して、それらの大金を懐《ふところ》に入れてしまっていたのです。それだけでなく、現在ではそれを義務化し、地税や土地に対する賦課金にしてしまったのです。さらには、それを軍資金にしたことはこれまで一度もなく、このお金を使ってローマに新しい役職を創設し、その地位についた者たちの年俸をそこから永代地代のように引き出して支払っているのです。〔その資金がなくなってくると〕いよいよトルコとの戦いが近づいたと宣伝し、金集めのための特使が〔ローマからドイツに〕派遣されてきました。さらにトルコとの戦争のためだという大義名分によって何度も贖宥《しょくゆう》*36を発行してきました。ローマ主義者たちは、愚かなドイツ人はひたすら金を払い続け、自分たちの底なしの胃袋を満たし続けてくれるはずだと考えているのです。事実、これらの初収入税も、贖宥による収入も、また他の〔ドイツからローマに送られる〕お金も、トルコとの戦争には一度も使われたことがありません。いずれも彼らのあの底なしの胃袋に入るだけなのです。ローマ主義者は嘘をつき、騙し、私たちと約束を交わしてもそれを守る気もないのです。そして、それをごまかすために、必ずキリストや聖ペトロの聖なる名を持ち出すのです。

今こそ、ドイツ人である司教と諸侯は、キリスト者としての自覚のもと、自らの手に物質的な財産と霊的な財産の管理と保護を委ねたドイツの人々を、強盗まがいの狼、すなわち羊の仮面をかぶって、私たちはあなたがたの魂に配慮する者だ、あなたがたを管理する者だ、と主張する狼たちから守ってやらなければならないはずです。初収入税がその趣旨をねじ曲げられ、さまざまな協約が締結されても守られていません。ドイツ人は無残にも、その誇りも領土も踏みにじられたのです。不法な搾取が続いています。これらは見逃されるべきではなく、皇帝の法によって、あるいは人民の法に基づいて、初収入税は保留、あるいは完全に廃止されるべきです。ローマ主義者は協約を遵守しないのだから、初収入税を徴収する権利はもうないはずです。司教や諸侯は法の定めに従ってこのような剝奪や強奪を処罰すべきですし、少なくともそれを防止するための策をとる義務があるはずです。司教や諸侯は、この点に関して教皇を助け、励まさねばなりません。教皇はおそらくこれらの問題に立ち向かうには一人では弱すぎるのです。しかし、もし教皇がこれらの問題を見て見ぬふりをし、現状を守ろうとするなら、狼や暴君と戦う時のように、〔あなたがたが〕それを阻止するために手段を講じなければなりません。教皇は悪を行う権能をもっていないのと同じように、悪を擁護する権能ももっていないはずです。また、もし教皇がトルコと戦うために資金を集めるというのであれば、私たちは思慮深く、ドイツ人のほうがそれを教皇より上手に管理できることを説明してさしあげるべきでしょう。ドイツ人は、資金さえ十分にあれば、戦争をするのに十分なだけの民衆を擁しているではありませんか。いずれにしても、これらのことはローマ主義者たちのさまざまな言い訳にもかかわらず、すべて初収入税と関係しているのです。

また、〔税収については〕一年を教皇と領主である司教とその領地のあいだで〔それぞれの税収期間として半分ずつに〕分割してしまったので、教皇は一年のうちの隔月、すなわち六ヵ月を自ら所有し、〔領主である司教はそれ以外の六ヵ月を所有することになったわけですが、教皇は〕自らが所有する月は空位になったと判断し、自らの好みに任せてローマ主義者にその土地を貸し与えています。そうして一年のすべてにおいて、最もよい金づるである聖職禄がローマの手に渡ることになるのです。ひとたびローマの手に落ちると、それらは教皇が所有していない月になっても再び手放されることはなくなり、これらの領地は多くの損失を被ることになってしまったのです。これは言い逃れできない強盗行為です。その悪行は極限にまで達しています。今こそ教皇の所有月を廃止し、ローマに持ち去られたすべてのものを取り返さねばなりません。諸侯にも、貴族にも、この盗まれた財産が再び取り戻され、盗人が罰せられ、権能の濫用が罰せられて、その権能を剝奪されるように努力する責任があります。教皇がコンクラーヴェ[*37]の翌日に教皇庁の自らの執務室で法を制定し、ドイツの教会領地や聖職禄を強奪できるというような横暴が許されるのであれば、カール皇帝が戴冠式の翌日に、ドイツのすべての領土にわたって、今後はどのような教会領地の税収も聖職禄も教皇の月であるという理由でローマに持ち出されてはならず、すでに持ち出されたものについてはドイツに戻され、ローマの強盗の手から解放されるという法を制定するほうが、はるかに正当性のあることです。このような法を制定する権能を、カールは〔皇帝という〕この世の主権を保持する者として職務上もっているはずです。

ローマの貪欲と強盗の座〔にある者たち〕は、教皇の月に次々ともたらされる税収を待ちきれず、あの底なしの腹を早く満たすために、それをできるだけ効率的に獲得するさらにさまざまな策略を講じました。初収入税、教皇の月に教会領地から得る税収に加えて、さらにドイツから聖職禄を持ち出す三重の方法を考え出し、それをローマにもたらしているのです。

第一の方法は、次のようなものです。自由な聖職禄をもつ者がローマで、あるいはローマに旅する途上で死んだ場合、それは永久にローマ教皇の座[*38]、私はこれをあえて強盗の座と言うのですが、そのような座のものになるというのです。それなのにローマ主義者たちは、自分が強盗と呼ばれる筋合いはない、と言うのです。もちろん、このような方法による略奪については、これまで誰も聞いたことも見たこともないはずです。

次に〔第二の方法ですが〕、それは教皇、あるいは枢機卿の取り巻き連中が教会の領地を現に所有している場合、あるいは獲得した場合、また誰かが以前は教会の領地だった土地を所有していて、それが教皇、あるいは枢機卿の取り巻き連中の土地になる場合は、どうなるかということと関係しています。そのような場合、教皇が散歩に出かける時ですら、皇帝や王たちをあたかも見下すかのように三、四千人もの騎馬従者を従えて出かけるのです。ですから、いったいこの教皇、あるいは枢機卿の取り巻き連中というのがどれくらいの数なのかさえ誰にも数えられないほどです。言うまでもないことですが、キリストも聖ペトロも、どこに行く時でも歩かれました。ところが、その代理人たちは、ますます華美になり、驕奢になっていくのです。そして、その貪欲さは今ではさらにずる賢さを増して、ローマだけでなく外国でも、ローマと同じように教皇の取り巻き連中と呼ばれるような人々が現れてきているのです。それによって、この「教皇の取り巻き連中」などという狡猾な言葉が、あらゆる教会の領地の税収や聖職禄をローマに永劫的にもたらすための手段の名称になってしまっているのです。これは何とも腹立たしい悪魔の策略です。見てのとおり、マインツ、マクデブルク、ハルバーシュタット[39]もローマの手に落ち、枢機卿は想像できないような高額の収入を手にしています。おそらくドイツの司教を皆、枢機卿にしてしまおうとしているのでしょう。もしそうなれば、ドイツには何も残らなくなってしまうでしょう。

最後に第三の方法です。それはローマで教会の領地からの税収について訴訟が起こる場合です。私が想像するところでは、これが聖職禄をローマに持ち込むための最も典型的な手段です。なぜなら、このような訴訟がなくても、さまざまな係争を土の中から掘り出してきて、聖職禄にさまざまな難癖をつけてくる者たちがいるからです。そうして善良な司教が聖職禄を失う、あるいは係争を避けるために多額の金を支払うことになってしまっているのです。正当な理由があるか否かは別にして、このような係争の対象になった土地は、恒久的に教皇の座の所有にされ、召し上げられてしまうのです[40]。ですから、神がかつてソドムとゴモラに対して、天から硫黄を、地獄から火を降らせたように、ローマを黄泉《よみ》に沈めるようなことがあっても驚くことはないでしょう。もし教皇が自らもつ権力をこのような大罪以外のためには用いようとせず、それらの大罪を覆い隠し、あるいは擁護するというのなら、キリスト教界において教皇は何の役に立つというのでしょうか。ああ、高貴なる諸侯と貴族よ、あなたがたはいったいいつまで、ご自身の民と土地をあのような略奪者である狼のなすがままにさせておくのですか。

このような策略を実行に移しても満足せず、あまりにも貪欲の度が過ぎて、さらにはすべての司教たちの領地を取り上げてしまうその時が待ちきれずにいる正真正銘の貪欲者たちは、さらなる知恵をひねり出しました。司教の領地が名目上は他の人に属しているのに、実質的にはローマに属しているようにする、という方法です。司教であるからには、その人は高額の大司教肩覆《パリウム》[*41]を購入して、恐ろしくなるような誓約、すなわち教皇の個人的な下僕になることを誓わないかぎり、叙階を受けることはできません。そのため、司教は教皇にどんな場合でも反対しなくなるのです。さらに、ローマ主義者たちがこの誓約の徹底と法外な料金を求めたために、最も豊かな司教領ですら入手するために借金を負って破産するというようなことが起きたのです。マインツでは二万グルデンもの大金をローマに渡しているといいます。これこそがローマ主義者たちの正体です。ローマ主義者たちは以前、教会法で、大司教肩覆は無償で手渡されるべきこと、教皇の取り巻き連中を削減すること、係争を減らすこと、教会の領地や司教に自由を与えることを定めたはずです。しかし、もしそのようなことを行えば、税収が減ってしまいます。そこでローマ主義者たちは考え方を完全に変えてしまい、司教や教会領からすべての権力を取り上げたのです。そのため、ただ数多くの司教と教会領があるだけで、そこには職務も権力もなく、そして仕事もなく、ローマの悪人たちがすべてを支配する、という事態が起きています。どの教会でも、聖物保存担当者や鐘撞《かねつき》男までもがローマ主義者たちによって任命されているのです。また、あらゆる係争がローマに持ち込まれ、どのケースでもローマ主義者たちの好き勝手な判断が、しかも教皇の権力を借りてなされているのです。

今年になって起きたことをご存じでしょうか。シュトラスブルク〔ストラスブール〕の司教が、その司教区を正しく管理するために礼拝の改革を行ったのです[*42]。そのために神とキリストの意志に従った法を定めたのです。ところが、教皇とローマ教皇の座は、そこにいる司祭たちの要望を聞き入れ、この聖なる教会的な法を破壊し、それを断罪したのです。それだけでなく、それらの司祭たちを励まして、自らの司教に逆らうようにさせ、神の掟への不従順を見逃してやったのです。これが羊を養うということなのでしょうか。これほど明白な冒瀆は反キリストであっても試みようとしないでしょう。この司教区の人々は、今自らが望んでいたような教皇をもっています。なぜでしょうか。それは、もし教会が改革されたりすれば、そのような改革が蔓延してローマも巻き添えを食うのではないか、とローマ主義者たちが考えているからです。この問題については司祭たちを完全に一致させているのです。というのも、これまでの教皇たちは、いつも諸侯や国王たちの不和を煽ってきました。なぜなら、この世のキリスト者たちを一致させないようにして、改革が起こることによって神聖なローマ教皇の座に迷惑がかからないようにしようと考えてきたからです。

　これまで、私たちは保有者がいなくなって空位になってしまった聖職禄をローマ主義者たちがどのように扱っているかを見てきました。このようなことが繰り返し行われてきたために、空位の聖職禄は減少してしまいました。そこで、この貪欲な人々は、今なお管理されている聖職禄についても彼らの抜け目ない貪欲さを示すようになったのです。つまり、今はまだ空位ではない聖職禄を空位になるように仕向ければよいのです。そのために、これまたさまざまな手段が試みられました。第一になされたことです。貪欲なローマ主義者たちは、多くの実りをもたらす聖堂参事会付きの聖職禄があるところ、あるいは高齢者や病人、無能者の汚名を着せられた者たちによって聖職禄が管理されている司教領を探すのです。そのような聖職者にローマ教皇の座はその人を助ける補佐司祭をつけるのです。その人は教皇の取り巻き連中で、その職を得るためにお金を支払ったとか、ローマ教皇の座のために何らかの功績があったという理由で選ばれた迷惑な補佐なのです。これによって聖堂参事会自体による選挙などは行われなくなり、これまで聖職禄を受けてきた者の権利も奪われてしまって、すべての道はただローマへと流れ出し、向かうことになります。

　第二になされたことです。空位聖職禄管理《コメンデン》*43という言葉があります。これは教皇が、枢機卿や他の手下の者たちに実質的に高額の収入が期待できる修道院や教会を預かるように命じることで、例えば私があなたに一〇〇グルデン預かってほしい、と言うことと同じです。これは確かに修道院を与えることでも貸すことでもありません。また、礼拝を破壊することでも廃止することでもありません。ただそれを保持し続けることを命じています。しかし、何のためでしょうか。それは維持や改革のためではなく、そこにいる人々を利用して財産や税収をせしめたり、定職のない背教した修道士をその後任に据えたりしようとする計画なのです。そのような修道士たちは、一年に五グルデンか六グルデンを受け取って聖堂に座り、巡礼者たちに聖画や聖像を販売しているだけで、そこではもはや聖務など行われません。これは実際には修道院の破壊や礼拝の廃止ではないでしょうか。もしそうなら、教皇はキリスト教界を破壊しようとして礼拝を廃止した者と呼ばれるべきでしょう。教皇はそのようなことを実際に行っているのです。そのように言われるのが嫌なので、ローマではそれを空位聖職禄管理や修道院維持命令などと呼んでいます。この一年間に教皇はそのような方法で修道院を四つ以上も空位聖職禄管理にしてしまいました。それによって一つにつき少なくとも六〇〇〇グルデンもの収入を得ていることになります。彼らがこのような巧妙な方法で礼拝を増やし、修道院を維持してローマでの収入を得ていることは、ドイツでもよく知られている事実です。

第三の方法です。聖職禄過当重複と呼ばれているいくつかの聖職禄があります。これは教会法で重複してもつことが禁じられている行為、すなわち主任司祭職を二つもつこと、また二つの司教職を併せもつことです。ところが、聖なるローマ教皇の座にある貪欲な者たちは、「統合《ユニオ》」や「重　複《インコルポラティオ》」*44などという解釈を作り上げることで教会法をうまくすり抜けようとしています。「重複」というのは、いくつもの過当聖職禄を一つにまとめてしまい、あるものが他のものの分肢であるように見せかけるものです。そうすることで、それらは一つの聖職禄のように見えますから、もはや聖職禄過当重複とはみなされない、という解釈です。教会法は教皇から、またローマの聖職禄管理担当者からこのような解釈を買い取らなかった人にしか適用されないのですから、実際には空洞化しています。「統合」も同じことです。教会の領地をたくさん集め、まさに薪《まき》を組み合わせるように一つにしてしまえばよいのです。そのつなぎ目が巧妙であれば、全体が一つの教会領地のように見えるのです。このような方法で、ローマには一人で二二の主任司祭職、七つの修道院長職、四三もの聖職禄を独占している者たちがいます。そのような者のために、あの曲芸のような教会法解釈は手を貸していて、教会法に抵触しないようにしているのです。枢機卿や他の高位聖職者はいったいどれだけのものをもっているのでしょうか。それは想像に任せることにしましょう。このような仕方でローマ主義者たちはドイツ人の財布をからにしてしまいました。そして、それによって自らの欲望を満たそうとしているのです。

もう一つの〔曲芸的な〕解釈に事務代理《アドミニストラテイオ》というものがあります。これは、ある者が自分の司教領以外にも大修道院や高位聖職を兼務し、事実上それらの財産を所有しているにもかかわらず、表向きは事務代理と称しているものです。ローマ主義者たちにとっては言葉は何でもよく、要するに実利を取っているのです。それはまるで売春の館の女主人を女市長と呼ぶようなものです。名前を変えたのだから立派な人なのだと説明するのと同じです。聖ペトロは、このようなローマ的な方法を予告するかのように、『ペトロの手紙二』第二章〔第一節以下」で次のように述べています。「貪欲のために甘い言葉であなたがたを欺《あざむ》き、利益を貪《むさぼ》るために偽教師が現れるだろう」。

さらに、ローマの貪欲な者たちは、聖職禄や教会の領地を売却するとき、あるいは貸し与えるとき、売り手やその販売を扱う者のもとに帰属権や請求権をとどめおく特権を制定しておいて、所有者が死んだ場合には、その聖職禄をそれを売却した者、あるいは貸し与えた者のもとに戻す、という方法を考え出しました。これによって聖職禄は世襲になってしまい、聖職禄は売り手がはっきりした意思をもって売却するか、あるいはその権利を譲渡したいと考える相手にしか獲得できないものになってしまったのです。それだけではありません。ローマ主義者たちの中には、先方がそこから何も受け取らないという条件付きで譲渡契約を結ぶ者さえいます。またある者は、そこから毎年何らかのものを受け取る権利を保留した上で、教会の領地を他の者に譲渡しています。かつてそれは聖職売買《シモニー》*45と呼ばれて禁止されていましたが、今日では平然と行われているのです。それだけでなく、さまざまな方法が考え出されています。ローマ主義者たちは、かつて異教徒たちが十字架のもとでキリストの衣服を奪い合ったこと*46よりはるかに卑劣な方法で聖職禄を取り合っているのです。

このようなことはローマではもう古くから慣習のように行われています。その上で、あの貪欲な者たちは、さらに別の方法を考えついたのです。私はこれで最後にしてほしいと切に願うばかりです。教皇は自らの思いつきを「教皇の胸中保留《ペクトラリス・レセルヴァテイオ》」と、そして彼の勝手な行動を「大権による随意決定《プロプリウス・モトゥス》」と称しています。どういうことでしょうか。ある人がローマで教会の領地を手に入れるとします。慣例に従って調印を行い、正式にその人の保有が認められます。そこに他の人がやって来るのです。彼は多くのお金を持参しているか、あるいは功績のある者です。そして、それをちらつかせ、すでに保有者が決まった同じ土地を求めます。すると、教皇はもう一人からそれを取り上げて、この人に与えてしまうのです。このようなことは不当だと非難されると、聖なるはずの教皇が正義に反することを権力を楯にして行ったと非難されないように、自分はこの教会領地をすでに自分と自分の大権に保留しておいたと説明するのです。そのような決定については知らないと言うのです。まさに教皇は自らを欺き、万人を愚弄するような方法を手に入れたのです。そして、それらのことを恥ずかしげもなく公に行っています。にもかかわらず、自分は霊的世界の指導者だと主張するのです。

教皇のこのような虚構に満ちた保留は、ローマでは言葉では説明できないような事態を生み出しています。各種の売買、交換、騒乱、虚言、欺瞞、強奪、窃盗、粉飾、姦淫、悪行など、神を冒瀆するさまざまな行動は、反キリストでもこれ以上のことは行わないだろうと思うほどです。ヴェネツィア、アントワープ、カイロの市場でも、これほどのことは行われていないはずです。あちらの市場では今日でもなお理性や正義が保たれているのに、こちらではサタンが思いのままに活動しています。このような不徳は今や海に溢れ出し、世界中に流れ込んでいます。このような者たちが改革や自由な公会議を恐れ、あらゆる王侯たちが心を一つにして公会議を行うのを妨害し、互いに反目し合うように望んでいるのです。彼らは自分たちの悪行が公になるのを恐れているのです。

教皇はこれらの高尚な取引のための商店を用意しました。それがローマの聖職禄担当者の館です。教会の領地に関する取引をする者たちは皆、この館に詣《もう》でなければなりません。そこで〔教会法の特殊な〕解釈という商品を買って、これらの数々の悪事を行う許可を受けるのです。お金で大権を買取したり、お金でそれを抑圧したりしていた頃は、それでもまだローマは寛大でした。しかし、最近ではあまりにもその金額が沸騰してしまい、多額の賄賂でも使わないかぎり、誰も悪に手を染めたこれらの商売を行うことはできなくなっています。もしこれがどの売春館にもまさる売春館でないのなら、私たちはいったい何を売春館と呼べばよいのでしょうか。

この館では、お金さえもっていれば、どんなものでも手に入れられますし、お金さえ出せば、どんな暴利も正義と言われ、盗み、略奪したものでさえ正しいものとされます。この館では、誓約は破棄され、修道士は修道会から出ていき、聖職者に婚姻が売られ、姦淫によって生まれた子供たちが正嫡の子と宣言され、不名誉なこともさまざまな恥辱も尊厳あることと言われ、さまざまな欠点や汚点をもっていても貴族とされ、騎士に叙任されるのです。この館では、禁じられた親等間の結婚も、正当でない手続きによる結婚でさえ認められます。まさに説明できないような価値観と金銭感覚が支配しているのです。すべての教会法は、まさにお金の罠にはまらないように制定されたはずであり、すべてのキリスト者はこのような罠を逃れなければならないはずです。ところが、ここではサタンが聖人になり、それどころか神にさえなっています。この館は天も地もこれまでなしたことがないようなことをなしているのです。これが混合《コンポジテイオニス》*47と呼ばれていることです。もちろん、それは混合なのかもしれませんが、実は混合ではなく混乱《コンフュジオニス》ではないでしょうか。この館に比べれば、ライン川の関税は何と気楽なものでしょう。

どうか私の話を誇張されたものなどとは考えないでいただきたいのです。これらは皆、公然の事実であり、ローマ主義者でさえ、これは驚くべきことだと認めざるをえないほどです。私はここまで私的な悪徳について、あるいは地獄の底に沈殿するような悪については触れずにきました。私は公然の事実だけを説明してきましたが、それでも言葉では説明できないものがたくさんあります。司教、司祭、そして〔これらの問題について論じる〕責任があり、そのための報酬を受けている大学の博士たちは、これらのことについて一致して批判し、声をあげなければならないはずです。彼らの書いた書物の頁を開いてみてください。そうすれば、これらの事実〔の批判〕が至る所に見つからなければならないはずです〔が、そうなっていないのです〕。

最後に言わねばならない事実があります。それを語らなければなりません。ローマ主義者たちの計り知れないような貪欲は、その宝があれば三人の強大な王を十分に満足させられるほどのものでも満足できず、これらの商売をアウクスブルクの〔ヤーコプ・〕フッガー*48に質入れして、実際には売却し始めています。そうして司教領や聖職禄の授与、取引、購入、また教会財産の取引が、驚くべきことに新しい取引の場所を獲得し、教会財産の取引と世俗財産の取引が統合されてしまったのです。今後、あの貪欲な者たちによって、これまで見たこともないような、どれほど貪欲な行動がなされるかは予想できないほどで、もし予想することができる知性の持ち主がいれば、その人の教えを聞いてみたいと思うくらいです。おそらく今後起こることは、フッガーが彼の手に統合されたこれらの商売を、さらに誰かに質入れするか、あるいはまとめて売却してしまうというものではないでしょうか。ついに、もはや放置しておけないところまで来てしまったのです。

ローマ主義者が贖宥状、大勅書[*49]、告解状[*50]、バター食用許可証[*51]、また贖罪についての小勅書《コンフエッシオナリア》[*52]を使って全国から盗み出し、集めた金銀など、ほんの一部の寄せ集めにすぎません。それはサタンと一緒に地獄に投げ込まれれば済むようなものです。もちろん、それがわずかなものとは思いません。どれほど強大な王国でも、これらのものがあれば十分に、立派に成り立つでしょう。私が言いたいのは、これらのことはすでに述べたようなことに比べれば取るに足らないようなものだということです。これらの贖宥行為から来るお金は、いったいどこに行くのでしょうか。ここでは述べませんが、それはいずれ明らかにしたいと思います。それについては、カンポ・〔ディ・〕フィオーレ[*53]やベルヴェデーレ[*54]などの場所を調べれば、そのいきさつが明らかになるはずです。

このような悪魔的な結合は、公然となされる強盗、詐欺、あるいは地獄の門でなされる暴虐であるだけでなく、キリスト教界の身体も魂も損なうようなものですから、私たちはこのような苦難や破壊をキリスト教界のために防がなければなりません。トルコ人と戦わねばならないと言う人がいますが、もっと悪い者たちが近くにいるのですから、そこから始めましよう。泥棒をつかまえたら首を縛り、強盗の首を刎《は》ねるのが当然なのに、なぜローマの貪欲な者たちは放置しておいてよいのでしょうか。ローマの貪欲な者たちは、これまで見たこともないような大泥棒、大強盗です。それだけではなく、これらの行為をキリストや聖ペトロの聖なる名を使って行うのです。こんなことを黙って見過ごしていてよいのでしょうか。彼らがもっているのは、すべて盗品、強奪品ではないでしょうか。これまでの歴史がそのことを証明しています。教皇はこれまで説明してきたような宝の貯蔵庫やその領地なしでも、その聖職の執行によって一〇〇万ドゥカーテンものお金を手に入れることができるのです。キリストも聖ペトロもそのようなお金を彼らに遺贈したわけではなく、また誰かが彼らにそれを譲渡したのでもなく、貸し与えられたものでも、時効によって誰かから手に入れたものでもないのです。いったいどうやって彼はそれを得たのでしょうか。私はそれを知りたいのです。そうすれば、彼らがトルコと戦うためと称して、お金を集めるために教皇特使を派遣する時に何をしようとしているのかが、おのずと明らかになるはずです。[55]

　これまで述べてきたような、まことに忌まわしい状況の改善のために役立つことを賢者諸氏に提案するには私は取るに足らない者ですが、〔すでに述べたとおり〕私はあえて道化役を演じることで、その役目を果たしたいと思います。私の知性のすべてを使って、この世の権力とは何か、また一般的な公会議によって何をなしうるのか、また何が行われるべきなのかを明らかにしたいと思います。[56]

1　王侯、貴族、そして各都市は、ローマに初収入税を納めることを禁止し、それを廃止すべきです。なぜなら、教皇は協約を一方的に破棄し、初収入税を強奪して、ドイツ人民の利益を損ない、ドイツ人民を辱《はずかし》めているからです。教皇は初収入税を親しい仲間に与え、あるいは驚くほど高い金額で売り払って、それを買わせる代わりに官職を設けて与えています。ですから、教皇は初収入税を要求する〔正当な〕権利をもはや失っており、処罰されるべきです。この世の権力は、罪なき者を保護し、その人を不正から守る責任があるはずです。聖パウロは『ローマの信徒への手紙』第一三章でそのことを教えていますし、聖ペトロは『ペトロの手紙一』第二章で説明しています。[*58] 教会法でさえ〔一六の七「子供について」の条項の中で〕そのことを述べているのです。[*59] 教皇やその部下たちには「あなたは祈らねばならない」と言い、皇帝やその家臣には「あなたは守護しなければならない」と言い、一般庶民には「あなたは働かねばならない」と言っているのは、このことと関係しています。これは一人の人が祈り、守り、働くことを同時に行ってはならないということを教えているのではなく、皆が働き、それに熱中しているなら、それによってそれ自体が祈り、守り、労働になるので、それぞれに与えられた仕事に忠実であるように、という意味なのです。

2　教皇は、自らのローマ的な策略、すなわち空位聖職禄、援助、保留、聖職禄譲渡待機権、教皇の月、聖職禄の統合、教会領の重複、年金、大司教肩覆《パリウム》、聖職禄管理者の規則、またそれと類似する諸悪によって、ドイツのさまざまな教会領地を権能もないのに剝奪し、それらをドイツのためには何の役にも立たず、ドイツのために何もしない外国人に与えたり売りつけたりしています。このようなことによって、教皇は正規の教会裁治権者から権利を奪い、司教をただの虚しい愚か者の象徴にしてしまっています。そうして教皇は自ら教会法に背《そむ》き、自然や理性に反する行動をしているのです。ついに聖職禄や教会の領地が、彼らの貪欲によって、ローマにいる野蛮で無学な者たちに売り渡され、敬虔で学識の深い人々はその美徳や知識から何の利益も得ていないという状況になっています。それによってドイツの憐れな人々、または大衆は知識をもったよい高位聖職者を失うことになるのですから、破滅に向かっていることは確実でしょう。ですから、今こそキリスト教貴族は、このようなおぞましい政治によって滅びてしまうかもしれない憐れな魂の救いのために、キリスト教界の共通の敵や破壊者に立ち向かう時と同じように、教皇に対抗すべきです。これからは、どの教会領地もローマに巻き上げられてしまわないように、どんな方法にも負けないようにしなければなりません。また、このような暴君から権利を取り戻して、手の届かないところに置くようにしなければなりません。また、教会裁治権者は、このような転換がなされた場合、聖職をできるかぎりドイツ内部で任命する権利を明確にし、さらに職務が返還されるよう法令で定めるべきです。もし教皇の取り巻き連中がやって来た場合には、厳しい命令を出して要求を放棄させ、退去させてライン川か近くの川に飛び込ませ、ローマの破門状や命令書、封印された書類とともに冷たい水の中に沈めてしまうべきです。そのような対応がなされれば、ローマ主義者たちも、ドイツはいつでも酔っ払った連中ばかりなのではないと悟るに違いありません。ドイツ人も、キリストの聖なる名のもとに悪事を働いて人々の魂を損なうような行為でキリストの名を辱める行為に我慢できなくなり、神と栄光を人間の権力より尊重する真のキリスト者にもう一度なることでしょう。

3 今後は、ローマからパリウムと呼ばれたあの祭服も受けず、高位聖職の保持のためにローマからのどのような認可も受けず、最も神聖にして有名なニカイア公会議の布告が再び効力をもつようになるために、皇帝の布告が出されねばなりません。ニカイア公会議の布告によれば、司教は近隣の二人の司教によって、あるいは大司教によって、その職を認証されます。もし教皇自身がこのような公会議の決定を引き裂くのであれば、今後、公会議を開くどんな意味があるというのでしょう。それに、誰が教皇に、公会議を軽蔑し、その決定を引き裂くような権能を与えたのでしょうか。もしそんなことをするのであれば、司教も大司教も首座大司教も廃止してしまい、すべての者をただの司祭にして、教皇はそのすべての者の上に立つようにしたらよいのです。もっとも、現在ではすでにそうなっており、司教、大司教、首座大司教には正規の権力も職務もまったく委ねられておらず、教皇はすべてを自分の手許に置いています。ですから、彼らはもはやただ名前と空虚な称号をもっているにすぎません。これによって何が起こるでしょうか。このようなことが行われることで、修道院長も高位聖職者たちも正規の司教としての職務を行う権限から分離され、それを失ってしまうのです。それによって、もはやキリスト教界には秩序というものがまったくなくなってしまっています。今起こっているさまざまなことは、その必然的な帰結です。刑罰は曖昧に緩く解釈され、世の中で悪事を働く自由が許されています。もはや教皇自身が罪の人と呼ばれるようになってしまうのではないかと心配になるほどです。今のキリスト教界には綱紀粛正もなく、刑罰も、統治も、秩序もなくなってしまっていることの原因を教皇以外の誰に帰すことができるでしょうか。教皇は自らがもつこのような権力によって、あらゆる高位聖職者が部下を管理するための権力を奪ってしまい、彼のもとにあるすべての人民にそれを自由に売りつけようとしているのです。

教皇がその権力を奪われたと嘆かないように、首座大司教や大司教は、自分で問題を解決できない場合、また彼ら自身のあいだで紛争が起こった場合には、それらの細部にわたっていちいち手を煩わせることはないにしても、それらの問題を以前であればそうしていたように、すなわち、まさにニカイア公会議で定められたように、教皇の前に提示して裁定を受けるべきです。教皇の手を煩わせることのないような問題であれば、聖なるお方にお出ましいただくのではなく〔自ら処理し〕、教皇には自らがそのように考えているとおり、キリスト教界全体のために祈り、研究し、配慮することに専念していただくべきです。これは、使徒たちが〔『使徒言行録』六・二以下で述べているように〕「私たちが神の言葉をさしおいて食卓のことに携わるのはよろしくない。私たちは説教と祈禱の御用にあたることにし、このような仕事は他の人に任せよう」と言っているとおりです。ところが、今日のローマ主義者たちは、福音と祈りを蔑《ないがし》ろにして、むしろ食卓の事柄に関わりたがり、この世の財貨に仕えることばかりしています。そして、使徒と教皇の統治は、キリストよりはサタン、天国よりは地獄、昼よりは夜といったように正反対のものになっているのに、教皇はそれでも自分はキリストの代理者で使徒の後継者だと言っているのです。

4　この世のどんな事件であれ、〔わざわざ〕ローマに持ち込まれるのではなく、それらの多くはこの世の権力によって扱われても問題のないものなのですから、そのような指令を出すべきです。このこと自体は教会法に定められているのに、まったく守られていません。そもそも教皇の職務とは、聖書についても最高の学識をもつ者として、尊称としてだけでなく、真に聖なる者として、キリスト教徒の信仰や聖なる生活を管理すること、また首座大司教や大司教たちもそのような務めを全うできるように励ますこと、またそのために協力して働くことなのです。パウロが『コリントの信徒への手紙一』第六章〔第七節〕で教え、厳しく戒《いまし》めているとおり、教皇や大司教たちがこの世の事柄に心を煩わせることは、あってはならないのです。また、あらゆる訴訟がすべてローマで審議されるのだとすれば、そのために莫大な費用がかかり、あらゆる国がそのために多大な被害を受けることになります。また、ローマの裁判官たちは、事件が起こった諸国の法や習慣を十分に知っているわけではなく、結局は自分の考えや自らの知る法に基づいて裁くので、当事者たちは不当な裁きを受けることになりがちです。

ですから、各司教区における司教裁判所判事たちの神をも畏れぬ搾取[*60]を禁止しなければなりません。そして、判事たちが信仰やこの世のよき業のこと以外は発言しないようにさせ、金銭や財産、身体やその人の名誉についてはこの世の判事たちに委ねるようにするべきです。この世の権力は、信仰とこの世でのよき業以外のことで、司教裁判所の判事たちが破門や追放の判断をするのを許すべきではないのです。霊的権力が宗教的な財産を司るべきだというのは理性的に考えて導き出せることですが、その宗教的な財産というのはお金ではありませんし、目に見えるものでもありません。それは信仰であり、よき業なのです。

もちろん、教会の領地や聖職禄についての争いが司教、大司教、首座大司教のもとで審議されることは容認されるべきです。そのような問題について裁定が必要になった時には、ドイツの首座大司教が、〔教皇庁の法務官である〕陪席判事、聖職禄管理事務所長とともに、ローマの聖職禄担当局と法務局の機能と同様に一般宗務会議を開催し、ドイツ諸邦における訴訟の控訴審として、ここに問題が持ち込まれて審議されるべきです。しかし、その場合、間違ってもローマで行われているように関係者が利益の供与や賄賂によって雇われるようなことがあってはなりません。もしそんなことがあれば、ローマで横行しているように、彼らもまた正義と不正を売買するような習慣に手を染めることになってしまいます。なぜそのようなことがローマで定着してしまったかといえば、教皇が彼らに俸給を与えなかったために、彼らが必然的に心づけを受け取ることで生活するようになってしまったからです。今日のローマでは、何が正しくて何が正しくないかが重要だと考える人はもはやおらず、お金になるかならないかがいちばん重要なこととみなされています。このようなことがないように、これらの立場の人々に初収入税を使って俸給を与えることは可能だと思いますし、他の方法もあるはずです。私などはそのためのよき知恵をもたない者ですが、このような問題に詳しい者なら、よい知恵をもっているはずですから、提案していただきたいのです。私は、ただドイツの人々を助け、教皇によってなされている惨《みじ》めで、異教的で、非キリスト教的な統治が終わって、もう一度ドイツ人が真のキリスト教徒となり、自由になることができるように、またそのように望んでいる人たちが覚醒するように、その材料を提供することさえできれば、それで満足です。

5 今後は、どんな場合でも〔教皇による取引の〕留保は無効とすべきです。また、教会の領地も、その保有者が死亡した場合、あるいはそれについて係争問題が起こった場合、さらにはその保有者が枢機卿あるいは教皇の取り巻き連中になった場合には、いずれの場合も、それがローマ主義者のものにならないように注意すべきです。また、ローマ主義者たちが教会の領地について何らかの因縁をつけて、きちんとした正式の司祭をローマに召喚し、訴訟で彼を苦しめ、その結果、望まない仕方で調停させられるというようなことを禁じるべきです。そのことでローマから破門され、教会で論争になっても、気にすることはありません。それは泥棒が誰かに対してお前は私に盗ませなかったという理由で破門するようなものですから、気にする必要は何もありません。むしろ、彼らが破門や神の名をあのように濫用し、それによって強奪行為を助け、偽りの権威に基づく威嚇を行って、神の名に対する冒瀆とキリスト教的権力の濫用を称賛し、神の前で平然と悪事を行うことこそが厳しく批判されねばならないのです。私たちには、悪事に加担するのではなく、それを阻止する責任が与えられているのです。聖パウロが『ローマの信徒への手紙』第一章〔第三二節〕で、そのようなことを批判しているとおりです。「彼らは、このようなことをする者は死に値するという神の定めを知りながら、自分でもそれをするだけでなく、誰かがそれをすることも認めているのです」。しかし、そのような悪事の中でも、特に〔教皇による〕胸中の保留という考え方だけは許し難いものです。そのようなことを行うことによって、キリスト教界は、憐れまれ、屈辱を受け、嘲弄されています。キリスト教界の首長とも言うべき者が、まさに公然と嘘をつき、呪われたような財産を求め、そのためになりふりかまわず恥ずかしい方法で人々を欺《あざむ》いているのです。

6　保留事案《カズス・レゼルヴァティ》*61は廃止されるべきです。これによって驚くべきお金が人々から奪われているだけでなく、正直な人々が憐れにも狂った暴君たちの罠に陥り、誘惑されているのです。そして、これらの人々の神への信仰は大変な躓《つまず》きを与えられているのです。特に「主の晩餐の大勅書」の中で指摘されている罪と呼ばれるに値しないような日常的な子供じみた過失を保留事案にしたり、教皇も贖宥によって赦しえないような大きな過失、すなわちローマへの巡礼の妨害、トルコ人への武器の供与、教皇の書簡の偽造などを保留事案にしたりすることも廃止すべきです。ローマ主義者たちは、何ともお粗末で、ふざけた事案を作り上げることで、私たちを愚弄しているのです。ソドムとゴモラ、あるいは神の掟に逆らって犯される罪、あるいは犯されるかもしれない罪は保留事案ではないのに、神が命じていないのに彼らが作り上げた事案のほうは保留事案になっています。それはただローマ主義者たちが、人々が無事にローマまでお金を運ぶことができるように、またトルコによる危機から守られて平安な生活を送れるように、また彼らが書き上げる無用な勅令や書簡によるこの世の無法な支配を彼ら自身のために守るものにすぎないのです。

ですから、隠されていて訴えられない罪は保留事案ではありません。そして、すべての司祭は、罪が隠されているのなら、その罪が何と呼ばれていようが、どんな罪でも免除する権利をもっています。ですから、修道院長も、司教も、そして教皇も、この罪の一つでも自分で保留する権能などもっていないのです。司祭はこのことを知らなければなりませんし、このようなことは成立せず、当然無効なのです。もしそのようなことを彼らがなすのであれば、それは全権委任も受けていないのに神の裁きに干渉し、理由もなく無知で憐れな良心を罠にかける者として罰せられるべきです。もちろん、公然とした大罪、まさに神の掟に背く罪が問題であるのなら、確かに保留事案を作ることにも意味があるでしょう。ただ、その場合でも、あまりにも多くの根拠のないものを勝手に作ってはならないはずです。聖ペトロが『ペトロの手紙一』第五章で述べているように、キリストは教会に暴君を置いたのではなく、羊飼いを置いたのですから。[*62]

7　ローマ教皇の座は、さまざまな役職を廃止し、ローマに群がる正体の定かでない人々の数を減らして、教皇の取り巻き連中は教皇自身の財産で養われるべきです。また、教皇の宮廷を他の王たちの宮廷より華美にすべきではないし、出費において突出したものにしてはなりません。当然のことですが、これらはいずれもキリスト教の信仰のために役立つはずがありませんし、それだけでなく、彼らは祈りもせず、聖書も読まなくなり、自ら信仰について何も考えなくなってしまいます。それを彼らは最近ローマで開催された公会議〔第五回ラテラノ公会議〕で愚かにも証明しました。その会議で、彼らは何とも幼稚で浅薄な信仰に関する議論に基づいて、さまざまなことを決めたのです。例えば、人間の魂は不死であるとか、司祭は自分の教会領地を失いたくないなら、必ず月に一度は自ら祈りを捧げる必要があるなどと言うのです。自らの貪欲さ、財産の獲得、この世の華美な生活のために考えが麻痺して、物事が正しく判断できなくなり、魂は不死であるなどということを定める者たちに、キリスト教界や信仰の問題について正しい判断ができるでしょうか。ローマで信仰がこのように破廉恥な方法で扱われているのはキリスト教界全体に対する冒瀆です。もし彼らがあのような華美な財産をもたなかったなら、彼らはもっとよく聖書を読み、祈り、以前のように信仰の問題を扱うのにふさわしい者でありえたのではないでしょうか。以前は彼らもまた一人の司教であり、王の中の王などとは言わなかったのですから。

8　司教たちが教皇によってそうすることを強いられてきた誓約も廃止されなければなりません。この誓約があるために、彼らは教会法の条項であるシグニフィカスティ〔『グレゴリウス九世教皇勅令集』一・六・四にある命令〕によって、独裁的で不条理な方法で、まさに教皇の下僕であるかのように拘束されています。ローマ主義者たちは、私たちの財産だけでなく、身体や魂まで数えきれない恐ろしい法規で縛り、そうすることで信仰を弱らせて、キリスト教界を退廃させているのです。ここまでやっておいて、まだ何か足りないというのでしょうか。彼らはさらに司教たちをまさに人格的にも、また職務においても掌握し、ついには叙任権[*63]まで手に入れました。叙任権は以前はドイツ皇帝に帰属していたものです。フランスや他の王国では、まだ王に属しています。ローマ主義者たちは、この点をめぐって皇帝と長期にわたって大変な戦いを交わし、議論をして、その結果ついに僭越な権力を用いてこれを獲得して以来、手放すことなく保持し続けているのです。ドイツ人は、この世のどのキリスト教信者たちよりも教皇とローマ教皇の座の道化役を担わされており、他の誰もしないようなことを強要され、それを耐え忍んでいます。これらはいずれも暴力的な強奪行為であり、司教が法的に正しい権能を行使するのを妨げ、信者たちの魂を損なうものですから、皇帝は貴族たちと協力して、このような無法状態を廃止し、それを罰すべきです。

9　教皇は皇帝に対していかなる権力ももたないようにするべきです。もちろん、司教が国王の頭に冠を載せるように、祭壇で教皇が皇帝に聖なる油を注ぐことは別です。皇帝は教皇の足に接吻すべきだとか、教皇の前に常に跪《ひざまず》くべきだとか、しばしばそのような声が聞こえてきますが、教皇がラバに乗って出かける際には皇帝はその轡《くつわ》を支えるべきだ、などという悪魔的な暴言もまた許すべきではありません。さらに、皇帝は教皇に忠誠と臣従を誓うべきであり、また教皇は皇帝にそれを恥知らずにも請求する権利がある、というような発言も許してはなりません。皇帝権より教皇権のほうが優位にあることを説明している〔『グレゴリウス九世教皇勅令集』一・三三・六にある〕「唯一者」条項などには何の意味も価値もありません。これに基づいたさまざまな条項、あるいはこれに配慮した法も、同じように意味がありません。なぜなら、これはすでに私が〔「教皇の権力に関する命題第一三について のルターの解釈」という論文において〕ラテン語で検証したとおり、聖なる神の言葉を曲解し、正統的な意味から逸脱して、人々をそこから引き離し、彼らに妄想や幻想をもたせる役割以外の何ものでもないからです。

教皇によるこのようなまったくおかしく、傲慢で恥知らずな主張は、まさにサタンが考え出したものです。このような主張を楯にして、反キリストたちを仲間につけ、教皇を神より上に立たせようとする試みは、現実に実行に移されており、これまでにも何度もなされてきました。この世の権力の上に立つことは、もともと教皇には認められていないことです。もちろん、〔皇帝の前で〕説教をするとか、罪の赦しを行うといった霊的な職務については別であることは言うまでもありません。そのような例外的な状況においてこの世の権力に従うべきことは、すでに述べたとおり、パウロが『ローマの信徒への手紙』第一三章〔第一節以下〕で、またペトロが『ペトロの手紙一』第二章〔第一三節〕で教えているとおりです。教皇は天におけるキリストの代理人ではなく、地上を歩まれたキリストだけを代理するのです。なぜなら、統治者として天におられるキリストにはもはや代理者は要らず、ご自身が天の玉座に座して、眺め、行い、すべてを知り、またすべてをなす権能をもっておられるからです。しかし、この地上で生き、働き、説教し、苦しみ、死なれたように、仕える姿であられたキリストには代理者が必要なのです。ところが、ローマ主義者たちはこれをまったく逆に受け取り、キリストから天上における統治の姿を奪って、それを教皇に与え、仕えられたキリストの姿を完全に葬り去っています。それゆえ、教皇とは、聖書がキリストの敵と称している反キリストではないかと思えるほどです。なぜなら、教皇の存在、またそのなすところは、すべてキリストに逆らい、キリストの存在や生涯の働きを破壊して無にしてしまうようなことを目指してばかりいるからです。

　教皇は、偽りに満ちた不条理な理由から、その勅書「羊飼いとして《パストラリス》」*64の中で、もし皇帝の位が空位になった場合には自分がその正統な継承者であると述べて失笑を買うような宣言をしています。誰が教皇にそのような権利を与えたのでしょうか。キリストが〔『ルカによる福音書』二二・二五で〕「異邦人の王たちは、その民を支配している。しかし、あなたがたはそうであってはならない」と言われた時に、それを与えられたのでしょうか。このような恥知らずで、ひどい、そしてまったくおかしな嘘を、私たちはあの教会法の中で読むのです。それなのに、これを学ばなければならないのです。これらは悪魔的なものであるにもかかわらず、それをキリスト教の教えとしなければならないのです。何ということでしょう。あの「コンスタンティヌスの寄進状」[*65]という前代未聞の嘘も、結局この類のものだったのです。あれほどの知性をもつ人々がこのような虚言を認めるように説得されたのは、神の特別な裁きだったに違いありません。なぜなら、彼らの虚言はあまりにもいい加減で、おそまつで、泥酔した農民でももう少しましな嘘をつけると思わせるものばかりだからです。一人の人が帝国を統治し、さらに説教もし、祈り、聖書を研究し、貧者の世話までする、などということがどうして可能でしょうか。これらのうち、説教し、祈り、聖書を研究し、貧者の世話をすることこそ、教皇の職務ではないでしょうか。キリストはそのことを真剣な思いで教皇に委ねられたのです。そのために〔『マタイによる福音書』一〇・九以下で〕下着もお金ももっていくことを禁じたほどです。一つの家を治めなければならない者であっても、このようなことをなすのは困難なのですから、教皇が両方の職務をなすのは不可能です。にもかかわらず、教皇は皇帝を統治する者でありたいと考えています。つまり、教皇の名のもとに世界を支配したいという願いであり、具体的には、崩壊したローマ帝国を、教皇のもとで、キリストの名によって、以前のとおりに再建したいと考えるローマの悪党が考え出した計画なのです。

10　教皇は身を慎み、肉汁に染まった手を拭《ぬぐ》って、ナポリとシチリア王国に対するさまざまな権利要求[*66]を放棄すべきです。これらの王国に対して教皇がもっている権利は、私がそれらの国に対してもっている権利と同じ程度です。それにもかかわらず教皇はこれらの国の領主になろうとしています。教皇は他にも同様のことをなしていますが、それは明らかに強盗であり、暴力的な行為です。ですから、皇帝はこのような領地を教皇に与えてはなりません。すでに与えてしまっているわけですが、これ以上与えるべきではないのです。教皇は聖書を示し、また祈りをもって各領邦やその民に仕え、自らの職務である説教と祈りに専念すべきです。特に教皇の支配のもとにない領邦や民については、この世の君主にその統治を委ねるべきです。ボローニャ、イモラ、ヴィチェンツァ、ラヴェンナ、また教皇がアンコナ辺境領、ロマーニャ、その他、むりやり奪ったイタリアの諸邦や不当に占領している地域についても同じことが言えます。教皇はキリストの教えにも聖パウロの教えにも逆らって、この世の領地の問題に関わろうとしているのです。聖パウロは〔『テモテへの手紙二』二・四で〕こう言っているはずです。「神の兵士の世話をする者たちは、誰一人この世のことに煩わされてはならない」。教皇はこの神の兵士の長であり、その第一人者であるはずなのに、これまで皇帝も国王たちもしなかったほど、この世の問題に関わっています。ですから、私たちは教皇を助けて、このような問題から教皇を引き離し、教皇に神の兵士の世話をさせるべきです。教皇が自らその代理者を自任しているキリストも、この世の統治に関わろうとはされませんでした。兄弟のことでキリストに判断を求めた人に対しても〔『ルカによる福音書』一二・一四で〕「誰が私をあなたがたの裁判官にしたのか」と述べたほどです。その態度は徹底したものでした。ところが、教皇は頼まれてもいないのに出かけていき、神のごとくふるまって、すべてに関わりたがり、ついには教皇がその代理人だと主張するキリストとは何であるのかさえ判別がつかなくなってしまったのです。

11　当然のことながら、教皇の足に接吻する習慣も今後は廃止すべきです。罪深い人間が自分より何百倍もましな人間に対して、自分の足に接吻せよ、と命じるのは非キリスト教的であるだけでなく、反キリストのなせる行為にほかなりません。もしそれが教皇の権力に敬意を表すものとしてなされているのなら、なぜ教皇自身は他の聖なる職務にあたる人々に敬意を示してその足に接吻しないのでしょうか。キリストと教皇を比較してみればよいのです。キリストは弟子の足を洗われ、それを拭われました。*67 弟子がキリストの足を洗ったのではありません。教皇は自らをキリストより高貴な者と考えて、この秩序を逆転させ、自らの足に誰かが接吻できるのはその人にとっては大変ありがたいことだと主張しています。本来はそのようなことを望む人がいたとしても、そうさせないのが教皇であるべきです。聖パウロとバルナバは、ルステラの人々から神のように崇《あが》められたとき、〔『使徒言行録』一四・一五で〕「私たちもあなたがたと同じ人間なのだ」と述べています。ところが、教皇の配下の者たちは、ついには教皇を偶像にして、神を教皇ほどには恐れなくなり、教皇を崇めるほどには神の名を崇めなくなったのです。彼らはこのようなことは平然と行うのに、教皇の権威が少しでも損なわれることには平然としていられません。しかし、ローマ教皇の座にある者たちがキリスト教信者であり、自らの栄光ではなく神の栄光を崇めようと思うのであれば、このようなことを喜ぶはずがありません。また、教皇がキリスト教信者であるのなら、神の栄光が軽んじられ、自らがそれに代わって栄光を受けるようなことを喜ぶはずがありません。神の栄光こそ至高のものであることがもう一度確認されるべきだと考え、自らを称えるのを許すことはないはずです。

〈同様のことで実に不遜な行為だと思われるのは、教皇がラバに乗ること、あるいは馬車に乗ることに満足できずに、自らは健康であるにもかかわらず、まるで偶像そのもののように、華やかな姿で自らを人間に運ばせることです。愛する兄弟姉妹、このようなサタンのような傲慢が、どこに行く場合でも使徒と同じように自らも歩かれたキリストと、どうして同じだと言えるのでしょう。この世での成功を拒絶し、それとは違う道を行く者、キリスト教信者すべての首長であるべき者がやっているのは、この世のどの支配者よりもきらびやかな生活なのです。私たちが教皇のこのような生活について何か言う必要はないのかもしれません。しかし、私が恐れるのは、私たちが彼のこのような傲慢さを見て見ぬふりをすることで、当然のことながら私たち自身も神の怒りを受けることです。教皇がこのような愚かな行為をし続けているというだけで、もう十分です。しかし、私たちがそれを容認しているのは、もっと愚かなことなのです。

キリスト教徒であるのなら、教皇が聖餐を受ける際に、あたかも自らが貴公子であるかのようにふるまい、跪《ひざまず》くことなく座したままでいて、枢機卿のほうが跪き、寝そべったままの教皇に黄金の竿で聖体を差し出す姿を見て、不快にならない者がいるでしょうか。まるで聖体とは、この憐れむべき酔っぱらいの罪人がわざわざ立ち上がって、その栄光を受けるには値しない程度のものだと言っているかのようです。すべてのキリスト者から父《パパ》と呼ばれる教皇より、他のすべてのキリスト者たちは何倍も敬虔な心をもって聖餐のサクラメントに与《あずか》っているのです。このような光景を見て、不快にならない者がいるでしょうか。私たちの高位聖職者たちが、このような冒瀆的な行為を見過ごし、それどころか称賛し、黙認することで私たちもそれに加担しているのですから、神が私たちに裁きを下したとしても驚く必要はありません。

　教皇が行列を組んで聖体を運ぶ場合も同じです。そのとき運ばれているのは聖体ではなく、教皇自身なのです。聖体は、まるでテーブルの上の葡萄酒の瓶のように、飾りとして教皇の前に置かれているだけです。ローマ主義者たちにとってはキリストよりも教皇がすべてだと言わんばかりです。ローマ主義者たちは私たちを脅迫し、このような状況を容認するように命令して、神とキリスト教のすべての教えに反してこれを承認せよ、と言ってきます。ですから、神よ、私たちを助けて自由な公会議を開催させてください。そして、教皇が自らも人間であり、自らそう主張するように神以上の者などではないことを知ってほしいのです。[*68]〉

12　ローマへの巡礼は廃止すべきです。また、人々が単なる好奇心や思い込みで巡礼に出かけるのではなく、正しい思いで巡礼に出かけるようにしなければなりません。そのためには、その人が正しい動機をもっているか、その人が属する聖堂区の司祭、市の当局者、あるいは領主によって、あらかじめ認定されるべきではないでしょうか。巡礼が悪いわけではありません。現在の状況では、それを勧めることができないのです。というのも、巡礼者はローマで何らよきものを見ることがないからです。そこで目にするのは、ただ驚愕するようなことばかりだからです。ですから、人々はこんな諺《ことわざ》を作りました。「ローマに近づくほど、キリスト者は悪くなる」。人々は神と神の法を軽視するようになって帰ってきます。初めてローマに行く者はそこで悪人を探し、二度目に行く者はそれを見つけ、三度目には連れ帰る、とも言われています。最近では、旅人たちは器用にも、三回でなされていたことを一回でこなし、「ローマなど見なければよかった、ローマなど知らなければよかった」という歌を口ずさみながら帰ってくるのです。

そういう経験をすることがなかったとしても、ローマにはさらなる問題があります。無垢な信仰をもつ人々が巡礼によって神の掟について誤った考えや理解をもつようになってしまうことです。巡礼者はそれを大変重要な信仰的行為だと思っていますが、実際にはほんの小さな行いにすぎず、むしろそれによって悪を知り、不当なことに身を委ねるようになる誘惑の種なのです。神は巡礼など命じておられません。むしろ神は、人は自らの妻や子供に配慮を与え、また人間の義務として隣人に仕えて助けるように命じているのです。それなのに、人はローマに巡礼に出かけ、命じられてもいないのに五〇グルデンあるいは一〇〇グルデンも散財して、家で待つ妻子や、隣人たちに辛苦を味わわせています。巡礼に出かける愚かな者たちは、このような神の命令への不従順や不信仰を、自らの愚かな巡礼で粉飾しようとしているのです。結果的には、自らの好みに任せて、また悪魔の誘惑に負けて、さまざまな散財をしているのです。それに加えて、教皇やその取り巻き連中が、黄金の年と称する偽り〔のヨベルの年〕を設けて、これに手を貸しています。それによって人々の心を誘惑し、人々を神の掟から離反させ、禁止されてきたことを強要しているのです。それによって教皇やその取り巻き連中は不正な収入を得て、さらには権力を強化することができたのです。これらのことを、それは神の定めに反するとか、救いのためにならないと言うのではなく、〔不正な収入を得るために〕続けなければならなかったのです。

純粋なキリスト者たちがこのような堕落した誤った考えに導かれるのを避けるために、巡礼と呼ばれるあらゆるものが廃止されねばなりません。巡礼の中によきものを見出すことは、もはや不可能です。そこには神の戒《いまし》めへの従順も見出されず、むしろ数えきれないほどの裏切り、罪への誘惑だけが見出されます。例えば、多くの物乞いがローマに住みつくようになり、巡礼によって悪事を働いています。彼らが物乞いをする必要がないのに、何も困っていないのに物乞いをして生活するようになってしまったのは、まさに巡礼によって起こった堕落なのです。

巡礼者が浮浪者になったり、その他さまざまな悲劇がそこから生み出されたりしているのですから、これから巡礼に出かける者たちは、聖堂区の司祭、あるいは領主に明確な理由を提示してから出かけるべきです。その際、司祭や領主は、その人が本当に純粋な思いで巡礼に出かけようとしているのを確認できた場合には、巡礼に出かけるお金があり、その苦労を覚悟しているのであれば、むしろそれをサタンの作り出した請願や幻想の請願に使うのではなく、妻や隣人のために用いるほうが巡礼より一〇〇倍も優れた行為であることを教えてやらなければなりません。その人が単に他の国を見たいだけなら、行かせてやるのもよいかもしれません。しかし、その人が病気になったために巡礼の請願をした場合には、それをやめさせ、破棄して、神の教えの力で十分であることを教えなければなりません。つまり、彼が洗礼において行った請願、すなわち神の法を守るという請願で十分なのです。ところが、いまだにこのような愚かな請願が続けられており、その結果、それによって正しい道を見出す者がいないどころか、自分に都合のよい新しい道、新しい請願を勝手に作り上げ、それによって神の法を満たせると考えてしまっています。

〔**13**[*69]〕　ここで注意したいのは、自ら誓願を立てながら、その誓願を守らない人々のことです。愛する諸侯の皆さん。ぜひ立腹せずに聞いていただきたいのです。善意から申し上げています。これ以上、托鉢修道院は必要でしょうか。これは悲しいことですが真理です。神よ、助けてください。すでにその数は多くなりすぎました。もしそれが神の御心なら、すべてをなくしてしまってもよいと思いますし、せめて数個にまとめるべきです。田舎の村々を歩きまわるのは何の意味もないことですし、それはこれからも同じでしょう。ですから、ある程度の数を一つにまとめ、必要なものを十分に与えて、托鉢をしないようにするのです。

ここで重要なのは、聖フランシスコ、聖ドミニコ、聖アウグスティヌス、あるいは他の誰かが規則を定めたことではありません。問題は、それが人々の救いのために必要なものかどうか、ということなのです。今日、規則の制定者たちの趣旨をきちんと受け取っている修道院がどれだけあるでしょうか。

もし托鉢修道会の修道士たちが、司教、主任司祭、司教区民、統治者たちから何らかの別の任務を与えられて、もはや托鉢が必要なくなった場合でも、彼らに説教や告解の奉仕をさせないほうがよいでしょう。なぜなら、説教や告解によって司祭と修道士のあいだに嫉妬や憎しみが生まれて争い、信徒は憤慨して、その行為を見て何らかの躓《つまず》きになってしまうからです。もしなくて済むのなら、このようなことは起こらないほうがよいのです。聖なるローマ教皇が托鉢修道会の修道士を何の意図もなく増やしたわけではないことは明らかです。司祭や司教区の人々が教皇の悪政に気づき、そのために教皇の批判勢力になったり、教区の改革を始めたりしないようにすることが、教皇の狙いだったのです。

同じ修道院の内部にあるさまざまな分派や集団も廃止されるべきです。これらが生まれた理由はたいていの場合は不明で、どうでもよいようなものです。それなのに、想像を絶するような憎しみや嫉妬心をもって争うようになり、結局はすべての隔てを超えて存在するキリストへの信仰が曖昧になって、よきキリスト教信徒としての生き方が律法やそれぞれの集団の作法といった外的要因によって計られるようになったため、まったく表面的な問題としてしか判断されず、騙し合いのような退廃が生まれることになったのです。

教皇に対して、これ以上こんな修道院を設立したり許可したりすることを禁止し、それを強制的に廃止するように命じなければならないと思います。キリストへの信仰こそが善であり、信仰は修道院などなくても成り立つのです。しかし、人々はさまざまな修道院の諸流派の教えや決まりに惑わされて、信仰に心を向けるのではなく、そちらにばかり心を奪われるようになってしまいました。ですから、修道院規則ではなく信仰を語り、それを実践するような賢者であり高位聖職者でもある人がいない場合は、ひたすらよき業をなしたいと考える純粋な魂にとって、修道院は有害であり、またそのような人々を堕落に導くものになってしまうのです。

今日では、かつて人々の信仰を導き、修道院を創設して指導した高位聖職者たちは皆、世を去ってしまいました。かつてイスラエルにおいて、神の御業を知り、その奇跡を知る父祖たちが世を去ったあと、人々が神の御業や信仰についての無知ゆえに偶像を礼拝し、自分に都合のよい行動をとり始めたのと似てはいないでしょうか。今日、修道院は神の御業と信仰について無知になり、自らが定めた規則や作法に縛られています。懸命にそれに従うのですが、それによって教会の教えに忠実で、善であるような生活には導かれません。それは使徒が『テモテへの手紙二』第三章〔第五節以下〕で「彼らは教会的な生活をしているようだが、実はそうではない。彼らは学ぶが、何が本当に教会的な生活なのかは知らない」と述べているとおりです。修道院が教会的で、キリストへの信仰を理解している高位聖職者によって管理されないのであれば、それはこの世に存在しないほうがよいと思います。

私はこう考えています。聖堂参事会や修道院が、その昔、使徒たちによって、またその後も使徒たちの教えに基づいてなされたように、再建されねばならないのです。今日のような危機の時代にはそのことが必要です。かつては修道院や聖堂参事会はいつでも開放されていて、それぞれの人たちは自ら望むだけそこで学ぶことができました。聖堂参事会も修道院も、まさにキリスト教の学校だったのです。そこで人は聖書を学び、キリスト教の教えに基づく規律が教えられ、教会を管理し、説教するように養成されたのです。聖アグネス[*70]が学校に通ったのは、そのためでした。また、クヴェドリンブルク女子修道院[*71]や他の女子修道院にも、そのようなものが見出されます。聖堂参事会も修道院も自由であり、強いられた信仰実践ではなく、自発的な心をもって神を礼拝できるようになる者たちの養成の場だったのです。

ところが、その後、変わってしまいました。人々は請願に縛られ、牢獄に入れられ、何と洗礼の請願より修道生活の請願のほうが重んじられるようになってしまったのです。それによって何が起きたでしょうか。私たちが毎日のように見たり、聞いたり、そして読んだりしているようなことです。人はこのような私の勧めは取るに足らない、おかしなことだと思うかもしれません。しかし、私はそのようなことは気にせず、今私に正しいと思われることをあえて述べたいのです。ですから、もし批判したい人がいるなら、していただきたいと思います。修道士たちの請願、とりわけ貞操についての請願は、どれだけ守られているでしょうか。私はよく知っています。貞操の請願はどの修道院でも行われていますが、それはキリストによって命じられたものではなく、キリスト自身が、[72]また聖パウロが[73]述べているとおり、ごくわずかな人々にのみ命じられたことなのです。私はここで、ぜひ人々が苦行から救い出され、キリスト者の魂が、人間が生み出した規則や作法に縛られてしまうことがないように望んでいます。

14 司祭の堕落や、多くの憐れな聖職者が妻子をもつようになり、その重荷と良心の呵責の中で生きているのを私たちは知っています。このような者たちを何とかしなければならないのに、誰も何もしません。たとえ教皇や司教が、そのような者たちのなすがままにさせ、堕落するのは本人の責任だとして見離したとしても、私は自らの良心に従って彼らを救いたいのです。ですから、このようなことを述べることで、教皇が、司教が、また他の誰かが怒り出したとしても、私は何も憚《はばか》ることなく語り続けたいと思います。

キリスト、そしてその使徒たちが定めたことに従うなら、どの都市もパウロが『テトスへの手紙』第一章〔第六節以下〕で述べているとおり、主任司祭あるいは司教を置かねばなりません。しかし、主任司祭は妻なしで暮らすことを強要されておらず、妻をもつことができます。それは聖パウロが『テモテへの手紙一』第三章〔第二節〕で、また『テトスへの手紙』第一章〔第六節〕で「司教は責められることのない、ただ一人の妻の夫であって、その子たちも従順で正しい者たちでなければなりません」と記しているとおりです。そして、聖パウロにおいては、聖ヒエロニムス[74]が理解しているとおり、司教と司祭は同一視されています。今日存在する司教のことは聖書には何も記されていないので、一人が他の多くの主任司祭を管理するという、これまでのキリスト教の一般的な習慣に従って、そうしているだけです。

ですから、私たちは使徒の言葉に従って、キリスト教界では、まずどの都市でも、その都市に住む者たちの中から知性ある信仰深い者を一人選び出し、その人に主任司祭の責任を担ってもらって、その都市の費用で彼の生活を支え、妻帯についてはその人の意志に委ねるべきです。彼は助手として、やはり妻帯については本人の自由な意志に委ねられている助祭を配置してもらい、説教とサクラメントによる人々の指導や教育を補助してもらうべきです。これは今日でもギリシアの教会には残されている方法です。確かに、異端審問や異端との戦いが激しくなったことで、自発的な結婚をやめる教父が多くいました。それらの人たちは、そうすることで、より聖書の研究に励み、いつ死んでもいいように備えていたのです。

ローマ教皇は、このような状況に自らに都合のよいように介入し、誰でも守るべき一般的な戒《いまし》めとして司祭たちの妻帯を禁止したのです。聖パウロが『テモテへの手紙一』第四章〔第一節以下〕で「サタンの教えをもたらし、結婚を禁止する教師たちが現れ出る」と予言しているとおりです。これによって多くの悲劇が起こり、それがギリシア教会との分裂のきっかけにもなったのです。さらに不調和、罪、侮辱、さまざまな忌まわしい問題が増大し続けました。これらはサタンが企てて始めたものですが、私たちはそれに対して何をすべきでしょうか。

私の考えは、結婚するかどうかは、かつてのように自由にし、本人の選択に任せるべきだ、というものです。これによって、当然のことですが、財産の管理やそれに関する規則がこれまでとは異なるものになりますから、従来の教会法は通用しなくなり、教会の財産についてもごくわずかしかローマにもたらされないことになります。私にはまったく悲劇的であるように思える貞淑ではない貞淑が生じてしまったのは、まさに貪欲が原因だったとしか思えません。そのような貪欲な思いで司祭が職務にあたったために、誰でも司祭になれると誤解し、またなりたがるようになり、さらには自分の子供を司祭にしたいと考えるようになったのです。ですから、どれも貞淑に生きようとすることとは無関係なのです。そんなことをするのなら、司祭にならなくてもよかったはずです。これらの人は『創世記』第三章〔第一九節〕に書いてある「あなたは額に汗してパンを食べるべきです」という神の掟に反して、苦労せずにこの世で食べていくために司祭になろうとしているのです。ですから、彼らはそれをごまかすために、自分たちの労働は祈りやミサだと主張してきたのです。

教皇、司教、聖堂参事官などの聖職者、あるいは修道士などの神が制定しなかった者たちについては扱いません。これらの人たちは自ら自分の身に重荷を背負い込んだのですから、それを自ら背負っていかなければなりません。ここで私が取り上げたいのは、神が制定した主任司祭[*75]のことです。主任司祭は、説教し、サクラメントを執行することで聖堂区の人々を指導するためにその地に住み、この世のさまざまな問題を扱わなければなりません。主任司祭は誘惑への危険と罪を避けるために、公会議によって妻帯することが許可されるべきです。神が彼らにそのような制約を与えなかったのですから、たとえ天使であっても彼らをそのような規則で拘束することはできないのです。このような事情に反することを教会法は定めているのですから、それはまったく無意味なものです。

私の意見を述べます。今後、聖堂区主任司祭に叙任される者は、司教に貞操の誓いをなすべきではありません。司教もそのような誓いを要求する権利をもっていないのです。もしそれを要求するなら、悪魔的な行為になります。「人の弱さが許すかぎり」誓うと言わなければならないのなら、この言葉を否定的な意味に解して「私は貞操の誓いをすることはできません」と言えばよいのです。「人間の弱さは妻をもつことなしに生きるのを許さない」のであり、貞操を守ることを許すのは「天使の強さ、あるいはこの世のものでないものの力」だけです。このように言うのは、誓約をせずに良心に従うためです。

私は妻をもっていない人たちが妻をもつように勧めること、また妻をもたないままでいるのを勧めること、この二つの勧告を否定はしません。その判断はキリスト教的な考え方の一般的な基準に委ねようと思います。しかし、実際に今、妻子をもっている司祭については、どうすればよいでしょうか。妻は聖職者の娼婦と呼ばれ、子供は聖職者の子供と言われて侮辱され、良心の呵責のうちにあります。私はそれを放っておくことはできません。私はすでに述べたような意味での道化役者の特権を使って申し上げたいのです。

この世の中には、弱さゆえに女性の問題で過ちを犯したこと以外には何ら問題のない、よい司祭が何人もいます。その場合、この司祭も妻も、この世では屈辱的な対応をされたとしても自らの良心に疾《やま》しいことはなく、できることなら夫婦としていつまでも一緒に暮らしたいと内心では考えているはずです。ですから私は、もし二人が真実な思いで生活を一緒にしているのであれば、自らの良心に従うべきだと考えます。司祭はその女性を正妻として結婚し、養い、この世の夫たちと同じように、その女性とともに生きるべきです。教皇の意見や教会法の定めなど問題ではありません。救いのために求められていることではなく、神からも命じられていない、あなたを抑圧し、横暴な命令をするどんな法よりも、その人の魂の救いのほうが重要なのです。ですから、自ら働いて、その結果として得る賃金をエジプト人の手から盗み返したイスラエルの子らと同じです。あるいは、当然受け取ることができる賃金が支払われていないので、不正な主人からそれを奪い返すために盗むのと同じです。同じように、あなたがたも教皇の手からあなたの正しい妻や子を盗むのです。

確信をもってこれを実行に移せる者たちは、私についてきてほしいのです。[*76] 私はそのような人を騙すつもりはありません。私は教皇のような権力はもっていません。しかし、一人のキリスト者として、隣人を助け、その人の罪と過ちから守る権能はもっています。私がこのような助言を与えるのには理由があります。第一に、主任司祭もいずれにせよ女性を必要としています。それは弱さからではなく、家政のためです。主任司祭は家政のための女性を必要としているのに、教皇はそのこと自体には同意できても、その女性を妻にしてはならないと言うのでしょうか。一人の男と一人の女を二人きりで一緒にしておいて、過ちを犯してはならないと言うのでしょうか。それは藁《わら》と火を一つにしておいて、燃やしてはならないと言うようなものです。第二に、教皇には、これを禁じる権力はないはずです。それは教皇が食欲や排泄、あるいは太ることを禁じる権力をもっていないのと同様です。そのような命令は誰も守る必要はありません。むしろ教皇には、そのような命令があるせいで犯された罪、それによって堕落してしまった魂、それによって苦しめられた個々人の良心に対する責任があるはずです。ですから、そのようなことを定めた教皇はとっくに追放されているべきなのです。教皇はそれほど多くの魂を悪魔的な縄で縛りつけてきました。私はこれらの人々の人生の最後に、神が、教皇が彼らの生きているあいだになしたこと以上のことをしてくださると信じたいと思います。教皇権からは、またそれによって作られた法からは、何もよいものは生まれてきませんでした。これからもそうでしょう。第三に、教皇の法が禁じている結婚を教皇の法に反してなした場合、その後はもう教皇の法は無効で、それ以上は効力をもつはずがありません。そこでは、〔神が合わせた〕男と女を人は離してはならないと命じる神の法が、教皇の法に優先するのです。教皇の法ゆえに神の法が破壊されることがあってはなりません。教皇と一緒にいることで正義感を失った法律家たちが考え出した「結婚の障害となるもの」という条項[*77]が、結婚生活を妨害し、分裂させ、混乱させました。それによって神の定められた結婚の法が蔑《ないがし》ろにされてしまったのです。教皇が定めた法規には、よきキリスト教徒として生きていくために必要な法は二行もなく、しかもそれは誤りが多いものなので焼き払ってしまうべきです。

　しかし、司祭の結婚は一般には驚くようなことなので、もしそうするのであれば、教皇による特赦が事前に必要だと言う人がいるでしょう。しかし、私はあえて言いたいのです。もし問題があるとすれば、それは権利もないのに、しかも神の意志に反して制定された法を有効だと言うローマ教皇の罪のほうです。司祭の結婚は神と聖書の前で何の問題もないことです。もし教皇がお金と引き換えに彼の収入源である法に除外命令を出すことができるというのなら、キリスト者は神と魂の救いのために同じように法の除外命令を出すことができるはずです。なぜなら、キリストは私たちをすべての人間的な掟や法から解放してくださったからです。パウロが『ガラテヤの信徒への手紙』第五章で、[*78]また『コリントの信徒への手紙一』の第八章と第九章で教えているとおり、人間が定めた法が神と魂の救いに反している場合には、そう言わなければなりません。

15 修道士のことも忘れてはなりません。人間が作った法によって人々を惑わし、破壊してきた悪霊は、ついに修道院長、女子修道院長、また高位の聖職者たちにも入り込むようになりました。それによって修道士や修道女たちは抑圧的な支配を受けるようになり、今にも地獄に堕ちていきそうになっています。まさに、この世でサタンの教えに従った者たちと同じ運命をたどっているのです。高位聖職者たちは、告解によっては言い表されなかったもの、あるいは死にあたる罪を自らの手に保留しています。しかし、規則によれば、修道院長や高位聖職者が修道士あるいは他の修道士に対して、破門や、誓願への服従にあたるような罪を赦免することは禁じられています。ですから、修道院にいるのは天使のような人間ではなく、むしろ破門や脅迫に苦しめられている人間なのです。それは、心の中にある罪を高位聖職者たちや告解司祭に告白するくらいなら破門でも威嚇でもむしろ引き受けようと考えている人たちです。そのような思いをもって告解に出かけてサクラメントを受けようとするなら、彼らは規律違反をした修道士となり、辛苦を味わうことになります。何ということでしょう。事柄を正しく見ることができない羊飼い、おかしな高位聖職者、強盗よ、狼たちよ。

私の意見を申し上げたいと思います。犯された罪が明らかな場合には、それについての裁判権をもつ高位聖職者が一人でこれを罰することができます。しかし、それ以外の罪については、彼は自らのために保留したり、その罪を除外して扱ったりすることはできません。告白されていない罪については、それを予想したり見定めたりすることができるとしても、その罪を罰する権利を高位聖職者はもっていないのです。高位聖職者がこの点について例外を設けようとするなら、それはまさに暴挙であり、何の権利もないのに神の裁きに干渉していることになります。ですから、私は信者たち、修道士、そして修道女たちに勧告したいと思います。あなたが意識せずに犯した罪について、あなたが望む人に告解することが許されないなら、その罪を自らにとどめておいて、あなたが望む修道士、修道女に訴えるようにすればよいのです。そして、罪の赦しと慰めを得て、あなたが望むこと、またしなければならないことをすればよいのです。あなたの罪が赦されていることを確信しているなら、何も悩む必要はありません。破門であっても、戒規であっても、また規則違反修道士と言われても、またどのような威嚇があったとしても、それを心配したり、そのことで迷う必要はないのです。破門も戒規も、あえて告解する必要もないほどはっきりした罪以外には効力をもちません。それはあなたとは無関係なのです。物事を弁《わきま》えていない高位聖職者たちよ、あなたの威嚇によって、意識せずに犯してしまう罪を防ぐことなどできません。公にはできないこと、それを維持できないものについては放棄すべきです。神の審判と恩寵だけが、これらの高位聖職者たちのもとにある者たちをも扱うことができるのです。神は審判と恩寵を完全にご自分の手から高位聖職者たちの手に引き渡されたわけではありません。それどころか、高位聖職者たちが扱えるのは、それらのうちほんのわずかなものだけです。ですから、この世で高位聖職者たちが作り出した規則はあくまで作られた規則にすぎず、それを天にまで適用して神の審判に介入するようなことはしてはならないのです。

16　さまざまな記念日、諸々の儀式、死者のためのミサは、すべて廃止するか削減する必要があるでしょう。これらは、私たちがすでに見ているとおり、人々の失笑を買うような出来事であり、神の怒りを買うようなもの、そしてただ飲食目当ての行事になっています。またことに不誠実な前夜祭があって、ミサが長々と続けられ、祭りのために祈りが捧げられるわけでもなく、祈りが捧げられている場合でも神への愛に基づいてなされているのではなく、金儲けのためだったり、相手への恩返しだったりします。それを神が容認されるはずがありません。愛に基づかない業を神がよしとされることはありませんし、それが神に届くはずもありません。このような悪習になってしまい、神の心を和らげるどころか神を怒らせていることは、廃止するか削減するべきです。聖堂参事会、教会、修道院がこれらのミサや前夜祭を一つにまとめ、敬虔に、信仰をもって、功績のあった者すべてのために年に一日だけ心からのミサを行うというのなら、毎年何千もある別々の祭りより、よほど神の御心にかなうものだと思います。愛するキリスト教信者の皆さん、神は多くの祈りよりも心からの祈りを望んでおられます。『マタイによる福音書』第六章〔第七節〕にあるように、神は長々と多くの言葉で祈ることを許さず、そのような祈りはむしろ罰を招くのです。それなのに、神により頼むことをしない貪欲な魂は、このような制度を定め、自らが空腹になって死に至らないための用心をしているのです。

17　教会法に定められている刑罰や戒規のいくつかは廃止されるべきです。聖務の禁止は、明らかに悪霊が考案したものです。また、一つの罪を数多くのさらに重い罪によって強制しようとするのは、まさに悪霊の仕業です。神の言葉を語ることを許さないとか、礼拝をさせないというのは、一度に二〇人の教皇を殺害するとか、司祭を殺したとか、教会財産を手放さないといったことよりはるかに重い罪です。これらは皆、あの教会法に規定されていることで、敬愛すべき訓練だと言われています。教会法がそうみなされているのは、それが霊に基づくものだからです。しかし、実際のところ、今日ではこの霊は聖霊ではなく悪霊です。

破門は、聖書が示しているような場合以外には、すなわち真の信仰をもたない者や明らかに罪の中で生きている者でないかぎりは適用してはなりません。もちろん、物質的な利益のためにそれを利用してもいけません。しかし、現実はそうなっていないのです。多くの場合、とりわけ破門によって他の人を脅迫しているような者たちが勝手な信仰を作り出し、好き勝手な生活をしています。そして、事実上あらゆる破門は物質的な利益のためになされているのです。それは、私がかつて〔一五一八年にラテン語で書いた『破門の効力についての説教』で〕詳細に述べたように、聖なる教会の不法な行為以外の何ものでもありません。それ以外の戒規や刑罰、聖職停止、規律違反修道士としての失権、刑罰の加重、再加重、免職、さらには恫喝、呪い、弾圧などは、土の中に一〇エレ[*79]以上の深さに埋めてしまい、その記憶さえ残らないようにしてしまうべきです。教会法によって解放されてしまった悪霊は、聖なるキリスト教界である天の国にこのような禍《わざわい》をもたらし、さらには人々の魂を堕落させて救いの邪魔をすることしかしていないのですから、『マタイによる福音書』第二三章〔第一三節〕にあるキリストの言葉を理解しているとは思えません。キリストはこう述べておられます。「禍なのは、あなたがた律法学者たちである。あなたがたは教える権能を奪い、天国を人々の前で閉ざしてしまっている。あなたがたも、もはや入ろうとはしないし、入ろうとする人も入れない」。

18 すべての祝祭日は廃止して、日曜日だけを残すべきです。どうしても聖母〔マリア〕や聖人たちの祝祭日を残したいのであれば、改めてそれを日曜日に設定するか、朝のミサに限定して祝い、それ以後はいつもと同じ日常生活を営むべきです。なぜなら、祝祭日は〔宗教的な意味が失われて〕悪用され、泥酔、賭博、怠惰、その他の悪がなされる日になり、他の日以上に神を怒らせる日になってしまっているからです。これでは聖日は聖なる日ではなく、何もない通常の日のほうがむしろ聖なる日になってしまっています。正常な感覚を失った高位聖職者たちは、自分勝手な信仰に基づいて、聖オッテリア[80]、聖バルバラ[81]などの勝手な聖日を制定し、それによってよい行いがなされたと思い込んでいます。人々も神やこれらの聖人に対して何らかの信心を示すわけではなく、この日に数々の不敬虔なことをしているのです。ですから、聖人の名誉のために、聖人の日は通常の日にしてしまったほうが、よい行いをしたことになるのではないでしょうか。

　人々は霊的な損害を受けるだけでなく、物質的な喪失もこうむっています。というのも、人々はそのあいだ仕事ができなくなり、さらに出費が増えるからです。それどころか、人々は〔これらの祭りのあいだに暴飲暴食をして〕健康を害し、仕事に支障をきたすほどです。それなのに誰も改めようとしないのです。祝祭日を定めたのは教皇なのか、祝祭日を定めるには教皇の許可が必要なのか、というのはこの際どうでもよいことです。神の御心に背《そむ》き、肉体的にだけでなく霊的にも人々に害を与えるようなことなら、本来は教皇や司教が廃止すべきなのですが、それは期待できないのですから、各都市の参事会、あるいは統治権者は、教皇や司教の許可がなくても廃止する権能をもっています。教皇や司教が廃止を望んでいないとしても、魂の救いのためにこれらを阻止しなければなりません。

付け加えれば、献堂式はただちに廃止すべきです。それによって聖堂はまさに居酒屋、祭りのマーケット、賭博場になってしまい、神への不敬虔に満ち溢れた場所になって、人々の不幸の増大に役立ってしまっています。最初の趣旨はよかったとか、徳を高めるためになる、などという説明はまったくおかしな話です。神ご自身は、かつて天上から与えた自らの戒《いまし》めを自ら撤廃さえされるのです。それは、その戒めが悪用されるようになって本末転倒してしまったからです。それと同じように、神はかつて定めたことであっても、それを日々改め、かつて作り出したものでも、それを破壊します。『詩編』第一八編〔第二五節〕に「あなたは相手の変化に応じて変化なさる」と書いてあるとおりです。

19 結婚できない親族あるいは親等についても変更すべきです。今日では、〔その中に〕洗礼の時の代父母、四親等、三親等も含まれていることについて再考されるべきです。しかし、もっと問題なのはローマ教皇がこのような者たちの婚姻をお金次第で特別に許可し、許可証を販売していることです。もしそれが可能であるのなら、主任司祭はどんな罪でも、ただで赦すことができるはずです。願わくは、ローマで販売されている教会法に基づいた、彼らの金づるになっているさまざまな人々への罠、贖宥《しょくゆう》、贖宥状、バター食用許可証、ミサ証明書、懺悔証明書[*82]といったさまざまな方法が廃止され、これらをすべて主任司祭が無償で与えたり停止したりできるようになりますように。教皇がお金と引き換えに、お金が作り出した罠や網（それは法と呼ばれているのですが）を売り出す権利をもっているというのであれば、主任司祭には、それを無効にし、破棄する権能があるはずです。主任司祭にその権能がないというのであれば、教皇にもそのようなことをする権能はないはずです。

これらと関係することですが、福音書が述べているとおり、断食は個々人の自由意志に基づくべきです。ですから、あらゆる種類の断食があってよいのです。ローマでは、実際には断食は軽んじられています。ですから、彼らがしていることは何かといえば、ローマでは靴を磨く時でも使わないような油だけを外国人には食べるよう勧めておいて、その上で上等なバターや他の食物を断食中に食べる自由を売りつける、という手法なのです。聖なる使徒パウロは、私たちはこれらのことすべてに対して自由である、と述べています。それなのに、ローマ主義者たちは、私たちを教会法で拘束し、自由を奪い、私たちがそれらを改めてお金で買い戻さなければならないようにしているのです。それによって私たちは良心ではなく恐れを感じるようになってしまったので、この自由について説教するのは容易なことではありません。その証拠に、人々はこの自由を信じられず、いたずらに誓いを立てること、嘘をつくこと、放蕩に身を崩すことよりも、〔謝肉祭から復活祭のあいだに〕バターを食べることのほうが重い罪だと思っています。人間が定めた掟は、しょせん人間のものです。もしそれが恣意的になされるなら、よい結果が得られるはずがありません。

20[*86] 最近巡礼地になったウィルスナック[*83]、シュテルンベルク[*84]、トリール[*85]、グリンメンタール、レーゲンスブルク[*87]などにある野外礼拝施設や礼拝堂は即刻廃止すべきです。サタンが働くのを許し、それによって私腹を肥やす司教たちには、もはや弁解の余地はないはずです。彼らこそがそれを廃止しなければならないのに、彼らはそれを神々しい聖なる場所だと思い込んでいます。それはサタンの仕業です。これによって人々を貪欲にし、誤った幻想を抱かせ、聖堂区を弱体化させて、泥酔や偶像崇拝を助長し、浪費を推奨し、人々の暮らしを堕落させることになるのが理解できないのです。もしローマ主義者たちが汚れた教会法を読むよりも聖書をきちんと読んでいたなら、このような状態にどう対処すべきかが理解できたはずです。

奇跡は何の役にも立ちません。なぜなら、『マタイによる福音書』第二四章〔第二四節〕でキリストが私たちに予告しているように、悪霊も奇跡を行う力をもっているからです。司教たちがこの問題に真剣に対峙して、それを禁止するなら、すぐに奇跡はなくなるでしょう。本当に神から出た奇跡なら、当然のことですが、司教の禁止によって奇跡がなくなってしまうなどということはないでしょう。それがどんな奇跡なのかを知るには、例えば人々が正気を失って騒いだり、それに群がって驚いたりする様子を見れば明らかでしょう。神がそんなことをされるわけがありません。ですから、神がこのようなことを命じておられない以上、それに従う必要はないのです。ですから、それに堂々と介入し、それを行わないように阻止すべきです。神の掟に従ってなされないことは、サタンの行いそのものです。教会そのものがそれによって被害を受けることさえあります。それは人々の中に見出される不信仰です。正しい信仰があれば、このようなことに巻き込まれることなく、自らの教会の中ですべてのことを得られるはずです。

ところが、多くの人々がどうすれば自らの領地にこのような巡礼可能な霊的な場所を設置できるかを考えていて、人々の正しい信仰などについては誰も考えません。統治者たちがまさにそうです。それは目の見えない人が目の見えない人を導くようなものです。さらに自分の領地にそのような巡礼可能な霊的な場所が見つからない場合は、聖徒の列聖に着手するのです。それは多くの場合、聖徒たちの栄誉のためではありません。聖徒たちは改めて列聖されなくても、すでに多くの尊敬を受けています。なぜ改めて列聖するのかといえば、人々がそこに詣《もう》でて多くのお金を使うからです。そこに教皇と司教が参入して、贖宥の雨を降らせるのです。それなのに神が命じられたことには誰一人従わず、気にもせず、そのためにお金を使おうとさえ思わないのです。私たちは鈍感で、サタンの支配下に置かれ、そればかりかサタンを助けさえしています。どうか聖徒たちを煩わせることなく、また人々を誘惑しないでいただきたいのです。どのような霊が、聖徒たちを列聖する権能を教皇に与えたというのでしょうか。誰が聖人で誰が聖人でないのかを、誰が教皇に示すのでしょうか。この世は罪に満ち溢れているではありませんか。それに加えて、神をさらに試みて神の裁きに介入し、聖人をお金を得るための偶像にしてよいのでしょうか。

ですから、私は言わせていただきます。聖人は自ら聖人であることを示すものです。それどころか、聖人を聖人にするのは、ただ神だけなのです。そして、人々は皆、自らの教会にとどまるべきです。そこには巡礼の霊的な場所以上のものがあります。洗礼、聖餐、説教、そして隣人がいます。これらは天の聖人以上のものです。それは聖なるものであり、説教とサクラメントだからです。私たちがこれらを軽視しているのなら、神が怒りゆえにこのような私たちを裁くためにサタンを送られたのは正しいことです。事実、このサタンが私たちをさまざまな場所に連れていき、巡礼のための霊的な場所を設け、そのために礼拝堂や教会を建設させて、誰かを聖人と呼んだりして、私たちを正しい信仰から誤った信仰に誘惑するのです。それは、かの昔にサタンが行ったのと同じことです。サタンはイスラエル民族をエルサレム神殿から引き離して、さまざまな場所に誘いましたが、それを聖なる神の名で行い、さまざまな美しいもので誘惑しました。多くの予言者がこのサタンの誘惑に従わないように訴えたせいで迫害されました。ところが、今日ではこれを批判する説教を語る者は誰もいません。おそらく、教皇、司教あるいは司祭や修道士にひどい目に遭わされるのが恐いからでしょう。おそらく近々フィレンツェのアントニウス*88が他の数人とともに聖人とされますが、それも神の栄光とよき業のお手本だった彼の徳や名声を用いて、お金を得るためなのです。

かつては誰かを聖人にするのはよいことでしたが、今日ではそうではありません。それは、祝祭日や教会の財宝がかつてはよいものだったのに、今日では有害以外の何ものでもなくなっているのと同じことでしょう。誰かを聖人にすることで神の栄光を求めているのではなく、またキリスト者の信仰の改善を願うわけでもなく、それによってお金や名声を求めていることは明らかです。個々の教会が、他にはない特別なものをお金のために求めているのです。その証拠に、他の教会が自分のところにあるのと同じものをもっていると、彼らは悔しがります。今日は最後の、最悪の時代です。霊的な財産がこのように悪用され、この世の財産を得るために利用され、神に属するものが人間の貪欲の手段になってしまっています。すべての霊的な財産は、それぞれの教会に共通かつ平等であるべきであり、あらゆるものの一致や和合のために用いられるべきなのに、いつのまにか人々が作り出す特別だとみなされたものが不和や不一致を生み出しているのです。そちらとこちらでは違うのだと主張し、相手を愚かだと言い、自らの優位性を示そうとしているのです。教皇はそのようなことを喜んで見ています。キリスト者が皆同じで同等であるなどというのは、教皇にとっては都合が悪いことなのです。

同じように、教皇がローマの搾取場の裏で密かに売買しているもの、すなわち賦課税免除のための大教書、大勅書などはすべて廃止すべきですし、もしそれができないのであれば、皆で無視すべきでしょう。もしそれもできないのであれば、すべての教会の権能を同等にしなければなりません。教皇はヴィッテンベルク、ハレ、ヴェネツィア、そして何よりもローマで、特許、特権、贖宥、恩典、利益、さまざまな権限[*89]を販売していますが、これらはなぜ他の教会には与えられないのでしょうか。教皇には、できるかぎりすべてのキリスト教信者に無償で、また神の栄光のためにすべてを行い、そのために自らの血を注ぐ責務があるのではないでしょうか。それなのに、なぜ他の教会には売ったり与えたりしないのかを説明していただきたいのです。このような呪われたお金は、聖なる教皇の目を曇らせて、すべてのキリスト教徒たち、すなわち洗礼を受け、信仰をもち、神を信じ、キリストを崇《あが》めるすべてのキリスト教信者たちとはあらゆるものが異なって見えるように変えてしまったのでしょう。それどころか、私たちの目を錯乱させ、純粋な理性を狂わせて、貪欲や欺瞞、不正があたかも正しいものだと思えるようにしようとしているのでしょう。教皇は羊飼いであるはずです。しかし、その場合、彼が羊飼いになってくれるのはお金をもっている羊だけで、そうではない羊の羊飼いにはなってくれません。しかも、それを恥じていないのです。それどころか、自らの大勅書で私たちを自由に操っています。しかもローマ主義者たちはただ呪われたようなお金しか眼中にないので、それ以外のものはどうでもよいと思えてしまうのです。

そこで私はあえて申し上げたいのです。このような愚かな制度が廃止されていない以上、信仰深いキリスト教信者たちは、しっかりと物事を見極め、ローマの大勅書だとか証明書、あるいはさまざまな偽善に騙されることなく、それぞれの居住地の教会としっかり結びつくべきです。洗礼、福音、信仰、キリスト、そしてどこにおいても同じである神を最も大切にして、教皇のことなどは放っておけばよいのです。たとえ教皇であっても、天使であっても、神が教会であなたがたに与えようとしている以上のものを与えられるはずはないのです。それなのに教皇は、あなたがたを誘惑し、神があなたがたに無償で与えたものを神の恩寵から切り離して、自らの手から買い取らなければならないものであるかのように説明しています。それなのに、金ではなく鉛《なまり》を、肉ではなく皮を、財布ではなくただの糸を、蜂蜜ではなく蠟《ろう》を、実際に必要なものではなく言葉を、霊ではなく呪術を差し出すのです。これらのことは公然と行われていますが、その誤りにいつまで経っても気づいていないのです。もしあなたが教皇によって羊皮紙に書かれて封蠟がされた手紙を受け取ったら、その手紙とともにまさに天にも昇る気持ちでしょうが、そのような乗り物はすぐに壊れてしまい、あなたは神の名ではなく、この教皇の名のゆえに地獄に堕ちるのです。ですから、あなたがたは、教皇から買わなければならないものとは、よきものでないだけでなく、神から来たものでもないということを知るべきです。神から与えられるものはいつでも無償であるだけでなく、福音や神の御業というのは、それを無償で受け取らないなら地獄に堕とされるようなものなのです。私たちが神の聖なる言葉と洗礼を軽視するようなことがあったからこそ、私たちはあのような誘惑を受けることになったのです。聖書〔『テサロニケの信徒への手紙二』二・一〇〕には「神は自分たちの救いとなるべき真理を受け入れなかった者すべてに迷いを送り、彼らはその報いとして嘘や欺瞞を信じ、それに従うようになるだろう」と書かれています。

21　すべてのキリスト教信者は物乞いのような行為をやめるべきです。これはすぐにでもなされねばなりません。キリスト教信者は誰でも物乞いをすべきではないのです。私たちが真剣に考えるなら、これを廃止するのは簡単なことです。それぞれの都市が自らの町に住む貧しい人々に対して責任をもてばよいのです。そして、他の町から来る物乞いは、それが巡礼者であろうと、托鉢修道院の修道士であろうと、どのような名前であっても、町には入れないことです。すべての都市が貧しい者を養えるはずはありません。その都市の規模が小さい場合には、周辺の農村の助けを得るべきでしょう。そうしないと、物乞いという名のもとに、多くの浮浪者や無法者を養わなければならなくなってしまいます。このような制度にすれば、誰が本当の物乞いで誰がそうでないかが分かります。

各都市にいる貧しい者たちについてよく知っている人々は、その世話役や保証人として、状況を市の参事会あるいは主任司祭に報告します。そして、最善の政策がなされるように助言しなければなりません。あらゆる商売の中で物乞いほど詐欺的なものはありません。それに、もしやろうと思えば、本当に簡単にできるのです。そして、物乞いを野放しにしているせいで、多くの人々が被害を受けているのです。一年に五つも六つもの托鉢修道会の巡礼が一つの町に六回、七回とやって来ます。また、他のふつうの物乞いや巡礼者、そして贖宥状売りまでやって来るのです。そのようなことが繰り返されているので、これらの町の人々は、この世の領主に手数料、税金、賦課税を余計に支払わなければなりません。そして、ローマ主義者たちがさまざまな商品を買い、施しをするように勧めるのです。それだけでなく、ローマ主義者はその売り上げに対して年に六〇回も課税してきます。このような状態ですから、私たちが生きていること自体が神の大きな奇跡であるかのようです。

しかし、従来のような方法でなければ貧しい者たちの世話をするのは難しいし、新たに立派な家屋や修道院を作ることはできない、という意見をもっている人もいるでしょう。確かにそのとおりでしょうが、そんなことをする必要はありません。貧しいままでいい人は豊かになる必要はないのです。もしお金が欲しいのであれば、鋤《すき》をもって自ら土地を耕し、その中に富を見出すべきです。貧しい者たちは生きていくために必要な仕事を世話してもらい、それによって飢えなくなって、寒さゆえに死に至ることがないなら、それで十分だと思うのです。他の人の仕事の上にあぐらをかき、他の人々の働きによって裕福な生活をしているような人がいるなら、それは不条理、あってはならないことです。聖パウロは〔『テサロニケの信徒への手紙二』三・一〇で〕「働かない者は食べるべきではない」と述べています。他人の財産で暮らすべきだとは誰も神から命じられていないのです。ただ、説教と教会の管理に携わる司祭だけは別で、聖パウロが『コリントの信徒への手紙一』第九章〔第一四節〕で述べているように、彼らは教会に仕えるという点で教会的な労働をなしているのです。キリストが使徒に対して〔『ルカによる福音書』一〇・七で〕「働き人がそれぞれに報酬を受けるのは当然である」と言われているとおりです。

22　教会や修道院で寄付によって行われているミサは意味のないものであるだけでなく無益でさえあるので、神の怒りを招くようなものです。ですから、このようなミサは今後行われるべきでなく、既存のものもすべて廃止すべきです。というのも、ミサは神への捧げものであり、よき業として行われるべきものだからです。ですから、ミサは洗礼や告解と同じようにサクラメントであり、それを受ける者にとってだけ意味をもちます。それ以外の者には意味のないものです。ところが、ここにはいない者や死んだ者たちのためにもミサを捧げるという習慣がこの世に広がり、それが常識になってしまいました。そのため、寄付によって行われるミサがこれほどまでに増えてしまったのです。そして、今日のような状況になってしまいました。おそらく、このようなミサがなくなると仕事を奪われて生活ができなくなると思っている人々にとっては驚くような新しい考えということになってしまうでしょう。それゆえ、ミサとは何であるのか、ミサは何の役に立つのかということについての正しい理解が出揃うまでは、この点についての発言は控えようと思います。しかし、明らかにミサは、もうずいぶん前から、この世の生活を成り立たせるためのものになってしまっています。ですから、この点について私は意見を述べたいと思います。ミサとは何であるのかということについて十分な確信をもっていないなら、司祭や修道士になってはいけません。そのような人は、羊飼いや他の仕事に就いたほうがよいと思います。

私がここで述べているのは古くからある教会や修道院のことではありません。かつての教会や修道院は明確な目的をもって建てられました。ドイツ国民の習慣では、教会も修道院も、貴族の子供〔のうち長男以外〕は世襲領地を継承することができませんから、相続する領地をもたない者たちが教会や修道会で生活を保障され、そこで自由に神を礼拝して聖書を学び、学者になって成長していくために建てられたのです。私がここで述べているのは、そのような教会や修道院ではなく、ただミサと祈禱だけを行うために建てられた、新しく生まれた教会のことです。この新しい教会が標準的なものになってしまい、もともと存在していた教会が請負ミサや祈禱をしなければならなくなっていることが問題なのです。もともと神の恩寵に基づいているはずのミサが何の役にも立たないものになり、何らかの役に立っているとしても悪いことに役立つことになってしまっているのです。聖歌隊やオルガンの音が大音響で荘厳に響きわたっているけれども、心のないミサが行われています。そこで寄進されるお金から教会が地代を得ることができるようになされているミサなので、そのようなことになるのです。教皇、司教、博士たちは、このようなことを調べ、そして告発すべきなのに、実は彼ら自身がそれをしている張本人で、すべてはお金のためになしているという状況です。ここでも、手引きをできない者が手引きをするという状況なのです。これが貪欲と結びついた教会法が生み出した状況なのです。

　これからは、一人が二つ以上の教会の責任と聖職禄をもつことは禁じられるべきであり、それぞれが適切に生活し、それによって皆が同じように所有できるようにするべきです。そうすれば、人並みの生活をするには二つ以上の聖職禄が必要なのだ、などという意見を言うことはできなくなるでしょう。そうでなければ、ふつうの暮らし、という言葉が自由に理解され、一つの国全体を手に入れてもまだ足りないなどということにもなりかねません。ここからも明らかなように、貪欲と神への不信仰は必ずともに歩むことになります。そして、貪欲や不信仰から出ているにもかかわらず、これがふつうの暮らしをするために最低限必要なものなのだ、などと言うことになるのです。

23　さまざまな兄弟団、[*90]贖宥、贖宥状、バター食用許可証、ミサ証明書、さまざまな特許状、これらすべては皆、水に入れて溶かしてしまえばよいでしょう。これらに有益なところは何もありません。もし教皇がバターを食べ、ミサを捧げることで何らかの権能をあなたに与えるというのであれば、主任司祭にもそれを認めるべきであり、それを取り上げることなどできないはずです。ここで言う兄弟団とは、そこで贖宥やミサ、そしてよき業を受け取ることもできるような仕組みのことです。親愛なる方々、皆さんは洗礼を受けたとき、キリスト、天使、聖人、そしてこの世のすべてのキリスト教信者と兄弟の契約を結んだはずです。それを確信し、そこで兄弟としての義務を果たせばよいのです。ですから、皆さんは兄弟団に属さなくても、もうすでに兄弟団に属しているのです。あのような兄弟団がお金ゆえに輝いて見えるのであれば、輝かせておけばよいのです。それはグルデン銀貨であるより賭け事の仮札のようなものです。もし貧しい者たちのために、その人たちの食事のために、また誰かを助けるためにお金を集めるような兄弟団があるのなら、それは正しい団体でしょうし、天で贖宥と功績を得ることでしょう。しかし、今日の兄弟団はただご馳走を食べて泥酔するための会になってしまいました。

まずはドイツから教皇の特使たちを追放しましょう。彼らは自らに与えられてきた権限や特権を私たちに売り払おうとしています。これは完全に詐欺です。お金で不正な財産を正当なものに変え、宣誓や誓願や約束をなかったことにして、契約を無効にしてしまい、信頼を破壊し、教皇にはその権能があると言うのです。悪霊が彼らを捕えてそのように語らせているのです。彼らはサタンの教えを語り、それによって私たちからお金を騙し取り、そして私たちを地獄に連れていくのです。

教皇が反キリストであることを証明するような他の悪行が見られないとしても、これだけでもその確証になるのではないでしょうか。最も神聖ではなく、最も罪深い教皇よ、あなたは聞くべきです。神はあなたを今すぐにでも天から打ち砕き、奈落の底に落とすことでしょう。なぜなら、あなたは神よりも自らを高くしているからです。神が命じたことを破棄し、また解除する権能をあなたは誰から与えられたのでしょうか。高貴な人柄と、変わらない心、裏切らない誠実さ、さまざまな歴史書でそれを称賛されているドイツ人民に、心を変えたり、偽りの誓いをさせたり、裏切りや悪事や不誠実を教えたりする権能をあなたに与えたのは誰でしょうか。神は私たちには、敵に対してさえ約束を守るように教えました。あなたはそのような命令を反故《ほご》にして、異端的で反キリスト的な教会の中でその権能を行使しているのです。あなたの声、あなたの筆によって、サタンはこれまでなかったほどの大嘘をついています。あなたは自分の都合のよいように聖書を解釈し、曲解しているのです。ああ、わが主よ、キリストよ、ご覧ください。今こそ最後の審判を始めてください。そして、ローマのサタンの巣窟を打ち砕いてください。そこに鎮座しているのは、パウロが〔『テサロニケの信徒への手紙二』二・三以下で〕述べたとおり、自分のことを神にまさる者と主張し、あなたの宮に座して、神のごとくふるまう者なのです。そう、まさに罪の人、滅びの子です。教皇がもつ権力とは、ただ罪と悪行を教え、それを増長させ、あなたの名を用いて、あなたの姿を偽って装い、人々の魂を永遠の滅びへと導くものなのです。

イスラエルの人々は〔『ヨシュア記』九・一九にあるように〕彼らの敵であるギベオン人

に対して、彼らが敵であるとは知らずに交わしてしまった誓約を守らざるをえませんでした。ゼデキア王は〔『列王記 下』二四・二〇以下に書かれているように〕バビロンの王に与えた誓約を破ったために滅びました。一〇〇年前にポーランド王でありハンガリー王でもあったウラディスラフ[*91]は、教皇特使として派遣された枢機卿に唆《そそのか》され、トルコとのあいだで交わされていた諸条約を破ったために、遺憾なことですが、数多くの優秀な人民を失うことになりました。信仰深い〔神聖ローマ帝国の〕皇帝ジギスムント[*92]は、コンスタンツの公会議以後、困難を極めました。ヨハネス・フス[*93]とヒエロニムスに与えていた護送権[*94]を破棄することを許したため、ボヘミアとドイツの人々のあいだでは、あのような悲惨な出来事が起きました。今日では、教皇ユリウスが皇帝マクシミリアンやフランス王ルイと締結していたのに破棄されてしまった盟約のために、どれほど多くのキリスト教信者の血が流されたか、ご存じでしょう。強大なこの世の君主たちのあいだで結ばれた盟約を破棄するよう勧め、相手に恥を与えて、さらにはお金まで召し上げる、という悪魔的で不遜な行為を通して教皇がなした禍《わざわい》について理解していただけたでしょうか。最後の審判の日はもうそこまで迫っている、と私は信じたいと思います。ローマ教皇がなしている以上の悪はありえないでしょうし、今後も存在しないでしょう。教皇は平気で神の掟を蔑《ないがし》ろにし、自らを神の掟以上だと主張しています。これが反キリストでないというのであれば、いったい誰が反キリストだというのでしょう。ご存じの方がいれば教えていただきたいものです。これ以上は申し上げません。また別の機会に話します。

24

私たちが今真剣に考えなければならない問題は、ボヘミア人のことです。私たちとボヘミア人たちがもう一度関係を修復し、お互いがなしている誹謗、中傷、憎悪を終わらせなければなりません。今はその時です。私は恥を忍んで、多くの賢者諸氏がおられることを承知の上で、まずは私の意見を述べてみたいと思います。

第一に、私たちは真実を直視し、愚かな自己弁護は避けて、ボヘミア人に譲歩しなければなりません。ヨハネス・フスとプラハのヒエロニムスは、コンスタンツで、教皇とキリスト者である皇帝の護送権と誓約に背《そむ》いたとされて火刑にされました。そのことで神の掟が反故にされたのだからボヘミア人は神の裁きを受けるべきだ、とされたのです。確かに、この点でボヘミア人が神に対するこのような不従順ゆえに深く反省するのは当然のことです。彼らは、この点について自らが行ったことの正当性を主張して、正しいことを行ったと言うべきではありませんでした。おそらく、ボヘミア人たちは今日でも皇帝と教皇、そしてキリスト者の護送権を破棄するでしょう。そして、もし自らの真実に反してこの護送権を続けることが正しいとされるのであれば、むしろ殺されたほうがましだと考えるでしょう。確かに、ボヘミア人が短気すぎるということはあるかもしれません。それでも、これらの困難な問題、混乱、また公会議以後に起こった魂の堕落のすべては教皇とその取り巻き連中の責任であることは明らかです。

私はヨハネス・フスの誤りを擁護するつもりはありませんし、ここで彼の信仰箇条の誤りを指摘するつもりもありません。ただ、私の理性は彼の中に誤りを見出していないのです。しかし、私は不誠実な行動をとってキリスト者の護送権と神の掟を反故にしたような者たちは聖なる霊ではなくサタンに支配されているのだから、正しいことをなしたり、公平に罰したりすることはできないと信じています。聖霊が神の掟に反して働くはずはないのです。このことを疑う人はいないでしょう。また、護送権や約束を破棄するのが神の掟に反することであるのを知らない人はいないでしょう。それがサタンに与えた約束だったとしても同様でしょう。ましてや、それが異端者であるなら、言うまでもありません。ヨハネス・フスとボヘミア人たちはこの護送権について約束されていたのに、それが守られず、それゆえ火刑になったことは明らかです。フスに対してなされたことが不当で、彼の著作や教理が不正に弾圧されていたことは認められるとしても、それによってボヘミア人の一部の人たちのようにヨハネス・フスを聖人や殉教者にすることはできません。なぜなら、神の裁きは隠されていて、畏れるべきものであり、それを明らかに啓示できるのは神ご自身しかいないからです。

私の考えを述べたいと思います。フスが異端者だとしても、どれほど悪い者だったとしても、彼を火刑にしたのは正義に反することで、何よりも神に背くことであり、これを受け入れるようボヘミア人に求めることはできません。もしそんなことをしたら、私たちはもう二度とボヘミア人と関係を修復することはできないでしょう。私たちを一つにするものがあるとすれば、それは真実です。確執は取り除かれなければなりません。あのとき、彼は異端者を護送権によって守ることはないと言いましたが、それは正しいことではありません。それは、神の掟を守るためには神の掟を守るべきではないと言っているのと同じことです。このように、自らが何を語っているのかも理解せず、正常とは思えない発言をさせているのは、サタンの仕業です。護送権によってキリスト者を守るのは神の掟なのです。この掟は、この世の終わりまで守られなければならないものです。それに比べれば、異端者を一人取り逃がすことなど大した問題ではありません。異端者については、かつて教父たちがしたように、火によってではなく著作によって彼らを屈服させればよいのです。もし火刑によって異端者を屈服させるのが理にかなったことだというのなら、火刑を執行した者こそが、この世で最も偉大な学者であることになってしまいます。もしそうなら、私たちはもはや学問などする必要はないでしょうし、他人を屈服させるためなら殺してもよいということになってしまうでしょう。

第二に、皇帝と諸侯は、信仰深く、また学問を修めた司教と学者をボヘミア人のところに遣わすべきです。枢機卿ではだめです。教皇の特使や異端審問官もだめです。これらの人々はキリスト教については何も知らず、人々の救いを求めることもなく、教皇の手下たちと同様に、自分の利益や権能、あるいは名誉だけを追い求めるような人々だからです。さらに言えば、これらの人々はまさにコンスタンツのあの出来事を引き起こした張本人なのです。ですから、遣わされた司教と学者に、ボヘミア人の信仰について、また彼らの宗教を一つにすることができるのかということを調査してもらうのです。そのあとで、教皇はすべての人の利益のために一定期間、自らの主権を放棄し、最もキリスト教的だったニカイア公会議で定められたようにボヘミア人自身が自らプラハの大司教を選任できるようにするべきです。そして、この大司教は、モラヴィアのオルミュッツの司教、ハンガリーのグランの司教、ドイツのマクデブルクの司教がその正当性を保証すればよいのです。これらの司教の一人か二人がそれを保証すれば、それでよいのです。このようなことは聖キプリアヌスの時代にも行われたことです。[*95] 教皇がこれに介入することはできません。もしそれでも彼が妨げるような行為をするのであれば、それは狼あるいは暴君のやり方と同じなのですから、人々はそれに従う必要はなく、彼が出す破門については、逆に彼を破門するという仕方で対応すればよいでしょう。

もちろん、聖ペトロの座を尊敬し、教皇の了解のもとにこれらを行うことはまったく問題ありません。その場合には、ボヘミア人たちの側に何らかの出費が求められたり、教皇が他の司教たちに対して行っているような神の意に反する行為をボヘミア人に強要したり、宣誓や盟約によって彼らを暴力的に従わせたりすることはあってはならないはずです。教皇の了解を得てからこれらのことを行うというのは、教皇に敬意をもっているからこその行動ですが、それを教皇が理解できないのだとすれば、教皇には誓約の強要、強引な権利の行使、法の濫用、圧政など、好きなことをやらせておけばよいのです。選挙の結果が十分に語ることでしょう。そのとき危険のただなかにある人々の血が教皇に向かって叫び声をあげるでしょう。誰も不正を受け入れることはできませんし、圧政を肯定することもできません。ですから、他の方法がない場合には、人々による選挙とそれによって得られた同意に、暴君の認証と同じような効力をもたせることができるのです。しかし、私はこのような例外的な手段はとらないほうがよいと考えています。ローマ主義者の中から信仰深い司教や学者が出てきて、教皇のこのような横暴な行動に気づき、それを是正しようとするに違いないと私は考えています。

二種陪餐[*96]は決して非キリスト教的ではありませんし、異端的でもありません。ですから、これを停止するようボヘミア人に求めることは正しいとは私には思えません。ボヘミア人たちがそれを望むのであれば、続ければよいのです。この点については、新しい司教が十分に注意を払うべきです。司祭が信者たちと異なる服を着たり、異なる所作を行ったりすることで人々に不信感を抱かせてしまっているのと同じようなことが起こらないよう、ていねいに、親切に説明するべきです。また、ボヘミア人たちがローマの教会法を採用したいと表明したとしても、彼らにそれを強く要求してはなりません。それよりも前に、ボヘミア人たちが信仰と聖書によって正しく道を歩んでいるのを認めることが重要です。なぜなら、キリスト教の信仰をもち、キリスト教信者として生きることは、教皇の定めた受け入れ難いような法なしでも可能ですし、むしろローマの法が少しずつなくなり、最後には無効になることなしにはキリスト教の信仰は成り立たないものだからです。私たちは洗礼によって自由にされたのです。そして、ただ神の言葉にのみ従うのです。どうして一人の人の言葉が誰かを縛ることができるでしょうか。「あなたがたは自由にされたのです。二度と人間の奴隷になってはなりません」と〔『ガラテヤの信徒への手紙』五・一で〕述べられているとおり、人が定めた法律に基づいて統治している者たちの奴隷になるべきではないのです。

ボヘミアの兄弟たちは、パンとワインが自然のままの性質で存在しているにもかかわらず、その中にキリストの肉と血が確かに存在していると信じているので、それは祭壇におけるサクラメントについての彼らの誤解だと言う人がいますが、私は彼らを批判しませんし、この問題はプラハの司教に委ねるべきです。なぜなら、パンとワインがサクラメントにおいて実体的にも自然のままの性質としても存在していない、というのは信仰の条項ではないからです。それは聖トマスや教皇の意見であって、自然のままの性質のパンとワインの中にキリストの肉と血が存在している、というのが信仰の条項のはずです。そこにパンがあることをあなたが信じるか否かによって何らかの危険がもたらされることはないのですから、意見の一致を見るまでは両方の意見を認めて忍耐するほかないのです。なぜなら、私たちは信仰に危害を加えるようなものでなければ、さまざまな方法や作法を認めるべきだからです。しかし、ボヘミア人たちが他のことを信じているのなら、私は彼らと教会の外で会うようにし、そこで真理というものを教えたいと思っています。

ボヘミア人の中に、さらなる過ちや、信仰についての議論が見出されるとしても、大司教が新たに任命され、それによって人々を一致へと導き、同じ教義のもとにあるようになるまで忍耐強く我慢しなければなりません。再統合は無理強いしてもできませんし、冷たい扱いをしたり、拙速な取り決めをしたりすることでは可能にならないのです。ていねいに時間をかけて、穏便に問題と取り組むべきです。キリストも、キリストが復活したということを弟子たちが信じるまでには、かなりの時間、弟子たちに付き合い、その不信仰に耐えなければなりませんでした。まずはローマの圧政やコントロールから自由になった司教が正規に選ばれれば、このような事態は急速に改善されるのではないかと私は願っています。

従来教会に属していたけれども今日ではこの世の財産になっているものについては、どうしても返還しなければならないなどと言うべきではないでしょう。私たちはキリスト教信者として、相互に助け合うのです。ですから、これらの財産をボヘミアの人々に譲渡し、神とこの世の前でそれを彼らに委ねる権能をもっているのです。キリストは〔『マタイによる福音書』一八・二〇で〕「二人がともに地上にいて一つになっているなら、そこには私がいる」と言っています。ですから、私たちは自分だけの権力や権利に固執していてはならないはずです。お互いが和解のために努力すべきですし、謙遜した思いをもって兄弟たちに仕えるべきなのです。愛はローマ教皇にまさるものであり、愛こそが最も必要なものです。教皇権が愛なしで存在しえています。しかし、愛は教皇権なしでも存在しうるのです。そのような仕方で私は自らできる援助をしたいと思います。もし教皇やその手下がそれを妨害するのであれば、神の愛に従わず、隣人よりも自分の利益を求めてしまったことについて説明しなければならないはずです。教皇というのは、もしそれによって一つの魂を救えるのであれば、教皇権や自分の財産、自分の名誉もすべて捨てることさえできる者のことです。ところが、現実はどうなっているでしょうか。教皇は自らの身の程知らずの権力をほんの少しでも失いたくないので、そんなことが起こるくらいなら、この世が滅びたほうがましだとさえ思っています。そして、そのようなことを行っておきながら、自分はこの世で最も聖なる者だと主張しているのです。これで私の説明は終わります。

25　大学も、適切に、そしてできれば大胆に改革しなければならないことは明らかです。この点については怒る人がいるかもしれませんが、私は言わなければなりません。教皇が設立したり制定したりしたすべてのものは、たいてい罪や過ちを助長するものばかりです。もし大学が従来どおりの仕方で存在し続けるとしても、それは『〔第二〕マカベア書』〔四・九以下〕で「青年たちとギリシアの栄誉と錬成所」と言われている以上のものではなく、青年たちが放縦な生活を送り、聖書や信仰については何も教えられず、異教的なアリストテレスの教えがキリストの名の上に立って教えられているだけです。ですから、私は勧めたいのです。これまで最もよいものだと説明されてきたアリストテレスの『自然学』、『形而上学』、『〔霊〕魂について』、『倫理学』などを、他の自然の問題を扱っているとみなされている著者たちとともに、すべて破棄してしまうのです。なぜなら、そんなものを読んだところで、自然についても、霊的な事柄についても何も得るところがないからです。アリストテレスの見解を正しく理解できた者はこれまで誰一人としておらず、無益な苦労や研究、そしてそのために散財をして多くの貴重な時間と精神が浪費されてしまいました。一人の陶芸家のほうが、これらの書物に書かれていることよりも、よほど多くのことを知っています。呪われ、傲慢で、しかも狡猾な異教徒が、偽りや嘘によって、これまでにもきわめて多くの優れたキリスト教信者たちを誘惑し、辱《はずかし》めてきたことを考えると、悲しくなります。神はこのような仕方でアリストテレスを使って私たちの罪を罰したのです。

多くの人が多くの言葉で虚しくも救おうとしてきた憐れな者〔アリストテレス〕は、その最良の書物と言われている『〔霊〕魂について』の中で、霊魂は肉体とともに死ぬべきだと教えているのですから、これは聖書がなかったかのように語る思想です。聖書ももちろん、この点についてはあらゆることを教えていますが、〔アリストテレスの書物の内容は〕聖書がなかったかのように語るものです。それなのに、この死せる異教徒は、人々を抑圧し、生ける神の書物を理解するのを妨げて、私たちを支配してしまったのです。私は、このような禍《わざわい》が起こったのはサタンがアリストテレスなどというものを持ち込んだからではないかと考えています。また、同じようにアリストテレスの書物である『倫理学』は最も受け入れ難いものです。この書物は神の恩寵およびキリスト教の徳とは完全に正反対のことを教えていますが、やはりこれが最良の書物と呼ばれているのです。おお、こんな書物はキリスト教信者から遠ざけてしまうべきです。それは言いすぎだとか、十分に理解せずに勝手なことを言っている、という批判はあたっていないと思います。そうではありません。私は自分が言っていることについては十分に理解しています。アリストテレスは、あなたやあなたの友人たちにとってと同様、私にとってもよく知っている思想家の一人です。私は聖トマスやスコトゥス*97以上に彼を読み、理解し、その教えから学びました。これは虚偽ではありません。これを自慢することもできますし、必要なら証明することもできます。もう何百年も多くの秀でた知性がアリストテレスを研究するのに苦労してきたことは知っていますが、だからといって、それが特別重要なこととは思えないのです。以前なら、そのような説明に心を動かされたかもしれませんが、今はそんなことはありません。なぜなら、今述べたようなこと以外にもさまざまな疑念があり、それがこの世に、あるいは大学に存続してきたことを私は知っているからです。

アリストテレスの論理学、弁論術、詩学が青年たちの弁論術や説教の訓練のために今日まで使われていること、またそれが要約されて普及していることは喜んで容認したいと思います。しかし、アリストテレスの注釈書や彼の著作を敷衍して説明したものなどは破棄されるべきです。キケロの弁論術が注釈や敷衍なしで読まれているように、アリストテレスの論理学も長い説明などなしで、できるだけ原典で読まれねばなりません。しかし、今日では弁論術や説教をそこから学ぶ人はほとんどおらず、これらの著作についての議論を延々と続けているのです。さらに、ラテン語、ギリシア語、ヘブライ語などの語学、数学、歴史などの科目が必要だと感じています。もちろん、この点については見識ある方々の意見が重視されるべきです。正当な改革が行われれば、よい結果が出るはずです。そのような改革が行われることが重要です。なぜなら、大学こそ、キリスト教界の将来を担う信仰心をもった青年や、よき国民たちが教育されて、将来に備える場所だからです。ですから、大学改革ほど教皇にふさわしい仕事はないはずです。このまま改革されないのであれば、大学ほど悪魔的で有害なものはないと私には思えます。

医学部の改革は医師たちが行うでしょう。私は法学と神学を学ぶ者たちについて述べてみたいと思います。教会法、また教皇の勅令集は、すべて破棄すべきでしょう。そのような法なしでも、私たちが何をしなければならないのかは聖書に十分に書かれており、教会法の研究が聖書の解釈を妨害しています。また、教会法の研究には貪欲や傲慢の匂いがします。中にはよいものがいくつかはあるのかもしれませんが、これらは廃止すべきでしょう。教皇は教会法のすべては自分の胸の小箱の中にあると*98主張しているのですから、それをいくら研究しても無駄で、そこに見出されるのは教皇の欺瞞だけです。ですから、教会法は書物ではなく、教皇とその取り巻き連中の勝手な思いの中に存在しているのです。何らかの教会の事柄を教会法で扱おうとしても、教皇自身が胸の小箱をもっていて、すべての法解釈のみならず、世界中のあらゆることが実際にはそれによって決定されています。そして、その胸の小箱は悪人やサタンに支配されているにもかかわらず、ここには聖霊が働いている、などと言うのです。ローマ主義者たちは、このような仕方でキリスト教信者たちを扱い、この法を強制して、自らはそれを守らないのに信者たちには守るように強要し、お金と引き換えに、その適用を除外するのです。

教皇自身とその取り巻き連中が教会法を破棄し、これを守らないのです。自ら勝手なことをして世界を愚弄しているのですから、私たちも彼らと同じようにこんな法は破棄してしまいましょう。私たちがこんな法を研究して何の益があるというのでしょう。教皇の勝手な考えをどうやって研究しろというのでしょうか。それなら、サタンの名によって出来上がったものを、神の名によって作り上げたものだと主張してみてはいかがでしょうか。この世には教皇勅令集の博士などいなくなり、教皇の小箱の博士がいればよいことになります。つまり、教皇の言うことなら何でも聞く者たちだけが残るのです。この世の統治機構の中でトルコにまさる国はないと言われていますが、そのトルコには教会法も世俗の法もなく、ただコーランがあるだけです。これと正反対です。私たちが認めねばならないのは、教会法やこの世の法に統治されているこの世界ほど恥ずかしい状態のものは他にないということです。ここでは、もはや人間は自然の法に従っていないだけでなく、聖書にも従っていないのです。

この世の法も混乱しています。もっとも、名前だけは教会とついていますが、何らよいところのない教会法よりはまだ公正ですし、優れています。ですから、聖書と、正当な判断ができる君主がいれば、実はそれで十分なのです。聖パウロは『コリントの信徒への手紙一』第六章〔第一節〕で「あなたがたのうちの誰が、仲間に対して訴訟を起こしたい場合、異教徒の法廷でそれを裁く者がいるでしょうか。そんな者はいないはずです」と述べています。領邦の法や慣習が皇帝の定める全体的な法より優先されるべきであり、皇帝のローマ法は必要な場合にのみ適用されることになります。ですから、各領邦が、それぞれの固有性をもつように、個々の固有で簡潔な法によって治められるのが望ましいのです。事実、皇帝のローマ法が定められる以前は、個々の領邦の法によって統治されていましたし、今日でも皇帝のローマ法なしで個々の領邦は統治されています。あのような長大で、しかもドイツとかけ離れた場所から持ち込まれた法は、まったく迷惑で、問題を解決するというより妨げになっています。これらのことは、私が言わなくても、すでに誰かが気づいて主張しているものと願っています。

親愛なる神学者の皆さん。皆さんは聖書はほとんど読まず、〔ペトルス・ロンバルドゥスの〕『神学命題集』[*99]を一生懸命、努力して読んでいます。これは若い神学生の入門書です。しかし、聖書こそが博士たちの研究対象であるべきです。ところが、今日ではそれが逆になってしまっています。最初は聖書を読むのですが、得業士《とくぎょうし》になると、もう読まなくなります。そして、その後『神学命題集』を読むようになり、これが博士の学位と結びついて、研究課題になっているのです。このような状況が聖なる命令と結びつき、司祭でない者でも聖書を読むことができるのに、『神学命題集』は司祭しか読むことができない、ということになっているのです。また、結婚した司祭は、聖書の博士にはなれるのに、『神学命題集』の博士にはなれないのです。このような本末転倒を行い、聖なる神の言葉である聖書を軽んじていて、どんなよい業をなしうるというのでしょうか。教皇は威厳ある言葉を用いて、自らの法を学び、法廷で用いるように勧めていますが、福音書については何も語りません。ですから、大学でも法廷でも、福音書は椅子の下で埃をかぶった状態です。これによって、ただ教皇の法だけがすべてを支配するようになっているのです。

私たちは聖書の博士という称号をもち、聖書の教師だと自任しているのですから、聖書だけを教えて、他のことは教えないよう強制されているはずです。もちろん、人間であるのに聖書の教師だと自負するのは傲慢なことです。この称号は確かにあまりにも立派で、この名前の本来の意味を確認しないなら、まさに傲慢なものですが、名前の正当さは認めなければなりません。しかし、今日では『神学命題集』のほうが力をもっているので、神学者のあいだでは、聖なる書物の確かさよりも、この命題集に基づいた異教的で人間的な妄想が支配しています。どういうことでしょうか。私は心を虚しくして、ぜひ私たちに神学の博士を与えてください、と祈らざるをえません。哲学博士、医学博士、法学博士、『神学命題集』の博士なら、教皇や皇帝の大学で養成することができるでしょう。しかし、聖書の博士は、『ヨハネによる福音書』第六章〔第四五節〕でキリストが「彼らは誰もが神によって教えられなければならない」と述べているように、天の聖霊以外には養成不可能なものです。聖霊は、赤色や鳶《とび》色の博士帽や、外面を華美に見せるガウンのようなものは知りませんし、その人が若いか歳をとっているか、信徒か聖職者か、修道士か聖堂区の司祭か、童貞か既婚者かは問題にしません。聖霊は〔『民数記』二二・二八以下に報告されているように〕かつてはロバの口を通して、その背中に乗っている予言者を批判したこともあるのです。神よ、私たちがこのような働きができる博士になれますように。信徒であるか、聖職者か、あるいは妻帯者かどうかではなく、このような意味での博士を与えられるよう導いてください。ローマ主義者たちは、教皇、司教、博士の中に、このような聖霊を押し込めようとしていますが、それは無理なことで、そこに聖霊の働きがあるとはとても思えません。

また、神学についての書物の数を減らして、最良のものだけを選び出すべきでしょう。なぜなら、どれほど多くの書物をもっていても、それを読んでも、人は賢くなることがないからです。むしろ、よい書物を繰り返し読み続けるべきでしょう。そうすれば、聖書についての知識が深まり、信仰がさらに養われるようになるでしょう。聖なる教父の書物も、聖書への手引き以上の意味はもっていません。一定の期間、読むことを勧めます。しかし、それだけではだめなのです。今日では多くの人が教父の書物で止まってしまっていて、なかなか聖書そのものへと進み行かないのです。これでは標識ばかり確認していて、なかなか道を歩き出さない人のようなものです。聖なる教父たちはその著作を通して私たちを聖書に導こうとしたのに、私たちはその書物を読むために聖書から離れてしまっているのです。しかし、私たちがそこで訓練され、そして働くべき葡萄園は聖書だけなのです。

上級学校と初級学校では、聖書が最も標準的で基本的な教科になるべきです。特に子供たちのためには福音書が重要でしょう。また、それぞれの都市には女子のための学校もできるよう神に願いたいと思います。そして、そこで一日に一時間でよいので、ドイツ語かラテン語で福音書の授業を聞けるようにするべきです。このような意味での学校とは、かつては男女の修道院でした。ですから、修道院はこのようなキリスト教的な目的のために設立されたのです。このことについては聖アグネスや他の聖人も述べているとおりです。聖なる童貞、また殉教者が育てられたのは、このような場所でした。その頃のキリスト教界は大変健全なものだったのです。ところが、今ではそれらの修道院は祈り、また歌う場所としては存在していますが、それ以上の教育はしていません。キリスト教信者なら誰でも、九歳か一〇歳になったなら、自分の名前がそこに出ていて、その生命の源でもある福音書の全体を学んで当然ではないでしょうか。洋服を仕立てる技術をもつ女性たちは、子供が小さい時から自分の娘にその手仕事を教えてあげているはずです。ところが、今日の教会や修道院では、それがなされていないのです。なぜなら、今日学問を修めていると言われている高位聖職者、あるいは司教であっても、福音書を知らないからです。

私たちは、その手に指導や教育を委ねられた青年たちに不誠実な対応をしていないでしょうか。彼らに神の言葉を教えていないのです。私たちは重大な責務を負っています。青年たちは『エレミヤの哀歌』第二章〔第一一節〕で言われているような状況に置かれています。「わが目は涙で潰れ、わが腸は沸きかえり、わが肝は地に流れ出る。わが民の娘は滅ぼされ、幼子や乳飲み子が巷《ちまた》で息絶えようとしている。彼らが傷つき、巷で息絶えようとしているとき、母に向かって、パンとワインはどこにあるのですか、と叫ぶ」。このような悲劇の中に青年たちがあることに私たちは無感覚になっています。キリスト教界に生きているのに、青年たちは常に教えられ、それによって修練されるべき福音書を教えられていないために、やせ細って、憐れにも滅びていこうとしています。

たとえ上級学校で聖書の勉強が熱心に試みられようとも、残念なことに誰も青年たちをそこに通わせようとはしません。今日では、多くの人が箔をつけるために博士号を取りたがります。しかし、初級学校で十分に勉強した者だけを上級学校に送るべきでしょう。君主あるいは市の参事会が注意することによって、適性のある者だけを上級学校に進学させるようにすべきです。そして、もし聖書の勉強が主目的になっていないような学校があったら、そのような学校は推薦すべきではありません。神の言葉を学ばない学生は滅びるばかりです。そこから大学で学ぶ者たちのあるべき姿も理解できるようになるのです。このようなことを考えるのは、青年たちの教育を託された教皇、司教、高位聖職者たちの責任であって、他の人々の責任ではないはずです。上級学校以上では、将来司教や主任司祭になり、異端やサタン、この世の誘惑と戦うことができる聖書をよく知った人々を教育すべきです。しかし、今日そのようなことがどこでなされているというのでしょう。上級学校は、青年たちに聖書を教え、聖書によって修練を受けることがないのなら、むしろ地獄の門を広げるような役割を果たしているにすぎないのではないでしょうか。

〈26〉ローマ主義者がしばしば宣伝していることがあります。それは、教皇が神聖ローマ帝国をギリシア皇帝の手から奪い取ってドイツ人の手に渡した、という解釈です。ですから、このような名誉とよき行いゆえに、教皇は当然のこととして、ドイツ国民からは感謝だけでなく従順を誓ってもらうことができるし、それを獲得する権利がある、というものです。ですから、ローマ主義者たちは、改革をしようという声には耳を貸さず、神聖ローマ帝国は私たちがドイツ人に与えた、ということだけを主張し続けます。これまでも、そのような理由で尊い皇帝を不遜な仕方で扱い、迫害し、抑圧し、聖なる福音の教えに従わず、自らはこの世の権力と統治者の上に立ちうると主張してきました。それゆえ、私はこの点についても自分の意見を述べたいと思います。

『民数記』第二四章〔第一七節以下〕、『ダニエル書』、あるいは予言者たちの書が予言している真のローマ帝国がもう遠い昔に滅びてしまったことは疑いありません。それは、バラムが『民数記』第二四章〔第二四節〕で「ローマ人がやって来てユダヤ人を滅ぼすだろう。そして、のちに彼らも滅ぼされるだろう」と予言していることです。そのとおりになりました。この滅亡はゴート人によるものですが、重要なのは一〇〇〇年前にトルコ人の帝国が出現したことです。それによってローマ帝国からアジアとアフリカが失われました。さらにフランス、スペイン、そしてヴェネツィアが興隆してきたので、もはやローマの手には何も残りませんでした。

その頃、教皇はギリシア人と世襲のローマ皇帝であるコンスタンティノポリスの皇帝には何の命令も出せなかったので、この皇帝から帝国の称号を奪い取り、勇敢な人民として知られていたドイツ人にそれを与えました。それによってドイツ人によるローマ帝国が成立し、権力を掌握して、これを治めようと志し、実際にそうなったのです。ローマ帝国はコンスタンティノポリスの皇帝から奪い取られ、その名称と称号はドイツ人のものになって、ドイツ人はこの時から教皇の臣民になったのです。そうして、教皇がドイツの上に第二のローマ帝国を建国しました。なぜなら、あの最初のローマ帝国はすでに滅びたからです。

ところが、ローマ教皇の座は、このローマ〔にあるのではない〕帝国を勝手に支配下に置いたと宣言し、ローマ主義者たちが支配し〔てドイツ皇帝に渡し〕ましたが、そこからドイツ皇帝を追い出し、ローマには居住させず、ローマ皇帝だがローマを所有しない、と宣言したのです。ですから、皇帝はいつも教皇とその手下に支配されて、ドイツの人々は結局、名称しかもっておらず、ローマ主義者たちがドイツの土地も都市も掌握しています。ローマ主義者たちは、はじめから私たちの無垢さを悪用して、傲慢で暴力的な政治を行ってきました。私たちを愚弄して、愚かなドイツ人たちよ、と呼ぶのです。

しかし、こんなことは放っておきましょう。なぜなら、主である神にとっては帝国も君主に支配された国も同じであり、それらを奪われたり奪ったりするのはどうでもよい問題だからです。神にとって、そんなことはまさに些細なことなのです。しかも、神は時には一つの王国を悪人に支配させ、それをよき王が治める国から奪い取らせさえします。不誠実な人間の裏切りがあり、相続〔による支配者の転換〕もありました。私たちはそのようなことをペルシア王国、ギリシア王国、その他の国の歴史の中に見てきました。『ダニエル書』第二章〔第一九節以下〕と第四章〔第一七節以下〕で「神は万物を支配する天に住み、この世のさまざまな王国を移し、滅ぼし、建てるのは神だけである」と言われています。ですから、一つの王国を割り当てられたことを重大な出来事だと吹聴して歩くのは愚かなことです。少なくともキリスト教信者なら、そう考えるべきです。ドイツ人も、ローマ帝国を与えられたからといって、それで喜んでいてはなりません。それは、神の目から見れば、ローマ帝国ではあっても、『ダニエル書』第四章〔第三二節〕で「この世に住む者たちは無に等しい。そして、神は人間が作ったすべての国に、欲するままにそれを与えることができる」と言われているようなものであり、神が最も愚かな者に与えられた贈り物にすぎないのです。

教皇は正統性をもつローマ帝国の皇帝からローマ帝国あるいはその称号を不法と暴力によって奪い取り、ドイツ国民にそれを与えました。このとき神が教皇の悪事を用いてドイツ国民にそれを与え、最初のローマ帝国が滅亡したあとに第二のローマ帝国を建国したことも事実です。しかし、ドイツ国民は教皇にこのような悪事を行うように願い出たわけではありません。それに、ローマ主義者の偽装や粉飾を知りませんでした。それなのに教皇の策略や罠にはまり、ドイツ国民は最悪の流血の惨事、自由の抑圧、多くの財産、教会や聖職禄への課税、強奪など、言葉では説明できないような代価を払わされてきたのです。私たちはこの帝国に名前しか属していないのに、教皇は私たちの財産、栄誉、身体、生命、そして魂まで支配しています。教皇はドイツ人からあらゆるものを奪っているのに、それを交換だと言うのです。教皇が求めていたのは皇帝になることでした。しかし、それができないので、今度は、自分は皇帝の上に座している、と言い出したのです。

神の摂理、そして悪人たちの悪巧みによって、この帝国が私たちに与えられました。私たちには何の瑕疵《かし》もないのですから、私はそれを捨ててしまえとは言いません。私はむしろ、この帝国を神への畏敬の念をもって、神の御心を問いつつ、しかも誠意をもって統治すべきだと思います。なぜなら、神は、すでに述べたとおり、帝国が誰に属すかではなく、それが正しく統治されることを望んでいるからです。教皇たちは帝国を不正な方法で奪いましたが、私たちはそれを不正な仕方で手に入れたわけではありません。神は、御心に基づいて、悪人を用いて、私たちに帝国を下さったのです。ですから、私たちがその神の御心を、皇帝になりたいと願い、それができないと知ると皇帝以上のものになろうとして、名ばかりの帝国を私たちに与え、私たちを愚か者扱いする教皇以上に重んじるのは当然のことです。バビロニアの王は自らの国を暴力で強奪しています。しかし、神はその国がダニエル、アナニヤ、アザリヤ、ミザエルなど、神の御心を知る者たちによって統治されるのを望みました。ですから、この〔神聖ローマ〕帝国が、キリスト教的に、またドイツの諸侯たちによって治められるなら、それは神の御心にかなうことであるはずです。教皇がそれを騙し取ったか、強奪したか、あるいは新しく建国したかは問題ではありません。いずれであっても、それは神の命令だったのです。その命令は、私たちがそうだと気づく前からなされていました。

ですから、教皇とその取り巻き連中は、ローマ帝国をドイツ国民に与えたことで、自分たちはドイツ人に貸しがある、などと考えるべきではありません。なぜなら、第一に、教皇たちは私たちに何らかのよきものを与えたのではなく、私たちが無垢であるのをよいことに、コンスタンティノポリスにあった正統な皇帝の手から強引に奪って私たちに与え、自分たちの傲慢な力を顕示したいと考えたからです。教皇が皇帝からこの帝国を奪い取ったのは、神にも正義にも背《そむ》くことです。教皇はそのような権利をもっていません。第二に、教皇は私たちのために帝国を奪取したのではなく、自分のためにやったからです。それは、教皇が自らの権威、自由、財産、身体、魂をそのことによって全世界に示すことで、すべてのものを自分に従わせたいと考えたためです。このことについては、教皇は自らの口を通して、はっきり語っています。そして、それを恥ずかしげもなくドイツで実行に移したのです。これによってドイツ人は自らのドイツ人としての性格を思い知らされました。私たちは君主を戴くと、〔それがどのようなものであっても〕その醜い政策や圧政に臣民として従ってしまうのです。その結果、〔神聖ローマ〕帝国という名と称号はもっているけれども、この地にある財産、権力、法、そして自分自身も実際にはすべて教皇のものであり、教皇は〔木の〕実を食べるが私たちには皮しか残されていない、というありさまなのです。

神よ、悪知恵を働かせて暴力で支配しようとする君主を通して私たちにこの帝国を与え、それを統治するよう私たちに命じられる神よ、私たちがこの帝国の名と称号と紋章にふさわしいものであることを身をもって示し、私たちの自由を守って、ローマ主義者たちに、私たちが彼らによって神から受け取ったのがどのようなものなのかを示せるよう助けてください。ローマ主義者たちが、私たちはドイツ人にこの帝国を与えた、と自慢したいのなら、それでよいのです。しかし、もしそうしたいのなら真実でなければなりません。ローマを私たちに明け渡し、私たちに返すべきです。教皇主義者たちが帝国の中に所有しているすべてのものを返還すべきです。私たちの国に対するさまざまな要求をすべて放棄すべきです。私たちの自由、権力、財産、名誉、身体と魂も返していただきたい。そして、教皇は自らの言葉に忠実になって、帝国をあるべき姿に戻すべきです。

しかし、それを教皇は望みません。なぜ私たちをこれほどまでに騙し、そして愚弄するのでしょうか。何百年にもわたってこの国民を路頭に迷わせるようなことをし続けても、まだ足りないとでもいうのでしょうか。教皇は皇帝に対して戴冠式を行うことができ、それによってその人を皇帝にできるのだから皇帝の上に座する、という説明は何の根拠にもなりません。〔『列王記 下』九・一以下の物語を思い起こせば〕先見者である聖サムエルは神の命令によってサウルだけでなくダビデにも油を注ぎましたが、その上で彼らの家臣でした。予言者ナタンも国王であるソロモンに油を注ぎましたが、しかし彼はソロモンに従いました。ですから、王を聖別したり、王の頭に冠を載せたりした者はその上に立つ、などというのはこれまで聞いたことがない論理です。

よく考えてください。今の教皇自身は、彼の取り巻き連中である三人の枢機卿から教皇のティアラを与えられました。しかし、彼はこの取り巻き連中である枢機卿の上に立っています。なぜ教皇は自らの職位についてのこれまでの事例や世界の常識に反してまで、あるいは聖書とその教えに反してまで、この世の権力の上に立ち、自らの権能は皇帝権を超えていると言いたいのでしょうか。それは本当に、自分が皇帝の戴冠式を司式し、彼を聖別したからなのでしょうか。教皇は聖なる事柄、つまり説教、教え、そしてサクラメントの執行によって皇帝の上に立てば、それで十分なのではないでしょうか。この点では、教皇だけでなく、あらゆる司教、主任司祭もすべての人の上に立っています。このことは、聖アンブロシウスが司教であるがゆえに皇帝テオドシウスより上に立つのと同じことです[*100]。また、予言者ヨナタンがダビデの上に、サムエルがサウルの上に立ったのと同じことです。ですから、ドイツの皇帝こそが真の皇帝なのです。また、教皇の権威を利用して好き勝手なことをしているローマ主義者たちが、自分たちは特権をもっており、すべてにおいてこの世の権力の上に立っている、と主張しているのも愚かな考えに基づくものです。何よりも、こんな連中に皇帝の権力と剣を与えることはできないはずです。[*101]〉

〔27[*102]〕 これで教会が罹《かか》っている病については十分に申し上げました。これでよいでしょう。小さなことはまだいくつもあります。それを見つけるのは簡単なことです。この他にも、念のため、この世の人々が罹っている病についても注目し、指摘しておきたいと思います。第一に、服装のことです。極端な贅沢や華美な衣装を禁じる法律をドイツ国内に出すべきではないでしょうか。そのために多くの貴族や富裕層が貧しくなってしまったほどなのです。神は他の国々の人々と同じように、羊毛、亜麻布、その他、それぞれにふさわしく、入手しやすい服装を与えてくださっています。ですから、さらに絹を求めたり、ビロードや貴金属などの外国にしかないものを買ったりするために莫大な浪費をするようなことは避けるべきではないでしょうか。実は、教皇が私たちの国内で強盗のようなことをしなくても、その前に国内には絹商人、ビロードを扱う者たちなど、たくさんの強盗がいるのです。その結果、人々は見栄を張り、他の人に負けまいと思って、傲慢と嫉妬も働き、このような思いが増強されているのです。このようなことは、私たちが欲望を断ち切り、神が与えてくださったものに満足して、それに感謝するなら、起こらなかったはずです。

また、同じような意味で香辛料の取引を制限すべきです。香辛料を買うためにドイツ国内から大量の金が船で運び出されています。私たちの国には、神の恩寵ゆえに、どの国にもまして、豊かで、良質で、美味な食料があります。確かに、私はここで大規模な商取引や活動を廃止するという現実には実行不可能なことを提案しているように思えるかもしれません。しかし、私は今ここで自分の意見を述べさせていただきたいのです。世の中の風潮が改善されなくても、意識ある者は自らを律するものです。事実、商業によってその国の風俗や習慣が向上するなどということはありません〔し、たいていは反対の結果になります〕。ですから、神はかつてイスラエルの民を海から離れたところに住まわせて、商業活動を禁じたのです。

いちばんの問題は、おそらく利子付きの金貸しです。このような制度さえなければ、人々が絹、ビロード、宝石、香辛料などの贅沢品を買うことはなかったはずです。このような制度が出来上がってまだ一〇〇年にもならないと思いますが、すでに諸侯、教会、都市、貴族とその跡取りたちがそれに苦しめられ、破滅に追いやられています。これがさらに一〇〇年続けば、ドイツは一文無しになり、私たちはおそらく共食いを始めるでしょう。こんなことを考え出したのはサタンです。しかし、それを許可することで世界中に痛みと苦しみを与えているのは教皇なのです。そこで、私は声を大にして申し上げたいのです。すべての人が自分のことを、また自分の後継のことを真剣に考えていただきたいのです。破滅はあなたの門口に迫っている。それだけでなく、実際に家の中で暴れまわっているのです。皇帝も、諸侯も、貴族も、そして都市も、このような取引が罰せられ、今後は行われなくなるように対応していただきたいのです。教皇、法、あるいは不法の勢力がそれに抵抗してくるかもしれません。また、教会の財産がこのような取引を資金源にしているとしても、かまいません。一〇〇の教会財産がこのような利子付きの金貸しの上に成り立つより、一つの教会が正当な世襲領地や地代の上に成り立っているほうが正しいことです。利子付きの金貸しに依存して成立している教会財産の一つは、世襲領地二〇より悪ですし、多くの人々を巻き込んで悪い結果をもたらすものです。利子付きの金貸しは、罪のままサタンに売り渡され、それによって、この世の財産のみならず、教会の財産も失われることになるしるしでしょう。私たちはそのことにまだ気づいていないのです。

この点では、具体的には〔ヤーコプ・〕フッガー、あるいはこれらの会社に轡《くつわ》をつける必要があります。一生のあいだに王たちでも集められないような莫大な財産をもったわけですが、それが神の御心にかなった方法でなされているかどうかは定かではありません。私が計算ができないからでしょうか。いや、そうではありません。一〇〇グルデンのお金がどうして二〇グルデンを生み出すのでしょうか。それどころか、一グルデンでどうしてさらに一グルデン儲けることができるのでしょうか。これらの利益は農地が生み出したものでも家畜が生み出したものでもありません。大地や家畜が生み出す利益は、人間の醜い知恵が生み出したものではなく、神の祝福がもたらすものです〔が、彼らの利益はそうではありません〕。この世のこれらの問題については、私よりもよく知っている人がいるはずですから、その人たちに任せておけばよいでしょう。しかし、私は一人の神学者として、パウロが〔『テサロニケの信徒への手紙一』五・二二で〕「すべての外観の醜いもの、悪く見えるものを警戒しなさい」と言ったように、醜く悪い外観について批判してみたいと思います。私はこう考えます。農耕を勧め、それを増やし、商業活動は減らすべきです。聖書にあるとおり、それが神の御心にかなうことなのです。土地を耕し、そこから日々の糧《かて》を得るのが最も人間にふさわしいことだ、と神はアダムを通して私たちに示してくださいました。〔『創世記』三・一七以下に〕「土地は呪われよ。あなたがたがそこで働いても、土地は茨《いばら》とアザミを生み出し続けるであろう。あなたがたは額に汗してあなたの食べ物を得るのだ」とあります。私たちの目の前には、確かにまだ手をつけられていない土地があるのです。

さらに、ドイツ人の習慣で外国人から不評を買っているものがあります。それは牛肉を食べることです。私たちがすでに習慣としていて定着しているので、これを変えるのは容易ではありません。今日のドイツで、さらに殺人、姦淫、盗み、神に逆らう不敬虔な行動が見られないのであれば、牛肉を食べることくらいは問題にならなかったかもしれません。しかし、事実はそうではないのです。この世の権力はこれに対応しなければなりません。キリストは〔『ルカによる福音書』一二・三四で〕「飲んだり、食べたり、求婚したり、恋愛に溺れたり、家を建てたり、庭を整理したり、売ったり、買ったりしていると、最後の審判の日が突然やって来る」と述べていますが、まさにそのようなことになってしまうでしょう。今まさにそれが起こっていますが、人々はその恐るべき状態に何も気づいていません。人々は最後の審判の日が近づいていることに気づいていないだけでなく、それを信じたくないのです。

〔28〕最後に、私たちは洗礼を受けたとき、潔くあることを約束したのに、キリスト教界に公然と卑しい娼婦の館が維持されているのは悲しむべきことです。この点について反論があるのは知っています。それは一つの国民の問題や習慣ではないので廃止するのは難しい、という反論です。これをなくすことで既婚者や少女たちが、あるいは高貴な婦人たちが辱《はずかし》めを受けるということが起きるくらいなら、維持したままのほうがよい、という意見があります。しかし、キリスト教界の統治者は、この害悪を異教的な方法によらずにどうやって防止するかを考えなければなりません。イスラエルの民族はそのような不道徳なことをせずに生活できたのですから、キリスト教信者にもそれくらいのことができないなどということがあるでしょうか。今日でも、さまざまな地方の都市、あるいは田舎の村々では、このような館なしで日々の生活が続いています。なぜ大都市だけはそうできないのでしょうか。

このことで、またすでに述べたことで、私は、この世の権力をもつ者たちが、どれほど多くの業をなしているか、またその職務とは何であるのかについて説明しました。統治することと、人の上に立つ者であることの困難さと恐ろしさを感じていただくために、このような説明をしました。もし君主が家臣や臣民を助けることがないのなら、その人が聖ペトロのように徳の高い人であったとしても何の意味があるでしょうか。そうだとすれば、彼がもつ支配権が彼自身を断罪するでしょう。支配者は臣民の最大の幸福を求めるべきです。支配者が青年たちの結婚について真剣に考えることが大切です。そうすれば結婚生活に期待をもつようになり、それは誘惑に陥らないよう耐える力になります。今日では、多くの人が修道士になりたいと言っています。しかし、その理由は、ほとんどの場合、生活の保障があるからというものであり、他方で結婚しても生活していけないかもしれないので修道士になると言うのです。ですから、多くの人は修道士になる前に放埒《ほうらつ》な生活をして、いつのまにかそのような過ちから抜け出せなくなってしまうのです。修道士や聖職を最も生み出すのは絶望だ、という言葉は正しいと思います。このような状況なので現状を変えることができないのです。

私はこのような罪を避けるためにあえて述べたいと思います。それは、どの少年少女にも三〇歳になるまでは不妻帯や聖職者のような生活を自らに義務づけるのはやめさせるべきだ、ということです。聖パウロが言うように、不妻帯というのは特別な恩寵です。ですから、神からの召命がない者は、聖職者になったり、このような誓いを立てたりしてはならないのです。また、結婚したら生活していけないなどと言って、神を信頼することを知らず、そのような理由で聖職者になろうと考えている人がいるなら、その人は自らの魂の救いのために、農業に従事するか、あるいは自らが望む仕事に就くべきです。この世の仕事をして生きていくためにも神への信頼は必要ですが、聖職者であり続けるためには、その一〇倍もの信頼が当然、必要になります。人が神はこの世を生きていくために私たちを養ってくださるということを信じないで、どうして聖職者をして私たちを養ってくださるということを信じられるでしょうか。おお、神よ、信仰の喪失、信頼の欠落は、すべてをだめにしてしまいます。そして、私たちを悲惨な状況に導くのです。言うべきことは数々あります。今日の青年には自らの魂に配慮してくれる人がいないので、放任され、捨て置かれているのです。この世の統治者たちは誰もが無関心なので、何の役にも立ちません。しかし、この青年たちの問題こそ、教皇、司教、君主、あるいは公会議が配慮すべき問題なのです。これらの人々は皆、自分はこの世のすべてを支配していると考えていますが、何の役にも立ちません。ですから、神が一〇〇の教会を建て、すべての死者を蘇らせたとしても、このままではただ肉にすぎない猛獣が天国で君主になってしまうでしょう。

〈この点については、これ以上述べません。この世の権力や貴族のなすべきことについては、よき業についての小さな書物を〔すなわち『よき業についての説教』という書物を今年〕すでに書いています。その生活や統治には多くの改善されねばならないことがあるのです。そして、もちろん、この世の権力の悪用と霊的な権力の悪用を同一視してはなりません。〉*103

私はあまりに強く主張して、現実とかけ離れたことを提案し、また批判の言葉が過ぎたかもしれません。しかし、私はそうせずにはいられなかったのです。私は語らなければならないのです。できれば、このように語り続けたいのです。神の怒りを買うくらいなら、この世の人々の怒りにさらされるほうがまだましだと考えているのです。この世の人々は私からこの命以上のものを取り去ることはできないでしょう。私はこれまでにも私に敵対する者たちと和解しようと努力してきました。しかし、私が確信しているのは、神がそのような敵対者を通して私がさらに語るようにしてくださったということです。そして、この敵対者たちがさらに批判し、叫び、吠え、書くための材料を提供してきたのです。もし聞きたいのであれば、私はローマについての歌を知っているので、それをいつでも歌ってさしあげましょう。高圧的かもしれませんが、私の考えを理解できるようになるでしょう。〔それを聞けば〕ローマ主義者よ、私の言いたいことは十分に理解できるでしょう。[*104]

　私はこれまでも何度も自説を述べ、それが正しいか間違っているかを人々に問うてきましたが、いずれも無駄に終わりました。また、私は自分の主張が真実なら、この世では当然のように断罪されるけれども、しかし天のキリストによってのみ正しいと認められることも知っています。なぜなら、キリスト教信者とキリスト教界の主張は、いつでもただ神によってのみ裁かれるべきだからです。それが聖書が主張することだからです。私の主張してきたことは、この世の人間に正しいと言われたことは一度もなく、常に抵抗に遭ってきました。私がここで心配しているのは、このような私の主張がこの世でいつまでも断罪されないままになることです。もしそんなことが続くなら、私の主張は実は神の御心に適《かな》わないものだと判断され、誤解されてしまう可能性があります。ですから、勇気をもって前進しましょう。たとえ教皇であろうと、司教、司祭、修道士であろうと、学者であっても関係ありません。これらの人々は、いつでも真理を迫害してきました。神よ、私たちにキリスト者にふさわしい悟性を与えてください。それによってドイツ国民のキリスト教貴族たちが、憐れな姿になってしまった教会のために最善を尽くすことができるように、霊を、勇気を与えてください。アーメン。

訳注

＊1　ニコラウス・フォン・アムスドルフ（一四八三―一五六五年）。ヴィッテンベルク大学の教授で、本書が刊行される前年のライプツィヒ討論と翌年のヴォルムスの帝国議会に同行したルターの盟友。イエーナ大学の創始者の一人でもある。

＊2　『コヘレトの言葉』三・一には「何事にも時があり」と、三・七には「黙する時、語る時」とある。

＊3　ルターはここで修道士としての自らの姿を道化役者に重ね合わせ、自らを道化役者に見立てることで本書の刊行によって予想される批判や嘲笑を先取りして相手を牽制していると考えられる。道化役者の帽子は頭のサイズに合わせて作られるため、髪の毛を剃らないとかぶることができなかった。修道士も剃髪した上に帽子をかぶっていることの類似性に注目したのだろう。

＊4　六月二三日。

＊5　本書が書かれる前年の一五一九年に即位したカール五世（一五〇〇―五八年）のこと。スペイン王のままドイツ国民のための神聖ローマ帝国の皇帝に選ばれ、一五二〇年にアーヘンで戴冠式が挙行された。ルターは、この即位に期待していた。

＊6　フリードリヒ一世（一一二二―九〇年）は、一一七六年のレニャーノの戦いで、教皇の支援を受けたロンバルディア都市同盟の軍隊に惨敗した。

＊7　フリードリヒ二世（一一九四―一二五〇年）は、教皇によって破門された。

＊8　おそらく教皇インノケンティウス四世（在位一二四三―五四年）を指す。フリードリヒ二世の廃位を宣言した。

＊9　ユリウス二世（在位一五〇三―一三年）は、外交政策に長け、さまざまな軍事同盟によって教皇の政治的支配と影響力を堅固なものにした。

＊10　『士師記』二〇・一九以下。ただし、二〇・二一には「二万二〇〇〇人」とある。
＊11　Romanisten の訳。この時代にしばしば用いられた言葉で、教皇の権力、とりわけ教皇至上主義を支持して、その権力に基づいた既得権を手にしている聖職者や神学者を指す。
＊12　ウェルギリウス『アエネイス』六・五四九のパロディー。
＊13　一五一二―一七年に開催された第五回ラテラノ公会議のこと。
＊14　「角笛《つのぶえ》が鳴りわたると、民は鬨《とき》の声をあげた。民が角笛の音を聞いて、一斉に鬨の声をあげると、城壁が崩れ落ち、民はそれぞれ、その場から町に突入し、この町を占領した」（『ヨシュア記』六・二〇）。
＊15　聖職者になるための一連の儀式のこと。
＊16　聖職者に対する蔑称。
＊17　アウグスティヌス（三五四―四三〇年）は、三九四年にヒッポの補佐司教に叙階された。
＊18　アンブロシウス（三四〇頃―三九七年）は、ミラノの執政官だったが、三七四年にミラノの司教に叙階された。
＊19　キプリアヌス（二〇〇頃―二五八年）は、二四六年頃に改宗して、カルタゴの司教に叙階された。ウァレリアヌス帝の時に殉教している。
＊20　司祭として叙階されることで与えられる聖職者としての権能は神から与えられたものなので、人間にはもはや取り消せない、という考え。
＊21　「私に与えられた恵みによって、あなたがた一人一人に言います。自分を過大に評価してはなりません。むしろ、神が各自に分け与えてくださった信仰の度合いに応じて慎み深く評価すべきです。というのは、私たちの一つの体は多くの部分から成り立っていても、すべての部分が同じ働きをしていないように、私たちも数は多いが、キリストに結ばれて一つの体を形作っており、各自は互いに部分なのです。私たちは、与えられた恵みによって、それぞれ異なった賜物をもっていますから、預言の賜物を受けていれ

ば、信仰に応じて預言し、奉仕の賜物を受けていれば、奉仕に専念しなさい。また、教える人は教えに、勧める人は勧めに精を出しなさい。施しをする人は惜しまず施し、指導する人は熱心に指導し、慈善を行う人は快く行いなさい」(『ローマの信徒への手紙』一二・三以下)。

＊22 「体は一つでも、多くの部分から成り、体のすべての部分の数は多くても、体は一つであるように、キリストの場合も同様である。つまり、一つの霊によって、私たちは、ユダヤ人であろうとギリシア人であろうと、奴隷であろうと自由な身分の者であろうと、皆一つの体となるために洗礼を受け、皆一つの霊を飲ませてもらったのです。体は、一つの部分ではなく、多くの部分から成っています。足が、『私は手ではないから、体の一部ではない』と言ったところで、体の一部でなくなるでしょうか。耳が、『私は目ではないから、体の一部ではない』と言ったところで、体の一部でなくなるでしょうか。もし体全体が目だったら、どこで聞きますか。もし全体が耳だったら、どこで匂いを嗅ぎますか。そこで神は、御自分の望みのままに、体に一つ一つの部分を置かれたのです。すべてが一つの部分になってしまったら、どこに体というものがあるでしょう。だから、多くの部分があっても、一つの体なのです。目が手に向かって『お前は要らない』とは言えず、また、頭が足に向かって『お前たちは要らない』とも言えません。それどころか、体の中で他よりも弱く見える部分が、かえって必要なのです。私たちは、体の中で他よりも格好が悪いと思われる部分を覆って、もっと格好よくしようとし、見苦しい部分をもっと見栄えよくしようとします。見栄えのよい部分には、そうする必要はありません。神は、見劣りのする部分をいっそう引き立たせて、体を組み立てられました。それで、体に分裂が起こらず、各部分が互いに配慮し合っています。一つの部分が苦しめば、すべての部分がともに苦しみ、一つの部分が尊ばれれば、すべての部分がともに喜ぶのです」(『コリントの信徒への手紙一』一二・一二以下)。

＊23 これは教皇ボニファティウス八世(在位一二九四―一三〇三年)による一三〇二年の勅書「ウナム・サンクタム」の考えである。

＊24　教会法で定められた罰で、ローマ教皇の座がある特定の地域でサクラメントの執行を禁止すること。それによってローマ教皇の座に敵対する特定の地域に政治的な圧力をかける、という戦いの手法がしばしば用いられた。

＊25　『グラティアヌス教令集』一・四〇にある言葉のルターなりの解釈。教皇が正しい信仰から離れた場合でも、それを人間が処罰することはできない、という規定。

＊26　教皇グレゴリウス一世（在位五九〇―六〇四年）による「魂の配慮をする者の規定」二・六。

＊27　「反キリスト」は、キリストの終末における来臨の前に登場して、この世を混乱させる者のこと。この混乱に耐えて戦い抜き、神の国の到来となる（『テサロニケの信徒への手紙二』第二章など参照）。「反キリスト」が退場したあとに神の国が来るのだから、この「反キリスト」は終末の到来を遅らせている者、神の意志を実行に移すことに「抵抗している者」であり、この世の現行権力の支配を延命させている者とも考えられた。ルターは教皇制度とそれを支える勢力がこの「反キリスト」だと考えていた。

＊28　「神はアブラハムに言われた。『あの子供とあの女のことで苦しまなくてもよい。すべてサラが言うことに聞き従いなさい』」（『創世記』二一・一二）。

＊29　『民数記』二二・二二以下に、バラムが乗ったロバが主を恐れてバラムの命令に従わなかった、という物語がある。

＊30　三二五年に皇帝コンスタンティヌス一世（在位三〇六―三三七年）が召集した公会議で、アリウス派が退けられた。

＊31　「不法の者は、サタンの働きによって現れ、あらゆる偽りの奇跡としるしと不思議な業とを行い、そして、あらゆる不義を用いて、滅びていく人々を欺くのです」（『テサロニケの信徒への手紙二』二・九以下）。

＊32　このあとの一行アキは原文にはないが、内容を考慮して挿入した。

＊33 「酔っぱらいのドイツ」、「酔っぱらいのイタリア」という言い回しは、この時代の世俗的な文章の中でしばしば用いられた。「もはや正常な判断ができない」状態を意味する隠語。

＊34 原文では「ヘラやペニッヒ」。この時代の通貨の最低額。

＊35 一一世紀頃から慣習化した司教の権利で、自らが責任をもつ司教区で空位が生じた場合、司教の収入がなくなってしまうので、その年に限り、空位であってもこの職位から得られる金額を聖職禄から得られる。一四世紀頃から、この権利は教皇にあるとローマ主義者が主張するようになり、コンスタンツ公会議で、司教領と修道院のすべてに対して教皇がこの権利をもつこと、他の聖職禄についても一定の金額を教皇が請求できることが決定された。

＊36 「九五箇条の提題」訳注＊10参照。

＊37 教皇としての着座のための選挙規定のこと。

＊38 「座」と訳した語はStuhlである。ローマ教皇は、聖ペトロ教会の教皇としての権威を継承する「座」である「椅子」に着座する。それを象徴する言葉で、ルターは教皇自身ではなく、この制度によって利益を得ている人々を含めて「ローマ教皇の座」と呼んでいる。

＊39 マインツ、マクデブルク、ハルバーシュタットは、ブランデンブルク選帝侯家のアルブレヒトがすべて兼任した。

＊40 「主はソドムとゴモラの上に天から、主のもとから硫黄の火を降らせ、これらの町と低地一帯を、町の全住民、地の草木もろとも滅ぼした」(『創世記』一九・二四以下)。

＊41 十字架を六つ付した白色のストールで、祭服の上に着用した。ローマ教皇に忠誠を誓うことを前提に、さらに法外な上納金を納めることを誓った場合にだけ提供された。

＊42 ローマ主義者に抵抗して司教区の改革を試みたが失敗したヴィルヘルム・フォン・ホーンシュタイン(一五〇六―四一年)の事件を指す。

＊43　教皇の権利として認められていたもので、空位になった聖職禄を実際の日常的な業務を行うことなしに第三者に委ね、そこから得られる利益を受け取ること。

＊44　「統合」あるいは「重複」は、教会法の具体的な適用に際して、個別事例に対応できる都合のよい解釈を提示すること。特に聖職禄の取り扱いについて、ローマに有利な解釈を導き出すために使われた。

＊45　聖職や宗教上の権能を金銭で取引すること。教会法では厳しく禁じられていた。

＊46　「それから、兵士たちはイエスを十字架につけて、その服を分け合った、誰が何を取るかを籤引きで決めてから」（『マルコによる福音書』一五・二四）。

＊47　教皇から何らかの特別免除を与えてもらうための上納金、賄賂のこと。

＊48　ヤーコプ・フッガー（一四五九―一五二五年）は、この時代のヨーロッパ一の豪商。皇帝や諸侯のみならず司教たちにも政治資金を提供し、また多くのお金を貸しつけていた。贖宥状の販売にも関与し、それをルターは『商業と高利』で批判している。

＊49　教皇の命で出される勅書。

＊50　悔い改めのサクラメントを行う司祭を自ら選ぶ権利を得ることができる証書。有料で販売されていた。

＊51　謝肉祭から復活祭のあいだにバターやチーズなどの禁止されている乳製品を購入できる証明書。

＊52　贖宥のための罰の中で比較的軽いものについては免除する証明書。

＊53　おそらく、これらのお金がつぎ込まれて開発されたローマ市内の広場のこと。教皇エウゲニウス四世（在位一四三一―四七年）によって基礎が築かれ、世界各国の商人がここで取引をしたため、世界中の富が流れ込んだ。

＊54　教皇インノケンティウス八世（在位一四八四―九二年）の私邸だったが、教皇ユリウス二世によって改修され、教皇たちの個人資産の一部が保存されて、展示される場所になった。

＊55　このあとの一行アキは原文にはないが、内容を考慮して挿入した。
＊56　以下、各項目間の一行アキは原文にはないが、読みやすさを考慮して挿入した。
＊57　「権威者は、あなたに善を行わせるために、神に仕える者なのです。しかし、もし悪を行えば、恐れなければなりません。権威者はいたずらに剣を帯びているのではなく、神に仕える者として、悪を行う者に怒りをもって報いるのです」（『ローマの信徒への手紙』一三・四）。
＊58　「主のために、すべて人間の立てた制度に従いなさい。それが、統治者としての皇帝であろうと、あるいは、悪を行う者を処罰し、善を行う者を誉めるために、皇帝が派遣した総督であろうと、服従しなさい」（『ペトロの手紙一』二・一三以下）。
＊59　領主のものである教会なので、その設立者の子供は、その教会や聖職禄が創設者の意に反して扱われていると判断した場合には、この世の支配者に救済や裁判を求めることができる、と定めている。
＊60　司教の裁判権の代理執行のことで、本来裁判権をもたない者がローマの利益に誘導された裁判を行った。
＊61　教皇が誰かの公然たる罪について、その赦免について、自らに、あるいは教皇の代理者に保留すること。
＊62　「あなたがたに委ねられている、神の羊の群れを牧しなさい。強制されてではなく、神に従って、自ら進んで世話をしなさい。卑しい利得のためにではなく献身的にしなさい」（『ペトロの手紙一』五・二）。
＊63　司教に不動産に関する権利を与えた証明として指輪と杖を与える法的行為。当初は皇帝によってなされていたが、一一二二年のヴォルムス協約で教皇がこの権利を与えることになった。
＊64　一三一三年に教皇クレメンス五世（在位一三〇五―一四年）が出したもの。
＊65　八世紀頃に作られた偽書で、一四四〇年にロレンツォ・ヴァッラ（一四〇七―五七年）によって偽物であることが証明された。内容はコンスタンティヌス帝が改宗した際、その感謝の思いを表すためにロー

マおよび西方諸州の宗教的な裁判権と統治権を与えたというもの。

＊66　ノルマン王ロベール・ギスカール（一〇一五―八五年）が一〇六〇年に南イタリアとシチリアの聖職禄を教皇ニコラウス二世（在位一〇五九―六一年）から授けられたと考えられており、そのため教皇はこの領地に対して封主権をもっと主張している。

＊67　「食事の席から立ち上がって上着を脱ぎ、手拭いを取って腰にまとわれた。それから、盥《たらい》に水を汲んで弟子たちの足を洗い、腰にまとった手拭いで拭き始められた」（『ヨハネによる福音書』一三・四以下）。

＊68　以上、〈　〉の箇所は初版にはなく、第二版で挿入された。

＊69　校訂本編者による修正。原典には「13」がないため、ここに置いた。

＊70　ディオクレティアヌス帝（在位二八四―三〇五年）の時代、おそらく三〇四年頃に殉教した。

＊71　オットー大帝（九一二―九七三年）とその母マティルデ（八九五頃―九六八年）が創設した、ザクセンにある女子修道院。

＊72　「イエスは言われた。『誰もがこの言葉を受け入れるのではなく、恵まれた者だけである。結婚できないように生まれついた者、人から結婚できないようにされた者もいるが、天の国のために結婚しない者もいる。これを受け入れることのできる人は受け入れなさい』」（『マタイによる福音書』一九・一一以下）。

＊73　「私としては、皆が私のように独りでいてほしい。しかし、人はそれぞれ神から賜物をいただいているのですから、人によって生き方が違います」（『コリントの信徒への手紙一』七・七）。

＊74　ヒエロニムス（三四七頃―四二〇年）は、古代教会で最も著名な神学者の一人。その著作『テトスへの手紙』で司教と司祭は同じだと述べている。

＊75　聖書で今日では「長老」と訳されている立場を、ルターは「主任司祭」と考えている。

＊76　ルター自身、一五二五年にカタリーナ・フォン・ボラ（一四九九―一五五二年）と結婚した。

＊77　教会法に定められた結婚に関する規定のこと。

*78 「この自由を得させるために、キリストは私たちを自由の身にしてくださったのです。だから、しっかりしなさい。奴隷の軛《くびき》に二度とつながれてはなりません」（『ガラテヤの信徒への手紙』五・一）。
*79 一エレは五五〜八〇センチメートル。
*80 一二月一三日。ベネディクト会ホーエンベルク修道院を創設した、見えない目を癒されたアルザスの貴族の娘オッテリアを記念する日。
*81 一二月四日。バルバラは、三世紀の殉教者。
*82 ミサ証明書と懺悔証明書は、集団でミサに参加した場合、あるいはそこには一緒に出かけられなかった仲間を想起しつつ懺悔した場合、出席していない仲間もその効力に与ることができる証明書。
*83 ここにある教会から血の流れ出る聖餐用のホスティア（後注*96参照）が発見され、巡礼地となった。
*84 前注に同じ。
*85 キリストがまとった衣服が展示され、巡礼地となった。
*86 梅毒を治す効果がある水があると言われ、巡礼地となった。
*87 「美しきマリア像」を見ることを求めて人々が巡礼した。
*88 フィレンツェのアントニウス（一三八九―一四五九年）は、フィレンツェの大司教で、一五二三年に列聖された。
*89 教皇が教皇の特使に与える全権委任に基づくさまざまな権能のこと。有料で販売されていた。
*90 中世の諸都市に誕生した信徒集団で、これに加盟することで救済上の特権が与えられ、さまざまな現世利益が与えられると考えられた。
*91 ヤギエウォ朝のポーランド王ヴワディスワフ三世（在位一四三四―四四年）のこと。
*92 ヨハネス（ヤン）・フス（一三六九頃―一四一五年）は、プラハ大学の神学者。異端と宣言され、処

刑された。

＊93　フスの同志で、フスとともに処刑された。

＊94　国王が旅行中の身の安全を保障すること。国王は納税と引き換えにこの権利を与えた。フスはコンスタンツへの護送を約束されていた。

＊95　具体的に何を指しているのかは定かでない。

＊96　聖餐のサクラメントにおいて「ホスティア」と呼ばれるキリストの身体を意味するパンだけを食べるか、キリストの血を意味するワインも併せて飲むかによって、一種と二種が区別される。カトリックでは、今日に至るまで通常信徒に対しては一種陪餐が行われている。

＊97　ドゥンス・スコトゥス（一二六六頃―一三〇八年）は、フランシスコ会の神学者。ドミニコ会のトマス・アクィナス（一二二五頃―七四年）と対立した。

＊98　教皇ボニファティウス八世の言葉で、教会法の源泉は教皇の考えや思いである、という意味。

＊99　ペトルス・ロンバルドゥス（一一〇〇頃―六〇年）の主著で、この時代の標準的な神学の教科書とみなされていた。神学とはこの教科書を解説することでさえあった。

＊100　これはアンブロシウスが司教として、七〇〇〇人を闘技場で処刑したことを悔い改めるまではテオドシウスを教会に入れないと主張した故事に基づいている。

＊101　以上、〈　〉の箇所は初版にはなく、第二版で挿入された。

＊102　第二版で「26」が挿入されたため、初版における以下の番号は一つずつ送られることになる。

＊103　以上、〈　〉の箇所は初版にはなく、第二版で挿入された。

＊104　これは、おそらく本書の次に書かれた『教会のバビロン捕囚について』のことだろう。

教会のバビロン捕囚について――マルティン・ルターによる序

一五二〇年（原文ラテン語）

イエス[*1]

アウグスティヌス会修道士マルティン・ルターより友人ヘルマン・トゥリヒ[*2]に挨拶を送ります。

多くの著名な教師たちが私に熱心に働きかけ、しかも訓練してくれるものですから、私は知らず知らずのうちに多くの知識を身につけています。二年前のことですが、贖宥《しょくゆう》についての書物[*3]を書きました。今では、それを書いただけでなく出版したことを悔いています。二年前はまだ迷信にとらわれていたからでしょう、ローマ主義者たちの横暴を知っていたのに、贖宥は完全に排除すべきではないと判断していたのです。多くの人々とも、その点では一致していました。ですから、私の立場は例外的ではなかったのです。私はこのときまさに無駄な労苦を続けていたのでした。しかし、贖宥を強力に支持し続けたシルヴェステル〔・マツォリニ＝プリエリアス〕と兄弟の好意ある助言[*4]によって、実は贖宥はローマ主義者たちの偽りであり、それによって信仰だけでなく人々の財産も完全に破壊してしまったのを知ることができたのです。私の願いは、書物の印刷販売人によって、この書物がもたらされ、それを読んだ人々が、私がかつて書いた贖宥についての書物を焼き捨て、私がそこで書いたことではなく、

贖宥はローマ主義者たちの偽りである

という命題を理解していただきたい、[*5]ということです。

さらに、〔ヨハネス・〕エック[*6]と〔ヒエロニムス・〕エムザー[*7]は、同僚たちと一緒になって、私に教皇の首位性について教えてくれました。ですから、このような著名で多くの知識をもつ人々に感謝しなければなりませんし、そのことを忘れないように、彼らによって私の考えがさらに進歩したことを明らかにしておかなければなりません。その頃の私は教皇という制度の神的な権威は否定していましたが、人間的な権威は容認していました。ところが、その後、偶像を自分のために巧みに利用することに如才ない、これらの紳士風の人々の言葉を読み、聞くたびに、私もそれについて何も知らないわけではないので、自分の知っていること、確信していることを〔改めて〕述べてみたくなったのです。それは、教皇という制度はバビロン王国であり、〔『創世記』に出てくる〕ニムロドという狩猟者の力のようなものだということです[*8]。私が考えていることを友人たちに〔誤解なく〕うまく伝えられるように、ぜひ書物の印刷販売人にお願いしたいのは、また読者諸氏にもお願いしたいのは、以前出版した私の書物をぜひとも焼いてしまってほしいということです。そして、

教皇という制度はローマの司教の大がかりな狩猟のことである

という私の主張を受け入れていただきたいのです。

この主張は、エックとエムザー、そしてライプツィヒの聖書講義者〔フランシスコ会士アウグスティン・フォン・アルフェルト〕の考えから引き出せます。

〔聖体について〕[*9]

最近、二種陪餐[*10]について、あるいは他の問題についても、私はさまざまな〔個人的な〕講義を受けました。私に向けられた個人的な講義の中にある無駄話を聞かないようにするのは、なかなかの重労働です。クレモナのイタリア人修道士〔イシドーロ・イソラーニ〕が『聖なる教皇の玉座の面前で自説を撤回したマルティン・ルター』という書物を書きました。しかし、そこで言われていることは事実ではありません。私が最近何らかの説を撤回したのではなく、〔イソラーニのほうが〕私を撤回したのです。このイタリア人は、この種の〔誤った〕ラテン語を書き始めたのです。私の聖餐の二つの形式を批判したライプツィヒのドイツ人で、修道士でもあり、あなたもご存じの聖書全体の解説者〔アルフェルト〕は、伝え聞くところでは、もっと驚くべきことを行っているようです。イタリア人のほうは、カエタヌス[*11]とシルヴェステルの名前を聞いたからでしょう、それを恐れて、慎重に、賢明な仕方で自らの著作を匿名にしました。しかし、もう一人のライプツィヒの人は、ドイツ人として、堂々と表題、経歴、貞節、知性、職務、栄光、名誉、そして自らの木靴さえ誇っています。私はそこからいくつかのことを学ぶことになるでしょう。彼の手紙は神の御子に捧げられているのですから。この人はおそらく天で支配されているキリストと親しいのでしょう。三羽のカササギ〔カチガラス〕が私に討論を呼びかけています。一羽目のカササギは完全なラテン語で、二羽目はギリシア語で、三羽目は純粋なヘブライ語で呼びかけてくるのです。敬愛する私のヘルマン、そうであるなら、私はその呼びかけを聞かざるをえないではないですか。ライプツィヒの聖十字修道院の厳格会則派からこの問題は提起されているのですから。

私は二種陪餐が信徒にも行われるよう公会議が決定すべきだ[*12]と愚かにも考えていました。学識が特別に高い修道士がこのことを批判しています。すなわち、彼は信徒にも二種の聖餐が授けられるべきことについては、キリストも使徒も命じていないし、そう呼びかけてはいないのだから、そのようなことを行う場合、あるいはそれを修正する場合は、教会の判断に委ねるべきであり、またその決定に従うべきである、と指摘しているのです。

この修道士は、私が一種陪餐を批判するのではなく、二種陪餐にするのは教会の判断だと言ったことに腹を立てているのでしょうか。誰に対してこの修道士は批判しているのか、とあなたは疑問に思うでしょう。この修道士は〔私と同じ考えを〕自らも主張し、しかし私を批判して戦うと言っています。ですから、私はこう答えたいのです。そのような批判はルターに反対する人すべてにこそ共通するものだ、と。ですから、これによって批判している事柄が〔正しいことを〕確証するようになるか、自らが批判している事柄〔と同じこと〕を行ってしまうかのどちらかなのです。シルヴェステル、エック、エムザー、そしてケルンとルーヴァンの神学者たちがやっているのも同じことです。あの高い学識をもった〔ライプツィヒの〕修道士たちがこのような人々と同じような習慣に従うとは思えませんでしたが、そんなことをしなければ、おそらくルター批判など書くことはなかったはずです。

しかし、この〔ライプツィヒの〕修道士には他と違う点がありました。この修道士は、二種陪餐が〔キリストや使徒の〕命令や呼びかけではなく、教会の決定に委ねられていることを証明するとき、聖書を持ち出したのです。そして、そこから信徒は一種陪餐であるようキリストによって命じられてはいないことを明らかにしたのです。ですから、この修道士の解釈によって、一種陪餐はキリストによって命じられていないのに、命じられていることになってしまったのです。このような方法をライプツィヒの人々が好んでいるのをあなたはご存じでしょう。エムザーは彼の以前の著書[*13]の中で私の提起した問題を公正に扱うと書いたはずです。その後、私が彼の醜い言葉で書かれた嫉妬や嘘を告発したため、彼はさらにそれに反論しましたが[*14]、その中で今度は悪意と公正のいずれも感じながらそれを書いたと述べています。彼はご承知のとおり、よい人に違いありません。

一種か二種かという点については、ぜひこれらの優秀な専門家たちにお尋ねください。これらの人々にとっては、教会の命令とキリストの命令は一つです。しかし、まったく同じことについて、それはキリストの命令であると同時にキリストの命令ではない、と言うのです。この〔ライプツィヒの〕修道士は、一種の聖餐がキリストの命令で教会の決定によって定められていることを巧みに証明するのです。彼はその点について「誤謬のない基盤」と飾り文字を使って書いています。さらに『ヨハネによる福音書』第六章〔第四一節以下〕でキリストが天のパン、命のパンについて語り、自らがそれであると述べているところについて、彼の驚くべき学識で検討しています。この学識ある修道士は、この場面をサクラメントの聖別に結びつけ、キリストは「私は生けるパンである」と述べたが、「私は生きた杯《さかずき》である」とは語っていないので、これは信徒が一種陪餐であることの制定である、と説明したのです。ところが、〔聖書には〕その先にこう書かれています。「私の肉はまことの食べ物、私の血はまことの飲み物」であり、「人の子の肉を食べ、その血を飲まなければならない」。ですから、状況は明らかに一種よりも二種の陪餐に有利なのです。そのことは、あの学識ある修道士にも明らかなはずです。しかし、彼は学者として、いかにも知恵に親しんでいるという顔をして、キリストはこのように言われることで、一種陪餐に与《あずか》る者は、この一つによって肉も〔肉に含まれる〕血も両方を受けたと説明している、と言うのです。それが、天の玉座からご覧いただくのにふさわしい建造物の「誤謬のない基盤」として、この修道士が据えた土台なのです。

　この解釈が何をしようとしているのか、ここで私と一緒に理解していただきたいのです。この学識ある修道士によれば、キリストは『ヨハネによる福音書』第六章で一種の聖餐を命じられたのであり、キリストがそのような仕方で命じられたのは、それを教会の決定に委ねるためだったというのです。そして、キリストはこの第六章では信徒について語っており、司祭のことは語っていないというのです。そして、天からの生きたパンとしての一種の聖餐は司祭とは関係がないというのです。私が思うに、彼らは天ではなく地獄のパンと関係しているのでしょう。しかし、そうであるなら、信徒でもなく司祭でもない助祭、副助祭はどうなるのでしょうか。この学識ある修道士によれば、これらの人々には一種も二種も適用されないのです。敬愛するトゥリヒ、これで戒律厳守主義派の人々の聖書の読み方がどのようなものであるかを理解してくださったと思います。

さらに、こんなこともこの学識ある修道士は言います。『ヨハネによる福音書』第六章〔第二九節〕に「神がお遣わしになった者を信じること、それが神の業である」とあるのはキリスト自身が受肉した〔神の〕言葉への信仰を語っているのだと教えているにもかかわらず、彼はここでキリストはサクラメントの聖別について語っていると説明するのです。このライプツィヒの聖書解釈者は、聖書から思いのままに、どの箇所からでも勝手な証明が可能だと思っているのです。この学識ある修道士はアテナゴラス派の神学者、正しくはアリストテレス派の神学者であり、彼によれば、名詞と動詞が置き換えられたとしても、あらゆる場合に適用可能なのです。このような考えを彼は聖書のあらゆる証言に適用し、キリストがサクラメントにおいて臨在していることを証明しようとして、「聖なる使徒である『ヨハネの黙示録』講義」を行ってしまうのです。しかし、この知恵ある修道士は、言葉巧みに、また巧妙な引用によってそれらをやってのけ、偽りもまた言葉を飾り立てれば可能だと思っています。

濁り、溜まった川の水の悪臭があなたを苦しめないように、このあたりでやめておきましょう。しかし、この学識ある修道士は、『コリントの信徒への手紙一』第一一章〔第二三節以下〕でパンと杯《さかずき》をともに用いることを主〔なるキリスト〕から受け継ぎ、それをコリントの教会の信徒に授けたというパウロの証言についても、勝手な技巧を施し、専門家として勝手な解釈を行って、ここでパウロは二種の聖餐を授けたのではなく、それを許可しただけだと主張しています。そのような解釈がどのようにして可能なのかと考えてしまうことでしょう。『ヨハネによる福音書』第六章の解釈で行ったのと同じように、彼はそれを頭の中だけで作り上げたのです。彼は自ら空想し、そしてそれを証明して、教えるという役割を与えられた者なのです。ですから、そのような者が自分の見解を述べるのは危険きわまりないことです。しかし、彼はそれを軽々しくもしてしまうのです。それによって私たちは彼からこう教えられます。この箇所で使徒〔パウロ〕はコリントの教会の人々すべてに向けて語っているのではなく信徒にのみ語っているので、そこに司祭は含まれていない、だから逆に司祭たちはサクラメントのすべてを奪われたのだ、と。そして、彼の勝手な文法解釈によれば、「主から受けた」[*15]というのは「それは主によって許可された」と同じ意味であり、「あなたがたに与えた」というのは「あなたがたに許可した」と同じであることになってしまうのです。あなたにはこのような解釈を警戒してほしいのです。このような解釈がなされるなら、どんな悪人でも、キリストと使徒たちの教え、また制定されたこと、法を勝手にただの許可に変えてしまうでしょう。

悪魔に捕えられてしまったこの人は、そしてその手下たちは、ルターと論争するのが自分に与えられた使命であるかのようにすることで、私を使ってこの世での名声を手に入れようとしているのでしょう。しかし、その手には乗りません。私はそのような者たちを軽蔑しているので、もう二度とその名を呼ぶことはないでしょう。彼らが書いたことについては、この一言を述べれば満足です。キリストが憐れみによって御心をなしてくださるように。そして、もしそれが最もふさわしいことなら、彼をもう一度、元の正常な心に戻してください。私の思いが間違っているなら、この学識深い修道士が書物を書き続け、他の真理の敵がもう他の人が書いたものなど読む必要がないと言いたくなるほど書いていただきたいものです。世の中でこんなふうに言われているのは正しいのです。

私がもし糞尿と戦うなら、勝っても負けても
私は結局汚れてしまう、ということはよく分かっている。

彼らは時間がありあまっているし、紙も余分にもっています。彼らにはむしろ執筆活動に専念してもらったらどうでしょうか。私は議論を進めたいのです。彼らは私を異端だと言い、その私に対して輝かしい勝利をあげたと思っているようですが、私は別の異端を生み出してみせましょう。この戦いでそれぞれの指導者はいくつもの肩書きをもっていますが、私もその肩書きで名前を飾っていただきたいのです。私が二種の聖餐を正しいものとし、それが最も適切で、それが最も正しく行われるのを勧めていることについて、彼らが批判的な言

葉を述べるのであれば、私は戦いをさらに前進させて、二種の聖餐を信徒に与えることに反対する者は皆、不信仰な者である、と宣言することにしたいと思います。そのことを具体的に示すために、私は「ローマの教会の捕囚」についての序を書いてみたいと思ったのです。そして、もし確かに学識豊かなローマ教皇とその取り巻き連中がこの書物を超えるような議論を仕掛けてくるようなことがあれば、その時にはさらに多くの書物をもってそれに応えようと思っています。

このようにするのは、信仰深い者たちが私と話すとき、ここで私が取り上げたような汚らわしいものに立腹してしまって、せっかく品格というものを学び、学問的な考え方を学ぶよい機会なのに、それをみすみす逃して、もう私はそれを読まない、という正当な〔しかし残念な〕不平を言うことがないようにしたいからです。このような汚らわしい人々が捏造した話に私が貴重な時間を浪費しなければならないことに友人たちは苛立っているようです。それらは読むだけでよくて、具体的に反論する必要などなく、サタンがこれらの人々を使って、それがなされるのを阻止しようとしているよき業をむしろ私はなすべきではないか、と言ってくれています。そのとおりです。ですから、私はこの友人たちの言葉を受け入れて、論争や悪口などは彼らに任せておこうと思います。

クレモナのあのイタリア人修道士については、もはや特に言うこともありません。あの人は単純な男で、無知なのです。ですから、いくつかの修辞的な表現で飾られた言葉が並んでいる手紙を書けば私をローマに召還できる、と考えているようです。私はもちろんローマ教皇の座から離脱したなどという意識をもったことは一度もありませんし、誰もそれを証明することはできません。あの修道士は、あの奇妙な文章で、私の修道士としての誓約ゆえに、またドイツ人に委託された帝国領〔すなわち、ドイツ国民のための神聖ローマ帝国〕によって私が何らかの制約をローマから受けるべきだと言うのです。また、この修道士の文書は、私が自説を撤回するように求めるよりは、フランス人やローマ教皇への賛美を歌い上げ、ゴマをするために書かれたのは明らかです。あの小さな書物は要するに彼の忠誠心の証明であり、心からの悪意で書かれたものでもなさそうなので、私も過激な批判は避けたいと思いますし、要するに無知や無能から語っていることなので、それに学問的な反論をしても仕方がないと思います。

〔以下の論述についてですが〕はじめに七つのサクラメントを否定し、まずは三つのサクラメント、すなわち洗礼、懺悔、そしてパンのサクラメントだけがここで扱われるべきだと考えています。この問題はローマ教皇の座による捕囚状態に置かれていて、教会がそれを自由に論じることができなくなっています。聖書の言葉に従うなら、私は一つのサクラメントと三つのサクラメントのしるししかもちえないと考えています。この点については、のちに詳細に論じます。

パンのサクラメントについて語ることにしましょう。

このサクラメントの執行について検討したことで私がどのように従来の考えをさらに発展

させたのかを説明します。私は以前、ユーカリスト〔すなわち、主の晩餐〕についての説教[16]を刊行しました。そのとき私は一般的な問題に固執していたので、教皇は正しいのか正しくないのか、という問題については気にしていませんでした。しかし、私は今やこの問題について挑戦を受けざるをえなくなり、そしてそのために攻撃されています。いや、むしろリングの上にむりやり引きずり出されたのです。ですから、教皇主義者の人々が笑うのか泣くのかは知りませんが、私の考えを自由に述べさせていただきます。

第一に、『ヨハネによる福音書』第六章はサクラメントについては何も語っていないのですから、この問題から引き離す必要があります。この時点ではサクラメントはまだ制定されていませんし、この文章でキリストが語ったのは〔サクラメントではなく〕受肉したロゴスについてであることは明らかです。キリストは〔『ヨハネによる福音書』六・六三で〕「私は言葉であり、霊であり、生命である」と述べています。これは、キリストが、そしてそれを食べる人が命を得る霊的な食事のことに違いありません。ところが、ユダヤ人たちが、キリストが語ったのは肉の食事のことだと理解したために、議論が始まりました。しかし、信仰による食事以外に、命を与える食事などあるでしょうか。これは霊的な食事なのです。アウグスティヌスは述べています。「どうして胃や歯が必要だろうか。信じるのです。そうすれば食したのです[17]」。つまり、人々は正しい食べ方をしないので、サクラメントを受けても生命を与えられないのです。ですから、ここでキリストはサクラメントについて語っていると考えることはできません。

『クム・マルタエ』[*18]などの教皇令を見れば、サクラメントについて教える中でこのような過ちを犯した人々がいたことは確かです。聖書を誤用することと聖書を正しく理解することが同じであるはずがありません。キリストが〔『ヨハネによる福音書』六・五三で〕「私の肉を食べ、その血を飲め、あなたたちの中に生命はない」と言うことでサクラメントによる食事を教えているのですが、それによってキリストは乳幼児や病人など、サクラメントの食事の場にいないすべての人を断罪したとでも言うのでしょうか。ですから、アウグスティヌスは『ユリアヌス論駁』の第二巻で、インノケンティウスを引用しながら、乳幼児はサクラメントなしでもキリストの肉を食べ、その血を飲むということ、つまり教会の信仰によってこれに与《あずか》ることができるということを明らかにしようとしたのです。『ヨハネによる福音書』第六章がこの問題と無関係であることも、このアウグスティヌスの論証が明らかにしています。ですから、ボヘミア人〔ヤン・フス〕が二種の聖餐を擁護するのにこの箇所を引用していることについて、この箇所に依存することはできないと私は以前主張したのです。

それに対して、この問題をはっきり論じている聖書の箇所が二つあります。それは、主の晩餐が書かれている福音書、そしてパウロの『コリントの信徒への手紙一』第一一章です。それを見ると、マタイ、マルコ、ルカの各福音書では、キリストは弟子たち全員にサクラメントのすべてを与えられたことが同じように記されています。また、『コリントの信徒への手紙』から、パウロが二種を与えたことも分かります。これについては異論はないはずです。『マタイ〔による福音書〕』〔二六・二七〕によれば、キリストはパンを「皆、これを取って食べなさい」と言ったのではなく、「皆、この杯《さかずき》から飲みなさい」と言っています。『マルコ〔による福音書〕』〔一四・二三〕でも「彼らは皆、食べた」ではなく、「彼らは皆、この杯から飲んだ」と言っています。[*19] 皆が〔パンとワインの〕両方を受けたことのしるしを、パンではなく杯に置いているのです。聖霊は今日のような一種か二種かの分裂を予見していたのではないかと思いますが、皆がこの杯から飲めとキリストが言われたこの杯に与ることをこの分裂によって禁じられる人が出てきてしまったのです。どう考えればよいのでしょうか。皆に、という言葉がもし杯ではなくパンにかかっていたら、おそらくローマ主義者たちは怒り狂ったように私たちを責めたて、私たちの過ちを批判して、逃げ道さえ残さなかったでしょう。私たちを罵倒し、異端者呼ばわりして、分派主義者だと断罪したことでしょう。ところが、事実はそうではなく、正解は私たちの側にあるのです。しかし、私たちがこの点について論理的に攻めると、それを拒絶し、度を越えた自由な意志によって神に属する事柄でさえ勝手に修正し、変更し、それによって混乱を引き起こすのです。

私の上に立つ者である教皇主義者たちに対峙して、彼らを尋問している私がいる、と想像してみてください。主の晩餐では、サクラメントのすべてが、すなわち二種が司祭だけに授けられるのでしょうか。それとも信徒にも授けられるのでしょうか。そのどちらかであるはずです。ローマ主義者たちの主張のように、司祭だけに与えられるというのであれば、信徒にはどちらか一つであってもそれを与えるのは正しいこととは言えないことになります。キリストがサクラメントを制定した際に与えなかった者に与えることはできません。もしそのようなことをして、キリストによって設定されたサクラメントの一つを修正することが可能だというのなら、それによってキリストの掟全体を無効にしてしまうことになるでしょう。そして、私たちはキリストのどの教えについても、またどの制定についても実は拘束されていない、という無謀な結論を導くことになってしまうでしょう。聖書に関して言えば、一度でも例外を認め〔勝手な修正が可能だということにな〕れば、その全体を破壊してしまうことになるでしょう。もし信徒にも与えるということなら、どちらの種類も受けることは拒まれていないというのが、いちばん自然な結論です。信徒たちが求めているのにそれを拒否するというのなら、それは不敬虔なことですし、キリストの行為、規範、また制定を無にしてしまう行為です。

私はこのような論拠に反論できないので、これで納得しています。私はこの論拠を覆《くつがえ》せるような論拠を読んだことがありませんし、聞いたこともありませんし、見たこともありません。キリストが「皆、この杯から飲みなさい」と言ったのは、許可ではなく、命令なのです。キリストの言葉と規範性は変わることがありません。すべての者が飲むべきです。この言葉が司祭にだけ向けられているという理解は成り立たないのですから、信徒に杯を与えるのは、天使であっても、それを拒否するなら不信仰なことです。ですから、二種の聖餐は教会の決定に委ねられている、という主張には根拠も権威もありません。彼らの主張は説明も単純ですが、無視するのも簡単です。キリストの言葉と行為によって、これらの論争相手に立ち向かっても無意味のようです。というのは、論争相手もキリストの言葉によって反論や反撃をすべきですが、彼らがそれを提示しないので、私たちは何もできないからです。

　教会の決定でどちらかの種類の聖餐を信徒に与えないということができるのであれば、同じ権利によって、また同じ理由から、教会の権威で洗礼や懺悔の一部も信徒から取り上げることができることになってしまいます。洗礼も赦免も、執行される場合にはすべてが与えられなければなりません。それと同じように、信徒が求めているなら、パンのサクラメントの執行においても、すべてが［すなわちパンもワインも］信徒にも与えられなければなりません。それなのに、司祭だけがミサで一種のみを受けることは許されず、それは死に至るほどの罪だと言うのです。この論理には驚くばかりです。それは彼らの共通の主張なのですが、その理由として挙げられているのは、二つの種類の物質がサクラメントを完全なものにするのであり、それを切り離してはならない、ということです。そうであるなら、なぜ信徒の場合には分けることができるのか、またなぜ信徒にはサクラメントのすべてが与えられないのかの説明を受けたいものです。彼らは、二種が信徒にも与えられるべきである、また一種しか与えられないなら完全なサクラメントではない、と自ら述べてしまっていることに気づかないのでしょうか。司祭が一種のサクラメントを受けるならそれは完全ではなく、信徒であるなら完全である、ということがなぜ可能なのでしょうか。なぜこれほどまでに教会の権威や教皇の力に固執するのでしょうか。しかし、それによって神の言葉と真理を無効にすることは、私たちにはとうていできない相談です。

　教会が一つの種類だけを、つまりワインだけを信徒に与えることを拒否できるというのなら、もう一つのパンのほうも拒否することができるはずです。つまり、〔彼らの論理によれば〕教会は信徒に対してサクラメントのすべてを拒否できるし、キリストによって制定されたものを教会が完全に無効にすることさえできることになってしまうでしょう。いったい、このような考えは、どのような権威によって可能になるのでしょうか。教会がパンまたは両方を拒否できないなら、ワインを拒むこともできないはずです。また、このことに反論することもできないはずです。教会の力はどちらに対しても同一ですし、両方を与えた場合でも同じです。ローマ主義者たちは、この点について、いったいどう考えているのでしょうか。

私が最も重要だと考え、また私自身に迫ってくる言葉は、〔『マタイによる福音書』二六・二八に記された〕キリストの「これは、罪が赦されるために、あなたがたのために、多くの人のために流される私の血、契約の血である」という言葉です。ここで明らかに語られているのは、血はすべての人に与えられたということです。また、血はすべての人の罪のために流されたということです。そうであるなら、この血は信徒のためには流されなかった、などと誰が言いうるでしょうか。キリストは、この杯が与えられたとき、誰に語りかけているのでしょうか。それはすべての人にではなかったでしょうか。キリストははっきりと、すべての人のために流された、と言われたのです。「あなたがたのために」と言われたのです。確かに「多くの人のために」とも言われました。しかし、キリストは「皆がこの杯から飲みなさい」と言われたのです。確かに、私を侮辱して批判する者たちのように、ここで微笑みながらキリストの言葉を私のこの主張ゆえに弄《もてあそ》ぶこともできるかもしれません。しかし、聖書の言葉によって私たちを批判する者は、聖書によって反駁されることになるでしょう。

これが、私がボヘミア人〔ヤン・フス〕を断罪するのをためらった理由です。彼らは善人だけでなく悪人であっても、確かにキリストの言葉も業も味方にしています。しかし、私たちの教会はどうでしょう。キリストの言葉も業ももっていないのです。何をもっているかといえば、教会が定めた、という空疎な人間の虚構しかもっていないのです。しかも、それを定めたのは教会ではありません。神の民としての教会からは認められていないのです。教会の独裁者たちが定めたことなのです。

しるし[*20]をもたないサクラメントの恵みは信徒に与えられているのに、二種の目に見えるサクラメントのしるしは与えられていないのは、なぜでしょうか。この論理には何らかの必然性があるのでしょうか。それは何らかの宗教的な定めなのでしょうか。そのことに何らかの実利があるのでしょうか。ぜひ聞いてみたいものです。より大きな恵みは与えられているのに、より小さなしるしは拒否されているのでしょうか。どのサクラメントも、そのしるしが示しているものに比べれば、比較にならないほど小さなものです。より大きな全体が与えられているのに、何が小さなものを与えることを妨げているのでしょうか。そんなことになったのは、怒りの神のお許しによるのではないでしょうか。それによって明らかになったのは何かといえば、教会の分裂であり、私たちがすでにサクラメントの恵みを失ってしまっていること、そしてより小さなものであるこのしるしのために最も大きなものと戦っている愚かな姿です。死せる儀式のために愛を犠牲にして戦う者たちがいるのと同じことです。このようなサタンの仕事としか思えない曲解は、私たちがこの世の富に負けて、キリストの愛に抵抗し、主客が逆転したことによって始まりました。神はこのような事態を起こすことで、私たちが、しるしが示している実物よりも、しるしのほうを重んじるようになってしまっていることの愚かさを明らかにしてくださったのです。今、洗礼を授けられる人がいるとしましょう。その人に信仰が与えられるのを一方では許しておきながら、与えられる信仰のしるしである水は拒むとしたら、これをどのように理解したらよいでしょうか。

また、『コリントの信徒への手紙二』第一一章〔第二三節〕の「私があなたがたに伝えたのは、私自身、主から受けたことです」というパウロの言葉は、誰にも反論を許さない無敵の言葉として、私たちの前に立ちはだかっています。パウロは自分の頭の中であらゆることを考え出して「あなたがたを許した」などと嘘をつく修道士のようには語りません。また、コリント人のあいだの何らかの論争が原因で二種の聖餐が与えられた、というのも事実に反しています。この聖書の言葉が示しているのは、論争は二種を与えるかどうかということではなく、豊かな人と貧しい人のあいだの確執や嫉妬から生まれたものです。〔『コリントの信徒への手紙一』一一・三四に〕こう書かれています。「空腹の者がいるかと思えば、酔っている者もいる始末です。貧しい者たちに恥をかかせようというのでしょうか」。また、もう一つここで述べるなら、パウロはこのような配餐の起源について語っているわけではありません。パウロは「私は主から受け、あなたがたに伝える」と言ったのではなく、「私もまた主から受け、あなたがたに伝えた」と語っています。パウロは、この論争より前の宣教の開始の出来事を語っているのです。パウロはここでコリントの人々に二種〔の聖餐〕を伝えているのです。パウロの他の箇所での用語使用から考えれば、「伝えた」というのは「命じた」ということです。ですから、修道士が必死になって聖書なしに、理性もなしに、根拠もなしに教会の許可についての何らかの根拠をここから見つけ出そうとしても何にもならないのです。ですから、あの修道士は目を覚まさなければなりません。この修道士の論敵〔である私〕は、この修道士はどんな夢を見たのかと聞いているのではありません。聖書がこの問題について語っているのは何か、と問うているのです。しかし、この修道士は聖書から自分の夢を支える言葉を一言も引き出せないのです。この修道士の論敵のほうは、聖書から信仰を支えるための稲妻を引き出すことができるのです。

さあ、教皇に従っている者たちよ、今こそ立ち上がってください。ここでぜひ、不信仰、横暴、福音の尊厳に対する誹謗、修道士を侮《あなど》っているといった批判に対して、自らを弁護してみせてください。あなたがたは聖書の明らかな力に反してまで、あなたがたの頭の中にある夢に付き合い、賢く物分かりのよい者にならないと、その人を異端と呼ぶのです。しかし、もし誰かが異端あるいは分派主義者と呼ばれるとしても、それはボヘミア人やギリシア人のことでないのは明らかです。なぜなら、これらの人々は福音により頼む者たちだからです。神の言葉である聖書に反して自らの思い込みだけを前提に考えているあなたがたローマ主義者こそが、異端者であり、不信仰な分派主義者なのです。あなたがたこそ、そのような考え方を今こそ捨ててしまいなさい。

さらにもう一つ述べておきたいと思います。二種陪餐について、使徒がそれを許可されたのはすべての教会ではなく、コリント人の教会という特定の教会だけだ、という主張にも合理性はありませんし、この修道士の理性の程度を明らかにしているような議論です。いったい、どのようにして彼はそんなことを証明するというのでしょうか。おそらく彼にはいくつもの不信仰な考えを貯めておく倉庫が頭の中にあって、彼はそこから何かを引き出してきて、それを証明しようとするのです。すべての教会は、この手紙をすべての教会が受け取ったものとして読んでおり、すべてにおいてその教えに従っていますが、なぜこの箇所だけはそうできないというのでしょうか。もしパウロの手紙のうちのどれか一通が、あるいはどこか一つの箇所がどの教会とも無関係だというのであれば、パウロの権威のすべてが否定されることになるのではないでしょうか。また、もしそうであれば、コリント人はパウロがローマ人に宛てた信仰についての手紙に書いてあることは私たちには無関係だと言うことになってしまうでしょう。これは冒瀆ではないでしょうか。常軌を逸した考えではないでしょうか。パウロのすべての手紙のどこかに、あらゆる教会がそれを基準にしなくてもよい箇所、またその教えを守らなくてもよい箇所などあるはずがありません。教父たちはそのようなことは考えてもみませんでした。パウロが冒瀆をなす者、正しく考えることができない者たち、常軌を逸した者たちが現れるだろうと予言したことが、今や起きようとしているのです。この修道士は、その一人なのでしょう。いや、第一人者かもしれません。

仮に、この耐えることができないような恐ろしい考えも認めるとしましょう。そして、パウロが特定の教会にだけこのことを認めたとしましょう。すると、どうなるでしょう。ローマ主義者たちの視点から見ても、ギリシア人やボヘミア人たちは正しい行いをしていることにならないでしょうか。なぜなら、彼らの教会も一つの特定の教会だからです。ローマ主義者はもうそのような許可を与えてしまっているのですから、彼らはパウロの教えに反しないように行動すれば、それで十分なのです。もちろん、パウロはキリストが制定されたことに逆らって何かをなすことはありませんでした。ですから、ローマの人々よ、私はギリシア人とボヘミア人のためにも、キリストとパウロのこの言葉をローマ主義者たちに対峙させたいと思います。ローマ主義者たちにはこの言葉を変える権威が与えられている、などという主張を証明することなどできないはずです。さらに、そのような自らへの思い上がった誤解が許されているからといって、他人を異端者と呼ぶことは許されていないはずです。あなたがたこそ、自らの不信仰と横暴な専制主義を批判されるべきなのです。

キプリアヌス[*21]を読むことです。彼はたった一人で、あらゆるローマ主義者たちを反駁するのに必要な力をもっています。『背教者について』の第五巻で、キプリアヌスは〔カルタゴの〕教会では信徒に、また幼児にさえ二種陪餐がなされているのを示し、それによって主〔イエス・キリスト〕の身体が与えられていることを明らかにしています。彼は〔この書物の中で〕「不信仰な者は、主の身体を汚れた手で受け取るとか、すぐに食べないとか、汚れた口で主の血を飲まないと言われ、司祭たちに対して怒りを発している」と述べていますが、ここで描かれているのは、まさに司祭たちから主の身体も血も受けようとしている不信仰な信徒のことです。憐れな者たち、〔ローマ主義の〕追従者たちよ、不満がありますか。しかし、使徒的な霊を継承した教会の博士、聖なる殉教者〔であるキプリアヌス〕が異端者だというのでしょうか。そして、キプリアヌスは特定の教会でそういう許可を与えた、と言ってみるがよいのです。

キプリアヌスはまた、自らが経験したことについても述べています。ある執事が少女に〔パンだけでなく〕杯《さかずき》を与えたところ、それを受けなかったので、この執事のほうから主の血を彼女の口に注ぎ入れました。〔ローマ主義の〕追従者たちよ、キプリアヌスは聖ドナトゥス[*22]についても驚くほど冷淡に「私は壊れた杯のことについて知っているが、血が与えられたことは知らない」と語っています。驚くことはありません。聖書の中に自分の思いを読み込もうとする者たちは、歴史の中の出来事についても思いを読み込むのです。しかし、それによって教会の立場が決定し、異端者が論駁されるのでしょうか。

もうこれで十分でしょう。私は答える必要もない人のために書いたのではなく、真実を明らかにするために書いてきたのですから。

私の結論は、二種陪餐を信徒に授けないのは不敬虔なことであり、横暴だということです。そのようなことをする権利は、天使にも、教皇にも、公会議にも与えられていないのです。私はコンスタンツ公会議の決議にも驚きません。その決議の権威が有効だというのなら、反対の決議をしたバーゼル公会議はなぜ有効ではないのでしょうか。バーゼルでは、今日まで残されている資料からも明らかなとおり、さまざまな議論をして、ボヘミア人が二種の聖餐を受けることが認められました。しかし、自らの夢の実現のために、無知なローマ主義追従者たちはコンスタンツの公会議の結論だけを引用するのです。彼らはまったく狡猾です。

サクラメントの第一の捕囚は、ローマが私たちから強引に奪い取ったサクラメントの実質、すなわちサクラメントのすべてを受ける、ということです。ですから、一種の聖餐を執行する者はキリストに対して罪を犯しているということではないのです。キリストが『コリントの信徒への手紙一』〔一一・二五で〕「これを行うたびに、私の記念としてこれを行いなさい」と言われたのは、どちらか一方の使用による聖餐を命じられたのではなく、それを個人の判断に委ねたということなのです。ですから、罪を犯しているのは、判断をしようとしている人に二種の聖餐は禁じられていると命じてしまう者たちです。責任は信徒ではなく司祭にあります。サクラメントは司祭のものではありません。すべての人のためにあるのです。司祭は支配者ではありません。司祭は奉仕者なのです。望む人がいれば、いつでも二種の聖餐を行う義務があります。司祭は信徒からこの権利を取り上げることなどできません。もしそれを暴力的な仕方でなすのであれば、司祭はもはや暴君です。信徒は、もし一種を与えられなくても、また二種を欠いても、何の責任もありません。しかし、信徒たちは、この間、信仰によって、またすべてのサクラメントを求める思いをもって支えられるべきです。そのような場合でも、奉仕者〔である司祭〕は、信者がそれを求めているのですから、洗礼と赦免を与えなければなりません。もしそれらを求める信者たちにそれらが与えられないということがあったら、どうでしょうか。たとえそんなことがあったとしても、信者たちは自らの信仰に対する完全な功績をもつことになるでしょう。しかし、司祭たちは、それをすることで、悪い下僕としてキリストの御前で批判を受けることになるでしょう。信徒がこのような状況に置かれることについて今述べたことの正しさは、昔、聖なる教父が砂漠にいたとき、長いあいだ、いかなるサクラメントも受けられなかったことを思い起こせば、理解できます。

私は、必ずそうしなければならないという思いで、力ずくで二種の聖餐を奪い取れ、と皆さんに命じるつもりはありません。私は、まずは皆さんが自分の罪のためにサクラメントを受ける権利が力ずくで奪い取られたことを知ったとしても、それでもローマの横暴な行為に耐え忍び、自らの良心をより強くもつように、と勧めたいのです。私が望んでいるのは、私たちが一種陪餐を禁じ、それがあたかも正しいことであるかのように主張して「ローマ主義者と同じことをし」、ローマの横暴を逆に正当化するようなことをしてはならない、ということです。そのようなことは避けましょう。ローマの横暴に同意せず、私たちがトルコで捕虜になった時や、どちらの聖餐も受けられずにいた時と同じように、この状況に耐えましょう。私が述べてきたのは、この問題について公会議の決定がなされることで捕囚状態から解放され、ローマの横暴からキリスト者の自由が回復されて、洗礼と告解がそうであるように、サクラメントを求めたり、それを用いたりする判断も個人の自由に委ねられるべきだということです。それなのに、私たちはローマ主義者の横暴によって、もう何年も一種の聖餐を受けるよう強制されています。キリストから私たちに送られた自由は失われたままです。私たちの不信仰で恩知らずな忘却が、このような報いをもたらしたのです。

サクラメントの二つ目の捕囚は、良心に鑑みるに、第一の捕囚に比べれば悲しむべきほどのものではありません。しかし、それを批判するのはもちろん、それについて何らかの意見を述べるのも危険なことであるのは間違いないでしょう。もしそうすれば、私は〔ジョン・〕ウィクリフ[*23]のようになって、六〇〇以上の名称をつけられ、異端だと宣告されるでしょう。しかし、だからといって何なのでしょう。ローマの司教はもはや司教とは呼べず、むしろ暴君と呼ぶべき者たちなのですから、私はもはや彼らを恐れることはありません。新しい信仰の条項を生み出すのはこれらの司教や公会議の権限とは言えないのです。私はスコラ神学を貪《むさぼ》るように吸収していた頃、カンブレーの知識豊かな枢機卿[*24]による〔ペトルス・ロンバルドゥスの〕『神学命題集』第四巻の注解を読んで多くのことを考えさせられました。この枢機卿の議論は大変鋭いものです。彼は次のように述べています。聖壇の上には、ただパンとワインの偶有[*25]があるのではなく、そこには本当のパンとワインがあるという考え方は、教会がそれに反対する決議をしなかったなら、おそらく信頼できるものであり、これほどの不要な奇跡を生み出すことはなかったに違いない、と。私は、その後、このような決議をしたのがトマスの弟子たちであり、要するにアリストテレスの教えに従った教会であるのを知って、さらに大胆に考えるようになりました。私は悩んでいましたが、そのとき、この枢機卿の言葉によって私の良心は導かれたのだと思います。この枢機卿の見解は、真のパンとワインがそこに明らかに存在しているということは、そこに偶有が存在していると主張することと異なっておらず、またそれ以下でもなく、そこにはキリストの真の肉と血が存在しているということだ、というものです。トマス学派の人々の見解は、教皇や公会議が承認したところで一つの意見にすぎず、たとえ天使が他の意見を天からもたらしたとしても信仰の条項にはならないことを知ったので、私もこのような意見を述べたのです。聖書なしに、あるいはまた啓示の証明なしに主張されることは、一つの意見として可能だったとしても、信じられねばならないようなものではありません。トマスの見解には聖書と理性による支持がないのです。ですから、それは動揺しています。私には、トマスは自分の神学も、弁証術さえもっていないのではないかと思われたほどです。アリストテレスの言う偶有と実体の考えは、聖トマスの考えとは大きく異なっています。それは、この偉大な人物にしては悲劇的な誤りです。トマスは信仰の問題でアリストテレスの考えをそのまま受け取ったのではなく、自分が理解できなかったアリストテレスの見解に基づいて、最も不幸な土台の上に最も不幸な建物を構築してしまったのです。

ですから私は、もしそう望むなら、二つのうちどちらの意見でももちうることを認めています。しかし、私が今なさねばならないのは、良心の不安を取り除くことです。つまり、聖壇の上に真のパンとワインがあると信じても、異端者と呼ばれるのではないかと恐れなくてよいのです。また、この問題では信仰の必然性というものはないので、自らの救いを脅かされることなく、どのような意見も吟味して、それを自分の意見にし、また信じることができるのです。ですから、私は自分の意見に従うことにします。そして、私の見解がウィクリフ、フス、あるいは異端のようであり、教会の決定に逆らうものであると言う人々の意見を聞くつもりはありませんし、それを重んじることもありません。そのような意見を述べようとする者は、逆に贖宥、自由意志、神の恵み、よき業、罪に関して多くの点で異端的な意見を述べるような者に違いないからです。もしウィクリフが異端だと一回宣告されたのなら、これらの人々はおそらく一〇回は同じ宣告をされているはずで、彼らには最高の不信仰という呼び名がふさわしいほどなのですから、私が彼らから異端者、邪道の者、詭弁を用いる者として非難されたり、告発されたりするのは逆に素晴らしいことです。さらに言えば、彼らには自説を証明するための根拠がなく、「ウィクリフ的だ」、「フス的だ」、「異端的だ」という以外の根拠を提示したことはありません。彼らが熱くなって語るのはこのような言葉ばかりで、他の言葉を聞いたことがありません。聖書的な根拠を求めても、彼らは「私はそれが正しいと考えるし、教会がそれを決定したのだ」と言うだけなのです。彼らの信仰は批判されるにふさわしいものですし、彼ら自身を信頼することもできません。彼らはついには自らの幻想を教会の権威によって語り出す始末です。

私の見解には明らかな根拠があります。それは聖書の言葉です。人も、もちろん天使も、神の言葉に何らかの圧力を加えることはできず、聖書の言葉はあるがままの意味を保たれねばならないのです。聖書全体を笑いものにするようなことを反対者たちはすべきではありません。明らかな前後関係が要請するような場合以外は、神の言葉はいつでも文法的、字句的な意味で理解されなければなりません。かつてオリゲネスが批判されたのは、そのような点でした。[*26]オリゲネスは、樹木について、あるいは天国について書かれていることについて、その文法的な意味を捨て、すべてを比喩にしてしまったのです。それによって〔『創世記』には万物は神によって創造されたと書いてあるのに〕樹木は神によって創造されなかったという推論が可能になってしまいました。この問題についても〔そのような解釈はなされてはならず〕、福音書記者がキリストはパンを取って祝福したと確かに書いており、『使徒言行録』も使徒パウロもそれをパンと呼んでいるのですから、ここでは真のパンとワインを考えなければなりません。そもそも彼らはワインの杯《さかずき》が実体変化するとは言えないので、杯については真の杯のことを考えます。実体変化が神の力によって起こると考える必然性はどこにもなく、それは人間の意見の一つにすぎません。ですから、実体変化が起こるということ〔すなわち、パンとワインがそのままキリストの身体と肉になるという考え〕は聖書にも理性にも基づいていないのです。

ですから、聖壇の上にあるパンをパンの偶有、ワインをワインの偶有と理解するのは愚かなことであり、まったく新しい見解です。それなら、なぜ彼らは他のすべてのものについて偶有と言わないのでしょうか。もし他のことでそのように言えることがあるとしても、神の言葉をこのように弱めてしまい、このような不正な解釈でこの言葉の意味を奪い取るのは正しくないことです。

教会は一二〇〇年以上ものあいだ信仰を正しく持ち続けてきましたが、その間、聖なる教父たちが、このような奇妙な言葉や幻想を述べたことはありませんでした。ところが、この三〇〇年ほどのあいだに実体変化という言葉が使われるようになり、アリストテレスの偽哲学が教会の中に持ち込まれました。そして、そのあいだに多くの過ちが決定されてしまったのです。いくつか例を挙げれば、神的な本質は生まれないし生まない、魂は人間の身体の実体的形相である、といった決定です。カンブレーの枢機卿が主張しているように、これに似たことが何らの〔聖書的な〕根拠や理由もなく決定されているのです。

彼らは、偶像崇拝の危険を避けるためにパンとワインが真に存在しないことが求められている、と言います。しかし、何と愚かなことでしょうか。信者たちは実体や偶有というこの巧妙な哲学を理解してきませんでしたし、もし教えられても理解できなかったでしょう。彼らが見ている安全な偶有がもつ危険性は、彼らが見ない実体の危険性と同じものです。彼らが偶有ではなく、その中にいるキリストを礼拝しているというのであれば、なぜ見ていないパンの実体を礼拝しなければならないのでしょうか。

キリストはご自身の身体を偶有内部では保つことができるのに、なぜパンの実体の中では保つことができないのでしょうか。火と鉄という二つの実体は、灼熱の鉄の中ではどちらも火と鉄であり、混じり合っています。それなら、なぜキリストの栄光に満ちた身体がパンの実体に存在することは可能ではないのでしょうか。

この点について、彼らは何と返答するでしょう。キリストは〔処女マリアから生まれたという信仰ゆえに〕母の胎を何ら傷つけることなく生まれてきたと信じられています。彼らはこの点を解釈し、処女の身体はその間は無であったとか、その身体は実体変化していたので、その間キリストは偶有に包まれており、偶有を通してこの世に来られた、とでも説明するのでしょうか。キリストが何らの傷も負わずに通過された扉や、閉められた墓の出入りについても同じことを言うのでしょうか。彼らはこの点では、さらに実体とは別に、一定不変の分量ということを主張したので、この哲学はバベル〔の物語〕のような混乱状態になりました。[*27]何が問題かといえば、それを主張する彼ら自身、何が実体で、何が偶有であるかさえ知らないのでしょう。熱、色、寒さ、光、重さ、形が偶有だと誰がはっきり定義したのでしょうか。アリストテレスが「何かの中に存在することが偶有である」と述べているので、彼らはそれを利用して、聖壇の上の偶有を説明するために、そこに新しい実体が存在し、神によって創造されると説明する、といった奇妙な議論をいくつも生み出すようになったのです。パンがそこに存在することが事実であるのを認めさえすれば、彼らはこのような奇妙な議論から解放されたはずです。〔神学者たちがこのような愚かな議論をしている〕にもかかわらず、一般の人々にはサクラメントについての純粋な信仰が残っています。私はそのことを心からうれしく思っているのです。一般の人々は、偶有がそこに実体なしで存在しているかどうかを理解することも論じることもありませんが、素朴な信仰に基づいてキリストの身体と血がそこで真に包まれて存在していると信じ、その包んでいるものについての議論は、この暇な人々に委ねているのです。[*28]

それでも彼らはさらに反論します。肯定命題の主語と述語は同一のものでなければならないとアリストテレスは教えている、と反論するのでしょうか。あるいは、「アリストテレスの『形而上学』第六巻に基づいて」「肯定命題は主語と述語の一致を要求する」と反論してくるのでしょうか。彼らは一致とは同一性だと理解しています。ですから、私が「これは私の身体である」と言う時には、主語がパンを指すことはありえず、キリストの身体を指しているのでなければならない、と言うのです。

このようにアリストテレスの教えを、いや、人間の教えを、崇高で、聖なる問題の判断に用いることについて、私たちはどう考えたらよいでしょうか。私たちはなぜ、このようなき、単なる好奇心にすぎないようなことをやめて、純粋にキリストの言葉により頼み、そこで何が起きているのかを知ろうとしないのでしょうか。キリストの真の身体が言葉の力によってそこに存在するということで満足しないのでしょうか。神の働きのあらゆる形態を人間が知る必要があるのでしょうか。

アリストテレスに私たちは何を言えばよいでしょう。アリストテレスは実体が第一義的な主語であると言いますが、偶有のあらゆるカテゴリーも主語にしてしまっています。それゆえ、アリストテレスによれば、「この白いもの」、「この大きなもの」、「このような何か」は主語であって、これについての何かが述語になります。これは正しいでしょうか。キリストの身体がパンと同一視されないように実体変化が前提にされなければならないのであれば、キリストの身体が偶有と同一視されないように偶有変化が前提にされないのでしょうか。というのも、「この白いもの」、「この丸いもの」を主語にして、「この白いもの、この丸いものは私の身体である」と言う場合も同様だからです。これは危険なことではないでしょうか。主語と述語の同一性のために実体変化を前提にしなければならないのであれば、それとまったく同じ理由で偶有変化も前提にされねばならないことになってしまいます。あなたが「これ（hoc）は私の身体である」と言うとき、主語を偶有と同一視するのを避けるために、知性の飛躍によって偶有を取り去ってしまうなら、あなたはパンの実体を主語として受け取らないのだから、「この私の身体」は実体にも偶有にも同じように存在していることになります。もしそうであるなら、なぜあなたは同じようにパンの実体についても飛躍によって超えていこうとしないのでしょうか。これは全能の神のなさる神的な力であり、実体だけでなく、同じように偶有についても同じことをなさるのです。

哲学の問題にこれ以上関わっていても仕方ありません〔から聖書に立ち返りましょう〕。キリストがワインについて「これ（hoc）は私の血である」とは言わず、「これ（hic）は私の血である」〔『マルコによる福音書』一四・二四〕と言ったのは、この問題にすでに気づいていたからでしょう。杯《さかずき》という言葉を使って「この（hic）杯は私の血によって立てられた新しい契約である」〔『コリントの信徒への手紙一』一一・二五〕と言われた時には、そのことをさらにはっきり示しています。キリストは、キリストの血が杯の中にあることを信じるという純粋な信仰を私たちがもつように願ったのではないでしょうか。そうすることで、私はなぜパンがキリストの身体なのかを私が理解できない場合でも、私の知性のすべてを用いて、それをキリストに従わせ、キリストの言葉を純粋に信じて、キリストの身体がパンの中にあり、またパンがキリストの身体であることを信じているのです。なぜなら、「主イエスは、パンを取り、感謝して、それを裂き、これ（hoc）〔キリストが取って裂いたこの（hic）パン〕が私の身体だと述べた」〔『コリントの信徒への手紙一』一一・二三以下〕という言葉が、そのような私を守るからです。パウロはまた〔『コリントの信徒への手紙一』一〇・一六で〕「私たちが裂くパンは、キリストの身体に与《あずか》ることではないでしょうか」と述べていますが、そこでパウロは「パンにおいて」とは言わずに「パンそのものがキリストに与ることだ」と述べています。哲学がこのことを理解できないとしても、それでどんな問題があるというのでしょうか。聖霊はアリストテレスより偉大なお方ではないのでしょうか。彼らは哲学が地に堕ちた議論を続けているのを知っているのに、この問題を実体変化で説明しようとするのです。ギリシア語とラテン語では「これ（hoc）」という代名詞が「身体」を指すことは性の一致によって説明されますが、中性名詞のないヘブライ語では「これ」は「パン」を指します。ですから、「これ（hic）〔つまりパン〕が私の身体である」と言うのも正しいのです。キリストが「これ（hoc）が私の身体である」と言うとき、つまり「このパンが私の身体である」と言うとき、主語は明らかにパンを指していて、身体を指していないことは、文法それ自体が、いや、常識が明らかにしています。

キリストにおいて真実なことは、サクラメントにおいても真実です。ですから、神性が人間性の偶有に包まれるために、あるいは神性が身体性をもってそこにあるために、人間性が実体変化させられる必要はありません。どちらの本性も完全です。ですから、「この人間は神である」、「この神は人間である」と語るのは正しいのです。哲学によっては理解できないとしても、信仰がそのことを認識します。神の言葉の権威は、私たちの本性の力より大きなものです。サクラメントには真の身体と血が存在しているのですから、パンとワインが実体変化を破って、キリストがそれぞれの偶有の中に包まれる必要はないことになります。さらに、この二つのどちらにも同時に存在しているのですから、このパンが私の身体であるということも、このワインが私の血であるということも、またその逆も正しいのです。私は神の聖なる言葉の栄光のためにも、このように考えることにしたいのです。私は人間の悪知恵や理論で神の言葉が損なわれるようなことを許すべきではないと考えていますし、本来の意味とは違った解釈がなされるのも許せません。もちろん、私は教皇の勅令「フィルミテル」[29]で主張されているような見解を人々が受け入れることも認めています。しかし、これまで述べてきたとおり、そのような見解が信仰の条項として強要されることには反対しているのです。

主の晩餐のサクラメントの第三の捕囚は、他の二つにもまして悪質で誤ったものです。それによって今日では、よき業や犠牲のことは忘れられ、ミサはもはや信じるべきものでも必要なものでもないと人々は考えています。そのような誤用によって誤用の連鎖が生まれ、サクラメントの信仰が根底から覆《くつがえ》され、消滅してしまったのです。そして、本来聖なるものであるべきサクラメントから、市場や商店での金儲け、あるいはさまざまな取引上の契約が生まれることになってしまったのです。ミサの執行、兄弟団への加盟、罰の代行、功績、死者を記念するために行われるミサ、記念日のために行われるミサなどが商品化され、教会で販売され、契約が結ばれて、取引されるようになったのです。その結果、司祭と修道士の生活はそれらに依存するようになりました。

私が批判しているのは、このような困難な状態になって、それを停止するのがもはや困難になってしまっている今日の状態です。それはすでに何世代にもわたって行われ続けて慣習化してしまい、多くの人々にすでに受け入れられて定着してしまったものなので、今日の状況を決定づけている書物、また教会を縛っている諸々の制度のすべてを取り去って、改変し、別の儀式を導入する必要があります。いや、もともとの形式を再導入する必要があるのです。その場合も私たちのキリストは生きておられるので、すべての人間や天使の思いではなく、神の言葉にこそ思いを向けなければなりません。私はこの点では自らの職務に忠実でありたいと思います。ですから、問題を明らかにし、ただで真理を受けたのですから、惜しむ心からではなく無償でそれを与えたいと思うのです。[*30] 自らの救いに関することについては、それぞれに考えていただきたいのです。審判者であるキリストが見ておられます。ですから、不信仰や無知という責任を負わなければならなくなるようなことがないよう、忠実にそれをなしたいと思います。

何よりもまず私たちがサクラメントについて真実で自由な認識をもつためには、祭服、装飾、そこで歌われる詠唱、祈禱、奏楽、燭台など、見えるもの、華やかなものによって何かを付け加えようとするのではなく、このサクラメントの最初の純粋な制定に目を向け、人間の思いや打算によって付加されたものを排除して、キリストが制定されたことだけに目を向けることでサクラメントを制定し、完成させ、キリストの言葉以外のものを私たちの前に置かないようにしなければなりません。なぜなら、ミサの力、本質、そのあらゆる実体は、まさにキリストの言葉の中にこそあるからです。それ以外のものは、付加された人間の願いにすぎません。ですから、そのようなものがなくても、ミサは最もよい形式で執行できますし、成立します。キリストがこのサクラメントの制定のために用いられた言葉は、〔『マルコによる福音書』一四・二二〜二六にあるように〕これです。

「一同が食事をしているとき、イエスはパンを取り、賛美の祈りを唱えて、それを裂き、弟子たちに与えて言った。『取って食べなさい。これはあなたがたのための私の身体である』。また、杯《さかずき》を取り、感謝の祈りを唱え、彼らに渡して言われた。『皆、この杯から飲みなさい。これは罪が許されるように、あなたがたのために、多くの人のために流された私の血による新しい契約である。私の記念として、このように行いなさい』」。

使徒〔パウロ〕も『コリントの信徒への手紙一』第一一章〔第二三節〕で、この言葉を伝えていますし、さらに詳しい説明をしています。これまで見てきたような真理に反して不信仰な行いをする人々の教えに従いたくないなら、このキリストの言葉を信頼し、これにより頼み、堅固な岩の上にこの言葉を打ち立てなければなりません。この言葉にはサクラメントの一体性、用法、祝福のすべてが含まれており、余分なものは一つもないからです。この言葉なしにミサについて考え、思いめぐらす人は、サクラメントから行われた業と犠牲を捏造した人のような不信仰を教えることになってしまうでしょう。

ミサ、つまり聖壇のサクラメントは、まさにキリストの契約、すなわち遺言です。キリストが死に直面して信者たちに残したものなのです。ですから、このことを第一の不可謬の原理としなければなりません。キリストは「この杯は私の血による新しい契約である」と語っています。私はこう言いたいのです。この真実を動かぬ土台として堅く据え、その上に私たちの語るべきことを打ち立てようではありませんか。これから見るように、この高貴なサクラメントの中に持ち込まれた人間の不信仰のすべてをそこから除去したいのです。キリストが、これは私たちのために流されたキリストの血による新しい契約である、と言われたのは真実なことです。私は無益なことを語っているのではありません。これは決してどうでもよいことではなく、私たちが心に刻みつけるべきことなのです。

まず契約あるいは遺言とは何であるのかについて考えてみたいと思います。それによって、ミサとは何であり、その効用と祝福は何であるかも知ることができます。

疑いなく、契約あるいは遺言とは、死にゆく人の約束のことです。その人はそこで遺産を公にし、相続人を指名します。ですから、契約あるいは遺言には、遺言者の死、そして遺産相続の約束、さらに相続者の指名が続くのです。パウロが契約というものについて『ローマの信徒への手紙』第四章〔第一三節以下〕で、また『ガラテヤの信徒への手紙』第三章と第四章で、そして『ヘブライ人への手紙』第九章〔第一五節以下〕で詳細に論じているとおりです。それと同じ意味を、私たちはこれらのキリストの言葉の中に見出すことができます。

「これは与えられる私の身体である。これは流される私の血である」と言われたとき、キリストはまさに遺産を公にし、その内容を特定されたのです。「あなたがたのために、また多くの人のために」と言われたとき、すなわち遺言者の約束を受け入れて信じる人のために、と言われたとき、キリストは相続者を特定されたのです。私たちが見たように、信仰が相続者を生み出すのです。

ですから、ミサとは私たちに与えられた罪の赦しの約束なのです。神の御子の死によって確かなものとして示された約束なのです。遺言には約束した人の死が含まれますが、それを別にすれば、約束と契約あるいは遺言に違いはありません。遺言を残す人と死のうとしていて約束をする人は同じ人であり、あえて言えば約束をする人は、やがて生きるようになる遺言を残す人と同じ人なのです。キリストのこの契約は、世のはじめから神の約束の中に含まれていました。古い約束のすべてはキリストによってもたらされた〔新しい〕約束によって意味をもつようになったのであり、そのようにして価値をもつようになったのですが、それらは皆、この約束に依存していました。ですから、聖書の中には、主の約束、誓約、契約という言葉がしばしば見出されるのです。これによって、神がやがて死のうとしていたことが示されていたのです。[*31] なぜなら、契約あるいは遺言があるところでは、遺言を残す者の死が必然的に生じるからです。『ヘブライ人への手紙』第九章に書いてあるとおりです。[*32] しかし、神が人間でなかったら、死ぬことはありえませんでした。契約あるいは遺言という同じ言葉の中に、キリストの受肉と死が凝縮されて含まれているのです。

これによって、何が正しいミサなのか、何が誤りなのか、何が正しいミサの準備なのか、何が誤った準備なのかが明らかになったと思います。ミサは約束ですから、それに至る道は、いかなる行為、力、あるいは功績にもよらず、ただ信仰によってのみ明らかになります。約束された神の言葉があるところには、それを受け入れる人間の信仰があるからです。ですから、私たちの救いの始まりは信仰であり、信仰とは約束された神の言葉への信仰のことなのです。神は私たちの側の努力を求めることなく、何らの代価も求めることなく、ただ高貴な憐れみによって私たちに先立って約束の言葉を与え、〔『詩編』一〇七・二〇にあるように〕「主は御言葉を遣わし、彼らを癒した」のです。しかし、神が私たちの努力を受け入れて私たちを癒したのではありません。神の言葉がすべてに先立っているのです。そのことに信仰が続き、愛が続き、そして愛があらゆるよき業を生み出すのです。愛は悪を行うことはありません。それは律法の成就なのです。人間は信仰以外のいかなる道によっても神と出会うことはできないし、神と交わることはできません。人間はいかなる業によっても救いを作り出すことはできません。神だけが、約束ゆえに救いの原作者なのです。ですから、あらゆることは、この神の力ある言葉によって守られ、支えられ、導かれています。私たちが被造物の中で初穂となるように、神は私たちを生んでくださったのです。

人間の堕罪のあと、神はアダムを滅びから救い出すために、この約束を与えてくださり、蛇に対して「お前と女のあいだ、お前の子孫と女の子孫のあいだに、私は敵意を置く。彼はお前の頭を砕き、お前は彼の踵《かかと》を砕く」〔『創世記』三・一五〕と言いました。アダムはその子孫たちとともに、まさに神の懐《ふところ》に抱かれるように、この約束の言葉に守られ、約束を信じる信仰によって導かれて、神が約束されたとおり、蛇の頭を砕く女を忍耐強く待ちました。その中でアダムはこのような女性が来ることを疑わず、信仰と期待をもって、いつ、どのような仕方でそれが成就するのかは知らずに死んだのです。この約束は神の真実ですから、これを信じて待つ者を、たとえその人が地獄の中にあったとしても守るのです。さらにそれとは別の約束も生じました。それはノアに、そしてアブラハムに与えられました。その約束のしるしとして雲の中に虹が与えられました。[*33]このような信仰の中で、彼らとその子孫たちは神が恵み深いことを知ったのです。さらに神はアブラハムに、アブラハムの子孫となるすべての民族が神の祝福の中にあることを約束されました。この子孫たちが受け入れられたのは、アブラハムの懐です。さらに神はモーセに、イスラエルの子らに、特にダビデに、キリストに結びつくはっきりした約束を与えられました。これらの出来事を通して、神はかつて人々に与えられたものがどのようなものだったのかを明らかにしたのです。

そして、あらゆる約束の中で最も完全である新しい約束に到達しました。この約束では、明瞭な言葉で命と救いが示されています。そして、それは代価なしに与えられ、約束を信じる者にはすべて与えられるのです。キリストは、これを「新しい契約」と呼ぶことで、特別なしるしであること、またそれが従来の古い契約とは異なっていることを明らかにしています。[*34]モーセによって与えられた古い契約は、罪の赦しや永遠の生命の約束ではなかったのです。それは、この世の時間の中の問題であり、カナンの地での約束でした。ですから、それによって人間が天の遺産を受けるための霊的な刷新を受けることはなかったのです。古い約束では、キリストの予型《よけい》として、理性をもたない動物が犠牲に殺されなければなりませんでした。その血によって、この契約が確認されていたのです。血は契約に、犠牲は約束に、それぞれ対応しています。しかし、キリストは「私の血による新しい契約」と言われました。他人の血ではありません。ご自身の血なのです。その血によって、〔信じる者が〕遺産を得るために、霊によって罪の赦しが約束されるのです。

ミサの固有の本質は「取って食べなさい」というキリストの言葉です。それによって私たちはまさにこう言われています。見よ、あなたがた罪人、罪に定められた人々よ、あなたがたを純粋かつ何の代価も求めない愛によって、また、ただ父〔である神〕の憐れみによって、あなたがたの功績や誓願より前に与えられるこの言葉によって、私はあなたのすべての罪を赦し、永遠の命を与えることを約束しよう。そして、変えたり置き換えたりできないこの約束によって、あなたがたが確固たる信仰の確信をもつことができるように、私の身体を与えよう。血を流そう。そして、その死によってこの約束が確かなものであることを示し、この約束のしるし、または記念として、身体と血の両方をあなたに残すことにしよう。これによって、それらに与《あずか》るたびに、私を想起し、あなたに対する私の愛と寛容を認識し、称え、感謝しなさい。

このように、ミサを正しく執行するためには信仰以外のものは求められていないのです。すなわち、この約束に忠実であり、キリストがその言葉において真実であることを信じるのです。この桁外れの約束が信仰ゆえに私たちに与えられていることを疑わない信仰が必要です。この信仰によって引き出されるのが、甘美な感情です。すなわち、キリストへの信仰によって聖霊を通して与えられる愛のことです。そのとき、人間の魂はさらに広げられ、豊かにされるのです。そして、惜しみなく愛を与えるこの遺言を残されたキリストに捉えられ、まったく新しい人になるのです。このような揺るぎない信仰をもって、このキリストの桁外れの約束が自分のためのものであることを確信することができたなら、誰が涙を流して喜ばないでしょうか。いや、その人は喜びのあまり気を失うに違いありません。それを受けるに値しない者なのに、最も遠く離れている者なのに、このような豊かな永遠の遺産をすでに用意してくださり、約束し、与えてくださった方を、どうして愛さずにいられるでしょう。

この世では多くのミサが行われていますが、ほとんどの場合、このようなことは考えていません。ごく少数の者しか、約束され、差し出されたものの豊かさを認識しないのです。多くの者たちは考えもしないし、理解もできません。これが私たちの時代の悲劇です。ミサでは、まさにミサそのものであるキリストの言葉と約束を想起し、そのことを考えること以外、いったい何をすればよいのでしょうか。他に何もありえないはずです。私たちは日ごとにミサに与《あずか》る中で、このことを想起することで信仰の訓練を受け、養われ、また信仰を増して、強めるのです。これが「私の記念としてこのように行いなさい」とキリストが言われた時に命じられたことです。この約束を心に刻みつけ、この約束への信仰を人々に思い起こさせ、この約束に生きることを人々に勧めるには、福音の説教者自身がまさにこの約束に生きていなければなりません。

今日、いったい誰がミサはキリストの約束だと言うでしょうか。人々はミサが約束であるとは考えず、人々の言い伝えや不信仰な習慣だけが教えられています。ローマ主義者たちはキリストのこれらの言葉を教えるのかもしれません。しかし、ミサを約束と成就として教えているわけではありません。もちろん、人々が信仰に至るように何かをなしているわけでもありません。

なぜそんなことになってしまっているのでしょうか。ミサのサクラメントの捕囚で最も悲しいのは、信者たちがこのキリストの言葉を聞くことができないようにと熱心に警戒している人々がいることとです。彼らはキリストの言葉は世間の人々に伝えるには高貴すぎるとでも言うのでしょうか。私たちはおかしなことをしているのです。ミサにおける聖別の言葉〔「これはキリストの身体です」〕が執行する司祭にだけ聞こえるように語られているのです。それはどういうことでしょうか。彼らがすべてを独占するためでしょうか。私たちが自らこれらの約束とその成就を信仰を養うものとして認識しないなら、それが私たちの益になることはありえません。私たちがそれを聞かないことで、迷信や不信仰に基づいてそれを礼拝することになってしまうのです。このような悲惨な状態の中でサタンが私たちに対してなそうとしているのは、教会の中でミサが消滅してしまうことなのでしょう。あるいは、サタンは全世界に間違ったミサが広まること、つまり神の契約を誤解や嘲弄で満たすことに努めているのではないでしょうか。その結果、偶像崇拝という最も深い罪がますます広がり、人々がさらに重い罪を負って大きな断罪が必要になるように追い立てているのではないでしょうか。そして、それに誘惑され、神の約束を誤用して、神への約束の信仰を無視させたり失わせたりすること以上に深い罪があるでしょうか。

神が私たちとかつても今も関係をもつのは、約束の言葉ゆえです。逆に言えば、私たちは神の約束の言葉への信仰以外には、神との関係をもつことはできないのです。神が私たちの何らかの業に関心をもつことなどありえませんし、神はそれを必要とすることもありません。私たちが何らかの業を行うのは、私たちが人間として、人間に対して行うのです。神が必要としているのは、何らかの業ではなく、神がご自身の約束に対して真実であることを私たちが認識し、私たちがこの信仰にとどまって、信仰と希望と愛ゆえに神を賛美することです。神が人間によって崇《あが》められるというのは、このようなことなのです。私たちが祝福を与えられ、それを持ち続けることができるのは、私たちが努力したからではなく、神が私たちを憐れみ、約束し、それを与えてくれたからです。これこそが、見よ、ミサで行われている真実の礼拝であり、奉仕なのです。約束の言葉が理解されていないなら、どんな信仰の訓練がなされうるというのでしょう。信仰がなかったら、どうして希望をもちうるでしょう。また、誰が愛することができるでしょう。信仰、希望、愛なしで、どのような奉仕が可能なのでしょうか。私は思うのです。今日では、どの司祭も、修道士も、司教も皆、偶像崇拝者です。ミサ、サクラメント、神の約束についての無知、誤用、軽視のゆえに不誠実で、危険な状況に置かれています。

信仰と約束が同時に必要です。そのことは以上の点から誰にでも理解できることだと思います。約束がなければ信じることはできません。信仰なしには約束は意味をもちません。約束は信仰によって可能になり、成就するのです。ミサは約束なのですから、信仰だけをもってミサに行き、それを祝うべきです。そのことも、これまで論じたことから明らかです。信仰がなければ、祈りも、備えも、業も、しるしも、さまざまな所作も虚しく、もしかするとそれによって何らかのものがもたらされるかもしれませんが、実際には信仰よりも不信仰を引き起こす動機になってしまうでしょう。このような意味での準備をした者が聖壇に近づき、奉仕をすることができると考えられています。しかし、実際には、そのような者たちが持ち込む不信仰ゆえに、いつにもまして、また他の者がなす業にもまして、彼がなすことは適切さに欠けていることになってしまっているのです。司祭たちは、祭服を着間違えたり、手を拭《ぬぐ》うのを忘れたり、祈りの言葉を間違ったりすると、自分は適性を欠いていると考えるようですが、彼らはミサを、つまり神の約束を守り、信じることをせずに行っても何も感じていないようです。ですから、今日はどの時代にもまして不信仰の時代です。この時代は、神の恵みを無駄にし、信仰が失われた時代なのです。

ミサにふさわしい準備とは、あるいは正しいミサの守り方とは、神の約束を信じること以外にありえません。聖壇に近づき、サクラメントに与《あずか》る者たちは、主である神の前に何ももたずに進んでいってはなりません。もし新しい契約についての信仰をもたないなら、その人は神の前に何ももたずに出る者です。神の真実へのこれ以上の不信仰があるでしょうか。不信仰な者であればあるほど、神は嘘つきだと言います。そして、神との約束は虚しいと言うのです。ですから、大切なことが軽んじられているのです。奉仕や業をする準備ではなく、司祭を通して語られる約束、あるいは約束として告知されることのすべてを信じて受け入れる決意をしてミサに向かうべきなのです。そのような準備がないなら、ミサには向かわないほうがよいでしょう。もしそんなことをしたら裁かれることになるからです。

ミサの力とは、自分のためにキリストの身体が与えられ、その血が流されたことを信じる人には、すべて罪の赦しが与えられる、と言われたキリストの言葉の中にあります。ミサに与《あずか》る者にとって、熱心に、信仰深くこの言葉自体に沈潜することより大切なことはありません。それがなければ、他のことはいっさいが無益です。神が約束に際して、私たちが正しく神に奉仕し、神がさらにそれに勧告をするように約束を想起するためのしるしを与えたことは、確かに事実です。もう二度と洪水によってこの地を滅ぼすことはない、という約束をノアに与えたとき、神は確かに雲の中に虹を与えました。人がこのしるしを見るたびに神の契約を思い出すためです。また、アブラハムの子孫が遺産を相続する、という約束のあと、信仰による義のしるしとして割礼が与えられました。*35 また、神はギデオンに乾いた羊毛と濡れた羊毛の二種を与え、ミディアン人に勝利することのしるしとされました。*36 また、イザヤによってアハズは、シリアとサマリアの王に勝利することのしるしを神から与えられ、それによって彼の信仰を強めました。確かに、聖書の中にはこのようにたくさんの神の約束のしるしがあります。

ミサも同じです。神はこの最も重要な約束においても、キリストが「私の記念として、このように行いなさい」と言ったとき、この約束のしるしとしてパンとワインの中にご自身の身体と血を付け加えました。洗礼もそうです。水に沈むというしるしを約束の言葉に付け加えられたのです。ミサではキリストの言葉が契約です。パンとワインがサクラメントであるように、神の言葉が契約であり、しるしがサクラメントであることを私たちが理解するように、神の約束にはいずれも言葉としるしという二つのものが示されています。しかし、しるしよりも言葉の中にこそ大きな力があるのと同じように、サクラメントよりも神の言葉のほうが大きな力なのです。なぜなら、人間は、しるしやサクラメントがなくても、言葉や契約を用いることができるからです。ですから、アウグスティヌスは〔『主の過越についての論考』の中で〕「信じなさい。そうすれば食したのです」と書いています。しかし、約束する者に言葉がなかったら、何を信じればよいのか理解できないでしょう。そのためにも、私たちは毎日、いや、毎時間でもミサを守るのです。そのことが許されているのです。私たちは望めば、私たちの目の前にキリストの言葉を置くことができるのです。それによってキリストの言葉への信仰を養い、強めることができます。それこそが、霊的な意味で食べることであり、飲むことなのです。

〔ペトルス・ロンバルドゥスの〕『神学命題集』の〔注解を書く〕神学者たちがこの点について何を持ち出し、何を論じたかを知ることが必要でしょう。第一に述べたいのは、ここで最も重要なものである契約と約束については、誰も述べていないということです。それどころか、彼らは信仰とミサの力のすべてを私たちの前から消し去ってしまいました。第二に、彼らはこの問題を別の点から盛んに論じて、しるしとサクラメントについてはいろいろ説明し、また議論しますが、信仰については教えていません。そうではなく、彼らはミサの準備のこと、あるいは行われた業、ミサに与《あずか》ることで得られる成果のことばかり強調しています。そして、最後になって、いくらか深刻な問題にも触れ、実体変化の問題、さまざまな形而上学的な問題を隅々まで議論するのです。しかし、そうすることでサクラメントや契約についての正しい理解を信仰とともに破壊してしまい、予言者たちがそのようなことを批判した時に語ったように、キリストの信者たちは来る日も来る日も神を忘れるように努力しているのです。しかし、私たちはミサの利益などではなく、まずは必要なただ一つのこと、すなわち〔『詩編』二三・五にあるように〕私たちを苦しめる敵たちを目の前にしても、私たちの前には食卓があること、それによって私たちの信仰が養われることを、予言者とともに信じることに集中するのです。神の言葉なしに私たちの信仰が養われることはありえません。〔キリストが『マタイによる福音書』四・四で言われたように〕人間はパンのみで生きるのではなく、神の口から出る言葉で生きるからです。ですから、死の中を、また罪の中を生きなければならない時にも、何にもまして神の言葉を重んじ、まさにこれを信頼し、これに堅く立つために、私たちはミサで神の言葉に対して、豪華な客席、豊かな牧場、聖なる憩いの場に招かれた時のように接するようにしなければなりません。それによって、私たちは迷信に基づいて誰かが作り出したミサではなく、命の源であり、祝福がそこから流れ出る言葉への信仰をもつことができるようになるのです。『ヨハネによる福音書』の第七章[*37]〔第三八節〕には「私を信じる者は、その人の中から生きた水の小川が流れ出る」とありますし、〔第一四節には〕「私が与える水を飲む者は、その人のうちで泉になり、永遠の生命に至る水が湧き出る」ともあります。

私たちがミサの実を受けることができなくなるように誘惑するものがあります。その一つは私たちの罪であり、私たちが罪人で、ミサという大いなる出来事にふさわしくないということです。もう一つは、私たちが仮にそれにふさわしいと言われたとしても、ミサという大いなる出来事を、この愚かな人間は求めることも、与ることもできないということです。本当は、私たちが罪の赦し、永遠の命を与えられるという大いなる祝福、神を父とし、神の子になり、神の祝福の相続人になるという大いなる出来事が正しく認識されるなら、それを受け入れられないどころか、その事実の大きさに驚いて気を失うほどではないでしょうか。このような二重の弱さが人間にはあります。しかし、この点については、人間の弱さを考えるより、キリストの言葉に堅く立ち、それに正しく対峙するのが正しい姿です。なぜなら、〔『詩編』一一一・二にあるように〕「主の御業は大きく、それを愛する人は皆、それを尋ね求める」のであり、〔『エフェソの信徒への手紙』三・二〇にあるように〕主は「私たちが求めたり思ったりするすべてのことを、はるかに超えてかなえることができる」からです。神の業なのに、それが私たちの価値を、私たちの力を、あるいは私たちがもつあらゆる感覚を超えていないなら、それは神のものとは言えません。キリストは〔『ルカによる福音書』一二・三二で」「恐れるな、小さな群れよ。あなたがたの父は喜んで神の国を与えてくださる」と言われました。そして、それによって私たちを励ましてくださっています。キリストによって私たちに与えられた神の溢れるばかりの賜物は、私たちにまさに満ち溢れたのです。ですから、私たちはそれに応えて、いや、それ以上に神を愛することに燃えて、信頼をもつことで神に結びつけられ、他のあらゆるものを捨ててでも、神のためにすべてを耐え忍ぶのです。ですから、サクラメントが愛の源泉と呼ばれるのは正しいことなのです。

一人の人間を例にして考えてみたいと思います。大変豊かな主人がいて、彼が赤貧の者、あるいはそれを受ける権利のない悪い下僕に一〇〇〇の金貨を遺言で与えるとしたら、どうでしょうか。その場合、彼は自分にその資格がなく、また遺言が途方もなく大きなものであることを考えもせずに、それを受け取るに違いありません。そのあとで、この人には受け取る資格がなく、またその金額の大きさゆえにそれを受け取るべきではない、と言う人が現れたら、どうなるでしょうか。その人はこう言うに違いありません。「このことが、あなたとどんな関係があるのでしょうか。私がこれを受け取るのは、私の功績でも、私にそれを受ける権利があるからでもありません。私は自らこれを受けるのにふさわしくないことも、自分が自分の価値以上のものを受け取っていることも知っています。確かに、私にはそれと正反対のものがふさわしかったのです。しかし、私は遺言による権利、また相手の善意に基づいて、私が受けることができるものをいただいたのです。ふさわしくない者に、このような大いなる遺産を残すことがその人にとってふさわしいことでなかったら、どうして私が、自分はそれにふさわしくないという理由で、それを受けることを恥じなければならないのでしょうか。むしろ、「私はふさわしくないがゆえに、何らの見返りも求めないこの相手の行いを堅く抱きしめるのです」。これと同じ理由で、私たちは細かな悔い改めの祈りを正確になしえたことや準備などに心を奪われるのではなく、そのようなものは捨てて、約束を与えてくださったキリスト自身を信頼し、心からそれを信じることでキリストの約束を得るために、あらゆる疑問や恐れを超えて自らの良心を強くすべきです。常に約束の言葉だけが純粋に信仰を支配しているのでなければなりません。そして、それこそが完全で十分なミサの備えなのです。

私たちは、これまで考えてきたことによって、従来の考えが神の怒りをどれほど大きなものにしているかを知ることができるでしょう。不信仰な教師が私たちの前から約束の言葉を隠してしまいました。彼らはそれによって何と可能なかぎり信仰を根絶しようとまでしたのです。今起こっていることは、このような信仰の根絶の次の事態です。それが業についての迷信的な不信仰です。信仰が根絶され、信仰の言葉が語られなくなると、業が、その業についての規範が、たちまち人々を支配するようになります。そのとき、私たちはまさにバビロン捕囚の時のように、自らの場所を奪われ、連行されて、望むもののすべてを失うのです。ミサも同様です。不信仰な人々によって、ミサはただのよき業に変えられてしまいました。それは行われた業と呼ばれていて、自らが神のもとで全能であるかのように思い込んでいるのです。さらなる彼らの狂気は、ミサは行われた業の力によって効力をもつと言うようになったことです。これは嘘です。つまり、そのようなミサを執行した不信仰な司祭にとっては罪になるようなことですが、彼らはそれを受ける他の人には有益だと言いくるめ、勝手な規定を次々と作り出したのです。ミサの適用事例、ミサへの不在参加、友愛組合、死者のための記念ミサなどなど、その数は数えきれません。そして、それらはすべて彼らの利益の源泉になったのです。

このような〔虚偽の〕仮面は強力で、数が多く、さらに根深く浸透してしまっています。ですから、ミサとは何かということについて、もう一度正しく思い起こされなければならないのです。そうしなければ、このようなものに対抗することはできません。ミサは、キリストの身体と血のサクラメントによって封印された神の約束、キリストの契約以外の何ものでもありません。ですから、ミサが業であることはありえません。業によっては何も起こりえず、何もなしえず、信仰以外のどのような熱心な業によってもそれは行えないことなのです。信仰は業ではありません。信仰は業を指導するものであり、その生命の源です。いったい誰が、遺言を受け取る者が遺言を残した者に対して行うよき業という、まったく常軌を逸したことを言うようになったのでしょうか。確かな遺産と公の遺言を受け取っていながら、遺言を残してくれた自らの父に恩恵を与える相続人などというものはありえません。ですから、神の約束を受け取らなければならないのに、神に対してよき業を行おうとするのは大変な不信仰なのです。このような契約についての無理解、そしてサクラメントの捕囚は、まことに恥ずかしく、涙せずにはいられないほどの事態です。いただいたものに感謝しなければならないところで、私たちは不遜にも、そのいただくべきものを神に与えようとしているのです。それが、私たちが恩寵としていただいたものを業として差し出すという、聞いたこともない誤解です。それによって与えた者を嘲笑《あざわら》い、遺言を残した者が遺言の贈与者ではなく、私たちが与えるものの受取人になるということが起きてしまうのです。このような不信仰は呪われるに違いありません。

洗礼はよき業だと考える人がいるでしょうか。それは正しくありません。洗礼を志願する者が洗礼において自分や他の人に代わって神に何かを捧げ、何かを伝えるという業を自ら行っていると考える人がいるでしょうか。洗礼のサクラメントは、自分のためであれ、他の人々のためであれ、何かを捧げ、伝達する業ではありません。ミサのサクラメントも同様です。ですから、洗礼もまた契約であり、サクラメントなのです。それゆえ、自らの罪のために、充足的代償[*38]のために、死者のために、自分や他者の何らかの必要性のためにミサを捧げること、あるいはそれをなそうとすることは不信仰なことです。ミサとは神の約束なのです。信仰によって自らがそれを受け入れる以外に、誰かの役に立つとか、適用されるとか、誰かのとりなしのためになすということはありえません。ですから、誰かにそれを伝達するということもできないのです。一人一人の信仰による神との約束を他の人の代わりに私が受けることはできません。他の人の代わりに私が信じることもできません。また、私が他の人を信じさせることができるでしょうか。ミサを他の人の代わりに受け、それを伝達することができるというのなら、それらすべては可能になります。ミサには二つのもの、神の約束と人間の信仰以外のものは何もなく、信仰は神の約束の中で約束されたもの自体を受け取るのです。仮にそれ〔ローマ主義者たちの主張〕が事実だというのなら、他人に代わって福音を聞き、信じることさえ可能でしょうし、他人に代わって洗礼を受け、他人のサクラメントを受け、他人に代わって聖壇のサクラメントを受け、他人に代わって罪の赦しを受け、他人に代わって結婚し、司祭になり、堅信を受けたり、終油を受けたりすることができることになってしまいます。はたしてそうなのでしょうか。

しかし、なぜアブラハムはすべてのユダヤ人に代わって信じるということをしなかったのでしょうか。なぜアブラハムに委ねられたのと同じ約束が改めて一人一人のユダヤ人に求められたのでしょうか。ここで取り消すことのできない真理が明らかにされるべきです。神との約束に関しては、一人一人が自ら神の前に立つのです。一人一人に信仰が求められるのです。一人一人が自分のために弁明し、自分の重荷を負うのです。『マルコによる福音書』〔一六・一六〕で「信じて洗礼を受ける者は救われるが、信じない者は滅びの宣告を受ける」と最後に述べられているとおりです。ミサを自らの信仰の益にできるのは、自分のためだけであり、誰も他の人のためにミサに与《あずか》ることはできません。司祭はサクラメントを不特定多数の人々に執行しているのではなく、一つのサクラメントを一人一人に対して執行しているのです。サクラメントを執行し、それを聖なるものとする司祭は奉仕者なのです。私たちは司祭を通してよき業を捧げるわけではありませんし、サクラメントの執行に際して司祭のよき業を能動的に分けてもらうわけでもありません。司祭によって、約束としるしに受動的に与るのです。それが今日に至るまでの私たちの信仰です。信者たちは善を行うのではなく、善を受け取っている、と言われるのはそのことです。ところが、司祭たちは不信仰で、受け取ることができる祝福だったはずの神のサクラメントと契約ではなく、自らのよい業を作り出し、それを人々に与えて、もう一度自分に捧げさせているのです。

「何を言い出すのだ。教会と修道院が長いあいだかけて存在しえた習慣とその行為の意味づけを撤回させるのか。記念日を祝うこと、とりなしの祈り、贖《あがな》いの効用の配分こそがミサであり、それが大きな収入源になっているのではないか」と問われるかもしれません。しかし、私はこう答えます。「そうです。それが言いたいのです。それこそが、私が教会の捕囚について書こうと考えた大きな理由なのです」。人間の不信仰や人間の意見、そして伝統によって、神の高貴な契約が不信仰な者たちの利益のための手段になってしまっています。彼らは神の言葉を捨ててしまったのです。それに代わって自分たちの教えを強要し、それによって世界を誘惑したのです。この過ちを犯した人々がもっている力が強大だったとしても、それが何だというのでしょう。真理はすべての人の力より強いものです。もしあなたが、ミサがサクラメントであり、また契約であるとキリストが言われたことを確かに否定できるというのなら、私はローマ主義者たちが正しいことを認めます。また、もし約束された恩寵を受けること、またそのために約束のサクラメントを用いる時に人はよき業を行っているということを確証できるというのなら、私は自らの見解を撤回します。しかし、あなたはそのどちらもなしていません。それなのに、なぜこの悪を行う人々を疑い、神にこそ栄光を帰して、神の真実を告白することをしないのでしょうか。司祭が昨今行っているミサは完全に本末転倒です。彼らは自分や他の人、その人が生きていても死んでいてもよいのです。その人を危急の状況から救い出すための手段だと主張するのです。しかし、そんなことは今まで聞いたこともありませんし、ただ驚くばかりの事実です。あなたがミサとは何なのかということを正しく理解すれば、私の主張は分かっていただけるはずです。このようなことが起きたのは私たちの気の緩みであり、神の怒りが近づいていることに気づかないままできたために起きたのです。

ヤコブは〔『ヤコブの手紙』五・一六で〕癒しを得るためにお互い祈り合いなさい、と教えています。パウロも『テモテへの手紙一』第二章〔第一節〕で「願いと祈りと、とりなしと感謝をすべての人のために捧げなさい」と命じています。このように私たちがミサに与《あずか》るために集まり、捧げる祈りは、確かにお互い分かち合い、受け入れ合い、伝え合うよき業、あるいは祝福であることを私は正しいこととして受け入れています。もしここで心の中の祈り、口に出す祈りが、あえて業と呼ばれるのであれば、それはミサではなく、正しくはミサの〔恩寵から出てくる〕業と言うべきでしょう。祈りはサクラメントにおいて受け取られ、強められた信仰から流れ出てくるものです。ミサは、すなわち神の約束は、祈りによってではなく、神の約束を信じることによって満たされているのです。信じる者として祈り、よき業を行うのです。自分は祈りだけを捧げていると考える司祭がいるなら、その人によってどのような犠牲が捧げられるというのでしょう。司祭は完全な犠牲としてのキリストご自身を父なる神に捧げ、恩寵を与えようとしているすべての人のためにまさによき業をなしています。司祭たちはそのときなされた業に依拠して、それを祈りによる業と考えてはなりません。ここから多くの誤りが生み出されたのです。つまり、司祭たちは本来祈りに属するべきものをサクラメントに帰属させてしまいました。その結果、恩寵として神から受け取るべきものを、こちらの側から神に捧げるということになってしまったのです。

契約とサクラメント、それと私たちの祈りを区別しなければなりません。また、『ヤコブの手紙』第一章〔第六節〕で教えられているように、何よりも契約が信仰によって受け入れられていないなら、その祈りは、祈る人にとっても、祈ってもらっている人にとっても無意味であることが理解されなければなりません。ですから、祈りとミサには大きな違いがあるのです。私は多くの人のために祈ることができます。しかし、ミサは自ら信じる人でなければ受けることはできませんし、信じるかぎりにおいてのみ受けることができるのです。神に対しても、人間に対しても、ミサを〔代行して〕与えることなどできません。神だけが、司祭の執行を通して、それを人間に与えることができるのです。人間は、その際、どのような業や功績をもたなくても、それを信仰によって受けるのです。〔すでに述べたとおり〕財産をもつ主人から恩寵を受け取るとき、それを受け取る側の貧しい人々が主人に対して自分はあなたによき業を行っているのだと主張することほど滑稽なことはないでしょう。すでに述べてきたとおり、ミサは神の約束の恩寵であり、司祭を通してすべての人に差し出されるのです。

ですから、ミサは他の人々に伝授できる業ではなく、それぞれの人を訓練し、強くするための信仰の事柄であるというのは確かなことです。

第二の躓《つまず》きも取り除かれねばならないでしょう。この躓きは、第一のものと比べてもはるかに大きく、一見、荘厳にさえ見えるものです。ミサは神に捧げられる犠牲だと信じられています。「これらの賜物を、これらの奉献を、これらの聖なる犠牲を」と唱和したあと、改めて「この捧げ物を」と唱和するミサの式文の言葉は、そのことを示しています。しかし、それと同時に犠牲がバアル[*39]への犠牲のように受け入れられることを求める祈りが明らかに存在しています。そのため、キリストは聖壇の犠牲と呼ばれているのです。さらに、その式文には聖なる教父たちの言葉やさまざまな言葉、また世界中の習慣なども付加されています。

こんなことがあってよいのでしょうか。このようにさまざまなものの合成物になってしまったものに対して、きちんとキリストの言葉と規範性が対置されるべきです。今こそ私たちが、ミサがキリストの約束であり契約であることをはっきりさせないなら、私たちは福音の全体を失い、またあらゆる慰めの手段を失うことになるでしょう。もし天の使いが私たちにそれと違ったことを教えるようなことがあったとしても、私たちはこの事実が他の何かによって負けてしまうようなことがないようにするべきです。ミサには業や犠牲に関することは何も含まれていないのです。キリストが示す規範性も私たちを支持しています。キリストが最後の晩餐で、このサクラメントを制定して契約を定めた際、キリスト自身はそれを父なる神に捧げたのではありません。また、他の人にとってのよき業として、それを成し遂げられれたのでもありません。食卓にあって、弟子たち一人一人に同じ契約を差し出し、そのしるしとされたのです。ミサは、キリストがこの最後の食卓でなさった最初のミサに近づけば近づくほど、あるいはそれに似ていれば似ているほど、よりキリスト教的なものになります。キリストが行ったミサは、祭服もなく、作法も、頌栄《しょうえい》も、今日のような華美な飾りもなく、質素なものでした。ですから、今日のような仕方で、今日のような場所でミサを捧げなければならないというのなら、キリストの制定は不完全なものだったと主張することになってしまうでしょう。

さまざまな儀式や諸々の行事をさらに付け加えてミサを華美にし、荘厳なものにしてきたことで、公同の教会がただちに非難されるわけではありません。私たちが懸念するのは、式典の荘厳さに惑わされ、その華美な雰囲気に誘惑され、ミサ自体の本来の簡素な姿が失われて、ミサの実体の単純さが放棄され、華美な外面が生み出すさまざまな偶有（それは付帯物にすぎません）に魅惑されて、実体変化などという考えに敬意を抱くようになりはしないか、ということなのです。キリストの言葉、キリストの規範性以外の付加は、それが何であれ、結局はミサにとってただの付加物です。私たちが見て知っている聖体が入れられている聖体顕示台と聖体覆などの姿のとおりです。また同じように、契約あるいは約束を与えることと犠牲を捧げることが矛盾するように、ミサが犠牲であるということも矛盾なのです。契約あるいは約束、そしてミサは私たちが受け取るものであり、犠牲は私たちが与えるものだからです。同じものを一方で受け取りつつ、他方で与えることはできません。同じ人が与えると同時に受け取るということもありえません。また、祈りと、祈りの結果として得たものは同じものではありません。祈ることと、祈られたものを受け取ることも同じではありえません。

この点について、私たちは従来のミサについての式文や教父たちの権威に対して何と言うべきでしょうか。私はこう考えます。もし自分の何らかの考えを語るのでなければ、キリストの言葉を否定し、ミサや信仰を破壊してしまわないように、またミサが業や犠牲であることを容認してしまわないように、式文も教父たちの権威も否定してしまうことが大切です。これらの過ちから私たちを守るために、『コリントの信徒への手紙一』第一一章で使徒からさまざまに教えられているのです。かつてはミサに集まるとき、キリストを信じる人々は食べ物や飲み物を持参していました。人々はそれを「捧げられたもの」と呼んでいました。そして、『使徒言行録』第四章での使徒たちの行動に倣って[40]、それを困っている人々に分配していました。その中からサクラメントのパンとワインとして用いられるものが聖別されて使われていたのです。これらすべてが言葉と祈りの中に取り込まれ、特に私たちがモーセの書で教えられるように、ユダヤ人の〔宗教の〕儀式で高く上げられて聖別するという言葉と結びつけられたので、高く上げる、捧げる、という言葉と儀式が残されることになったのです。もっとも、捧げる、高く上げる、持参したものを集める、という習慣は、すでに今では廃棄されています。しかし、以前は『イザヤ書』第三七章でヒゼキヤ王がイザヤに命じたのは残された民のために主の前で祈ることでしたが[41]、その時には祈りを高く上げるよう命じていました。また、『詩編』〔一三四・二〕には「聖所に向かって手を上げ、主を称えよ」とあり、また〔『詩編』六三・五には〕「手を高く上げ、御名によって祈ります」とあります。『テモテへの手紙一』第二章〔第八節〕には「清い手を上げ、どこでも祈る」とありま す。このように、犠牲や捧げ物という言葉はサクラメントや契約を指すのではなく、捧げられたものを指しているのです。それで今日でもミサの中で唱えられる集禱という言葉が生まれ、用いられているのです。

司祭はパンと杯《さかずき》を聖別するために、パンとワインを高く上げる時に同じことをしていますが、それによって何かを神に捧げていることを示そうとしているのではありません。司祭は、その際、犠牲や供え物について何かを示そうとしているわけではないのです。これは、神に受け取っていただくために神にお返しするものを高く上げるというユダヤ人の習慣の名残りか、あるいは契約を信じる信仰への勧告か、そのいずれかです。司祭は、この契約をキリストの名によって提示し、同時に契約のしるしも示すのです。パンの供え物は「これは私の身体である」という言葉の指示代名詞である「これ」に対応し、司祭はこのしるしによって私たちに呼びかけているのです。杯も同じです。それは「この杯は新しい契約である」と言う時の「この杯」に対応しています。司祭はこの杯を高く上げることによって、私の信仰を励ますのです。私たちの目の前で、しるしを、すなわちサクラメントを目に見える形で高く上げるように、〔司祭だけが聞こえるように隠れて語るのではなく〕私たちの耳にもはっきり聞こえるように、契約の言葉を宣言していただきたいものです。信仰がますます強められるように、どんな言葉を語る場合も、民衆に通じる言葉で語っていただきたいと思います。なぜミサでギリシア語やラテン語、ヘブライ語を用いることは許されるのに、ドイツ語や他の言語は許されないのでしょうか。

このような、すべてが頽廃的なものに支配された時代にミサの犠牲を捧げなければならない司祭は注意すべきです。第一に、犠牲ということを強調しすぎているミサの大典礼文と小典礼文の言葉と集禱をサクラメントに結びつけないよう警戒しなければなりません。むしろ、聖別されるパンとワイン自体を、あるいは自分の祈りとサクラメントを結びつけるべきです。なぜなら、キリストの言葉と祈りによって聖別されるために、パンとワインは事前に捧げられ、そして祝福されるからです。しかし、それが終わって聖別されてからは、もはやパンとワインは捧げられるのではなく、神からの恩寵として受け取ります。ですから、その段階では、福音が人間の手で書かれた典礼文や集禱より優先されなければなりませんし、福音に基づけばミサが犠牲であることは容認できないということを司祭たちに認識させなければなりません。

第二に注意すべきは、司祭が公にミサを執行する場合、その司祭はミサを行うことにおいて自分と他の人が交わりをもつ以外に何らの関係ももつことがないようにしなければならない、ということです。また、その際、司祭は自分や他の人のために祈りを捧げることは許されますが、他の人のためにミサを捧げることがないように注意しなければなりません。個人が要請するミサを司祭が執行する場合、そのために謝礼を受けたり、それを行うことが犠牲になるというような説明をしたりすることは避けなければなりません。その際には、こう考えるべきです。私は出かけていこう。私のためだけにサクラメントを受けよう。しかし、サクラメントに与《あずか》っているあいだ、他の人々のために祈ろう。それでよいのです。そうして自らの所作のすべてを死者と生者のための自らの祈りに結びつけるようにするべきなのです。そのとき、司祭は自分の衣食住のためのミサの謝礼ではなく、祈りの謝礼を受け取ることになります。この世でなされていることが、このような考えや習慣とはまったく異なる立場にあるとしても動揺してはいけません。あなたは確かな福音をおもちなのです。ですから、それにより頼むほうが、そして人間たちの愚かな知恵や意見を捨ててしまうほうが、よほど容易なことです。もしあなたが私のこのような忠告を無視するなら、そして祈りだけでなくミサを犠牲として捧げることにこだわるのなら、私はすでにあなたに誠実に忠告したわけですし、裁きの日には私には何の責任もないこと、それゆえあなたは自らがその責任を負わなければならないことを認識していただきたいと思います。私はあなたの救いを思い、一人の兄弟としてあなたに語らなければならないことをお伝えしたまでです。これが守られるなら、あなたにとって益になるでしょうし、無視するなら、あなたの害になることは明らかです。私を断罪する人がいるかもしれません。そうだとしたら、私はパウロが〔『テモテへの手紙二』三・一三で〕用いた「悪人や詐欺師たちは、惑わし、また惑わされながら、ますます悪い者になっていくのです」という言葉で答えたいと思います。

ここから〔教皇〕グレゴリウス〔一世〕の「悪しき司祭のミサとよき司祭のミサを比べ

て、悪しき司祭のミサが劣っているとは言えませんし、もしミサを執行していたら、ということですが、聖ペトロのミサが〔キリストを〕裏切ったユダのミサより優れていたとも言えません」という言葉の意味も明らかになります。この言葉によって自分の不信仰を覆い隠そうとした人々がいて、その人はここから「行われた業《オプス・オペラトウム》」と「執行した者の業《オプス・オペラントウス》」という区別を発明しました。それによって、平気で悪を行いながら、他人に恩寵を授けることができると考えてきたのです。グレゴリウスは正しく真理を語っていますが、このような解釈をする人はグレゴリウスの言葉を歪めています。契約とサクラメントが最悪の司祭によっても最善の司祭と同じように与えられ、受けられていることは真実です。福音が不信仰な人々によって宣べ伝えられるというのは疑わしいことではありません。ミサは福音の一部です。いや、それは福音の総括、要点なのです。福音の総括とは、罪の赦しを宣言する喜びの使信のことです。罪の赦しと神の憐れみについて最大限に語り、伝えられることのすべてが、この契約の言葉の中に簡潔に含まれています。ですから、人々のためになされる説教は、このミサの解説、すなわち契約に示された神の約束の解説以外の何ものでもありません。それが信仰を教えるということですし、教会を建てることなのです。ところが、今日では、ミサの解説が人間の儀式という比喩によって翻弄されてしまっています。

　不信仰な司祭でも、洗礼を授けることで、約束の言葉と水というしるしを洗礼志願者に与えることができるのと同じで、不信仰な司祭はサクラメントの約束を与え、聖餐に与《あずか》る者たちにミサを執行し、裏切ったユダが主の食卓でそうだったように、自らもそれに与ることができます。それが同じサクラメントであり続け、契約であり続けることで、信じる者たちのあいだでは本来的な業が起こりますが、不信仰な者たちのあいだでは非本来的な業が起こるのです。しかし、犠牲を捧げるということは、それと同じではありえません。ミサではなく祈りが神に捧げられているのです。ですから、不敬虔な司祭の捧げものは何の役にも立たないのです。グレゴリウスが述べているように、ふさわしくない者がとりなしの祈りを捧げると、審判者の心はより悪いほうに向かってしまうでしょう。ですから、ミサと祈り、サクラメントと業、契約と犠牲、これら二つは混同されるべきではないのです。前者はいずれも司祭がそれを執行することで神から出て私たちにもたらされ、信仰を求めるものですし、後者はいずれも司祭を通して私たちの信仰の中から神へと向かい、神が聞き入れてくださるようにと願うものです。前者は下降し、後者は上昇するのです。前者については、必ずしもそれにふさわしい信仰深い奉仕者を必要とするわけではありませんが、後者については、神は罪人の祈りは聞かれないので、それにふさわしい信仰深さを必要とします。神が悪人を通して祝福を与えることがあるのを私は知っていますが、神はどのような悪人の業も受け入れることはありません。神がカインにおいて示し、*42『箴言』第一五章〔第八節〕で「主は逆らう者の生贄《いけにえ》を厭い、正しい人の祈りを喜び迎えられる」と述べられているとおりです。『ローマの信徒への手紙』第一四章〔第二三節〕には「確信に基づいていないことは、すべて罪なのです」ともあります。

さらに私の敵が議論をもちかけるのであれば受けて立ちますが、ひとまずここで第一部を終えることにします。これらの議論から、ミサは誰のために備えられたのか、誰がそれにふさわしく与《あずか》ることができるのか、ということについても結論を出せたと思います。それは良心に悲しみや悩み、混乱や過ちをもつ〔と自覚している〕者たちだけです。このサクラメントにおける神の約束の言葉は罪の赦しを告げ知らせるので、痛恨からであれ、誘惑によってであれ、自らのなした罪に苦しんでいる者は誰でも心配せずにこれに近づいてよいのです。キリストの約束は、過去も、現在も、将来も、罪人に対するただ一つの癒しの道です。ですから、あなたが堅固な信仰をもってこれにより頼み、信じ続けるなら、契約の言葉が意味しているものが何の代価も求められずに与えられます。しかし、信じないなら、どこであっても、どんな業によっても、どんな努力によっても、あなたは良心の平安を得ることはできないでしょう。なぜなら、信仰だけが良心の平安であり、不信仰は良心の棘《とげ》だからです。

洗礼のサクラメントについて

私たちの主イエス・キリストの父なる神に栄光がありますように。神は憐れみ豊かなお方で、このただ一つのサクラメントを教会に保ち、人間の制度によって損なわせたり汚されたりすることがないようにしてくださいました。神はこのサクラメントをすべての民族とすべての階級に、何らの見返りも求めることなく与えてくださったのです。そうすることで謝礼や、さまざまな迷信と不信仰に結びついたこのサクラメントを利用している怪物どもがサクラメントを支配することを許されませんでした。お金についての欲もなく、迷信も知らない幼な子が、ただ主の言葉への純粋な信仰によって導かれ、教えられ、清められることを神は望まれました。このような幼な子にこそ、神は今日なお最もよきものを与えてくださるのです。このサクラメントが成人に、あるいは老人に与えられる場合には、聖なるものを汚してしまう金銭への欲や迷信に負けてしまい、このサクラメントの力と栄光は喪失してしまうことになるでしょう。このサクラメントについても、肉の知恵が、すなわちまず明らかにお金の問題が、さらには〔司祭による〕保留や諸々の制度といったさまざまな悪知恵が付着しているので、それによって今日では〔洗礼の〕水が〔贖宥状を書く〕羊皮紙より安くは手に入らなくなってしまったほどです。

確かにサタンは幼児における洗礼の力を消し去ることはできませんでした。そこで、サタンは成人になった人々における洗礼の力を消滅させることに全力を尽くすようになりました。そのため、今日多くの人々が自分の洗礼を忘れ、洗礼を受けていることに誇りをもつ者がいなくなってしまったのです。それどころか、〔洗礼とは別に〕罪が赦され、天国に行くための道がいろいろ生み出されるようになったのです。それを助けたのが、聖ヒエロニムスのあの危険な言葉でした。ヒエロニムスの表現が悪かったにしても、あるいは理解した者たちが悪かったのだとしても、洗礼は悔い改めではないと理解され、その後の悔い改めのことを「船が難破したあとでの第二の板」[*43]と呼んでいるのです。そのため、多くの人が自らの罪において第一の板である船〔すなわち洗礼〕はすでに失われてしまっているかのように考えて失望し、第二の板である悔い改めにすがるようになったのです。そのため、さまざまな人間の教え、つまり誓約、信仰に関する習慣、業、罪の充足、巡礼、贖宥、党派への忠誠、そしてそれについてのさまざまな書物や論争が生まれ、それらはもはや世界がどれほど広くても入りきらないほどになってしまいました。そのために、これらの横暴な行動が〔ユダヤ人の〕シナゴーグ、あるいは歴史上の諸々の民族がかつて経験した被害とは比較にならないほど最悪の被害を神の教会にもたらすことになったのです。

このような害悪から人々を守り、キリスト者が洗礼の純粋性に立ち返ることができるようにするのは教皇の仕事だったはずです。そして、キリスト者とは何であり、何をすべきだったのかを改めて知るようになるべきだったのです。ところが、教皇とその取り巻き連中がしたのは、人々を洗礼から遠ざけ、人々をこのような横暴な行動の洪水の中に捨て置いて、予言者たちが見抜いていたように、キリストの民が神に対する自らの誤った行動に気づかないようにしてしまうことでした。ですから、教皇の名によってさまざまな発言をしている人々は真に愚かで不幸な人々です。これらの人々は、教皇がなすべきことについて何も知らないのです。いや、それどころか知らなければならないことについてさえ、あまりにも無知なのです。まさに彼らは『イザヤ書』第五六章〔第一〇節〕で語られているように、「見張り人なのに見ず、彼らはすべてについて無知で、牧者たちもその理解を欠いている。皆が自分の道に向かい、それぞれが金銭欲に向かっていく」のです。

洗礼について何よりも考えなければならないのは、第一に神の約束のことです。〔『マルコによる福音書』一六・一六で言われているように」「信じて洗礼を受ける者は救われる」という約束です。この約束が、業、誓約、さまざまな教会の習慣に見られる華美な装飾や人間が生み出したものに先行していなければなりません。私たちの救いは、この約束に基づいています。そして、洗礼を授けられたからには、この救いを疑わず、この約束に基づいて信仰を訓練すべきです。もし洗礼がそのようなものでなかったら、何の利益もありません。もしそうでないような洗礼なら、それを授ける時だけでなく、生涯にわたって人々の害になるでしょう。不信仰は神の約束を偽りだとさえ言います。このような主張は最も重い罪です。しかし、私たちが約束に基づく信仰の訓練を行うたびに、私たちは神の約束を信じるのがどれほど困難なことであるかをすぐに知ることになります。人間の弱さが罪の強さを感じてしまうので、自分が救われていること、あるいは救われようとしている者であることを信じることができなくなってしまうのです。しかし、信じないなら、救われることはありません。それでは救いの約束をなさる神の真理を信じないことになってしまうからです。

信仰の訓練は、熱心になされるべきです。そして、この約束は常に思い起こされるべきです。そして、洗礼が絶えず新たに想起され、記憶され、信仰が繰り返し呼び覚まされ、育《はぐく》まれるべきです。かつては洗礼によってこの神の約束が私たちに告知され、その真実が死に至るまで私たちにとどまり続けるように、この約束への信仰は放置されるべきではなく、洗礼において明らかにされた約束を記憶し、死に至るまでそれによって支えられていることを覚え、それによってこそ強められねばならないものでした。私たちが罪の中から立ち上がる時には、すなわち悔い改める時には、そこからこぼれ落ちて引き離されてしまっていた洗礼の力と信仰に立ち返りますし、罪ゆえに私たちが捨ててしまっていた私たちへの約束に立ち返ること以外、何も必要ありません。なぜなら、一度限りなされた約束の真理は常に継続しており、それこそが悔い改め、立ち返ろうとする私たちに手を差し伸べるものだからです。私は決して間違っていないと思いますが、このことが、洗礼が第一のサクラメントであり、最も根源的なサクラメントだと彼らが曖昧な仕方で表現してきたことの具体的な内容なのです。

悔い改める者たちが何よりもなすべきは、自らの洗礼を想起し、一度は捨て去った神の約束の記憶をもう一度心に刻みつけて、信頼の中でそのことを神に告白し、洗礼を授けられたことによって私は今もなお神の救いの砦の中にいることを光栄にも思い起こして、このような信仰と真実から離れてしまっていた不信仰を憎むことです。そして、悔い改める者が、自分に対してなされた神の約束は決して偽りではなく今も完全であり、また変わることがないこと、さらにこの約束は人間のいかなる罪によっても変えられないことを思い起こすなら、その心は強力にされ、憐れみを求めることへと真実に導かれるようになります。「私たちが信じなくても、神はいつも真実である。自分を偽ることはできない」とパウロが〔『テモテへの手紙二』二・一三で〕述べているとおりです。私は言いたいのです。この神の真実がパウロを支えていました。たとえ他のすべてのものが倒れてしまったとしても、なお信じられたこの真理はパウロを捨てないのです。これによってパウロは彼を嘲弄しようとする者と戦う力を得、良心を脅かす罪に抵抗する手段を得、死と裁きへの恐れに対抗するものを得、まさにあらゆる試練においても慰めとなる真理を得たのです。パウロは、まさにそのことの真実を〔『ローマの信徒への手紙』八・三一で〕「神はその約束において真実であられ、そのしるしを私は洗礼によって受けた。もし神が私の味方なら、誰が私の敵でありえようか」と述べたのです。

さて、イスラエルの人々が悔い改めたとき、彼らは何をしたでしょうか。何よりもまず〔『出エジプト記』に記されている〕エジプトからの脱出の出来事を想起したのです。その記憶から、彼らは自分たちをその地から救い出してくださった神に立ち返ったのです。この記憶の想起はモーセによって何度も繰り返し示され、そしてダビデによっても改めて示されてきました。私たちは私たちの出エジプトを想起しなければなりません。そして、そのことを通して、私たちを新しく生まれさせ、洗い清めてくださった神に立ち返らなければなりません。この神を記憶することこそ、私たちに求められていることなのです。このことはパンとワインのサクラメントにおいて最も適切に示されています。かつては、悔い改め、洗礼、パンとワイン、これら三つのサクラメントは同じ礼拝で行われていました。それによって相互に補い合っていたのです。〔エウセビオスによって伝えられている〕聖なる処女[*44]のことを思い起こします。彼女は誘惑された時にはいつでも、洗礼を受けているという確信によって抵抗し、「私はキリスト者です」とだけ述べました。それによって敵は神の約束の真理に基づく洗礼と信仰の力に恐れをなし、彼女の前から立ち去ったといいます。

あなたも、そのような仕方で洗礼を受けたキリスト者がどれほど豊かに守られているか知っているはずです。洗礼を受けたキリスト者は、信じることを捨てなければ、どんなに大きな罪によっても、たとえ自分の救いを自ら捨てようと望んでも、救いを失うことはありません。洗礼によってなされた神との約束への信仰に立ち返るなら、あるいはその中にとどまり続けるなら、他のものはこの信仰ゆえに一瞬にして神の真理の前では無益なものになってしまうのです。なぜなら、あなたが神を真実に告白し、約束したお方に忠実に従うなら、神はそのような者を拒否されることはないからです。他方で、あなたは神の真実を忘れ、痛悔《つうかい》や罪の告白、罪に対する赦しの充足と人間によって計画された悔い改めの行いをするべきかどうか悩んでいるかもしれません。しかし、これらのものは、あなたを簡単に捨ててしまうでしょうし、あなたをさらに惨めなものにするでしょう。神の真理に基づいてなされなければ、いかなることも空の空であり、悩みの種になるばかりです。

人々が悔い改めを〔聖ヒエロニムスが言うように〕難破してしまったあとの船の第二の板と考えるのは危険なことです。それどころか誤りなのです。また、罪によって洗礼の力は破壊されてしまっており、船は衝突して解体してしまった、と考えることほど危険なことはありません。船は破壊されることなく、堅固なまま残るのです。船の板がばらばらに解体されてしまうというようなことはありません。船に乗せられて救いの港へとすべての者が運ばれるのです。それこそが、サクラメントにおいて約束を与える神の真実です。もちろん、不注意な者がこの船から海に落ちて死んでしまうということはありえます。それは約束への信仰を捨ててしまい、罪に死んだ者たちです。しかし、船は破壊されずに、そのまま残っています。そして、予定を完全に遂行し続けるのです。ですから、人がこの恩寵によってこの船に帰り着くなら、その人は板によってではなく、この堅固な船そのものによって命へと招かれるのです。信仰によって決して変わることのない神の約束に立ち返る人とは、このような人のことです。『ペトロの手紙二』[*45]第一章で古い罪から清められたことを忘れて罪を犯す者が非難されていますが、それは洗礼を授けられたにもかかわらず、それを忘れてしまうという人間の不誠実さ、不信仰を批判しているのです。

洗礼についてこれまで書かれたものは多くあり、また約束への信仰が教えてきましたが、そこからいったい何が生み出されてきたでしょうか。あらゆるサクラメントは信仰の訓練のために制定されたにすぎず、人は罪の赦しとサクラメントの恵みを確証することなどできない、と不信仰な人々が言うようになるためだったのでしょうか。このような不信仰によって、彼らは世界を誘惑し、私たちの良心の最も気高き栄光である洗礼のサクラメントを捕囚して、それを消滅させてしまおうとさえしています。それによって人々は、痛悔、確信のもてない告白、罪を犯す状況、罪の充足、業などに苦しめられているのです。ですから、あなたは、あの「ペトルス・ロンバルドゥスという」教師の『神学命題集』の第四巻、さらにはその解説者たちの書物の賢明な読者にならなければなりません。いや、賢明な読者なら、必ずやこの書物を軽蔑するはずです。解説者たちは、せいぜいサクラメントの内容と形式を説明している程度です。解説者たちの文章を見ても、そこではサクラメントについての死んだ文章、あるいは死に至るような文章だけを取り上げていて、霊や命に関わること、つまり神の約束の真実や信仰については何も書かないのです。

　ですから、業の華美な様子や人間の教えの巧みな欺瞞性に騙されないよう気をつけねばなりません。そのようなことによって神の真理とあなたの信仰を損なうようなことになってはなりません。あなたが救われるためには、業からではなくサクラメントへの信仰から始めなければなりません。業それ自体は信仰が生み出すものです。ですから、信仰を過小評価してはなりません。信仰という業は、すべての業の中で最も優れたものであり、最も困難なものです。信仰によってのみ、他の業をなすようなことなしでも、あなたは救われるのです。なぜなら、救いは神の業であって人間の業ではないからです。そのことはパウロが証言しているとおりです。神は他の業については、私たちとともに、私たちを用いてなしておられます。しかし、信仰だけは、私たちにおいて、私たちを用いずになしておられるのです。

　ここで私たちがはっきり認識しなければならないのは、洗礼では、その執行者である人間と、その制定者である神のあいだに違いがあるということです。その意味で、人間は洗礼を授けるが授けていないのです。人間は洗礼を授ける者を水で浸すのですから、その業を完了させ、そうして洗礼を授けます。しかし、その業を人間は自分の権威に基づいてなすのではなく、神に代わって執行しているだけなので、洗礼を授けてはいないのです。私たちが人間の手で洗礼を授けられる場合でも、それはキリスト自身が、いや、神ご自身が自らの手で私たちに洗礼を授けておられることとして受けているのです。私たちが人間の手で授けているものは、実は人間の洗礼ではなく、キリストの洗礼、あるいは神の洗礼なのです。他の人の手でなされること、あるいは私たちが日々用いるどのような被造物も皆、神のものです。ですから、外なるものは人間に、内なるものは神に帰して、洗礼をこの点から区別するような考えには十分注意しなければなりません。それらは両方とも神にのみ属するものです。執行者は、神の代理として、その道具になるだけなのです。天に座したまう神は、これを通して、ご自身の手であなたを水で浸し、ただ神の用いた代理の役者の口とその声を通して地上にいるあなたに語りかけ、罪の赦しを約束してくださったと考えるべきです。

司祭が洗礼を授ける際に「私の名によって、私はあなたに洗礼を授ける」とは言わず、「父、子、聖霊の名によって、私はあなたに洗礼を授ける。アーメン」と言うとき、このことは明らかになります。そこで言われているのは、私が今行っているのは私の権威によるものではなく、私は神に代わって、神の御名の権威によってなしており、それは神自身が見える形で〔私を用いて〕なしている、ということです。制定者とそれに仕える者のあいだには大きな違いが存在しています。しかし、両者がなしているのは同じことです。いや、それは私の奉仕を通してなされる制定者の行為と言うべきでしょう。この場合、「御名によって」というのは、制定者のペルソナに関わることで、業においては主の名を示し、また主の名を呼ぶだけでなく、この業自体も他者のものと考えて、他者の名によって、他者に代わって他者が行うべきである、と主張しているのだと私は理解しています。キリストが『マタイによる福音書』第二四章〔第五節〕で「多くの者が私の名を名乗って出現する」と言っているのは、そのことです。『ローマの信徒への手紙』第一章〔第五節〕に「私たちは、その御名のために、すべての異邦人を信仰の従順に至らせるために、彼によって恵みと使徒の務めを受けた」とあるとおりです。

私自身は、このような考えに喜んで従います。この考えによれば、人間によらずに、人間を媒介として、ご自身の御名によって私たちのあいだでご自身の業をなしたまう三位一体の神によって洗礼は授けられるのですから、そこには深い慰めと信仰の支えがあります。このことが理解されるなら、ローマ主義者たちが言うような洗礼の形式をめぐる無益な論争は終わりを告げることになるでしょう。ギリシアの人々は「キリストの下僕が洗礼を授けられるように」と願い、ローマ人は「私が洗礼を授ける」と言います。また、他の人は厳密に述べているようで、しかし愚かにも「私はイエス・キリストの御名によって、あなたに洗礼を授ける」[*46]と言うのを批判しています。『使徒言行録』によれば、使徒たちがこの定式で洗礼を授けたことは明らかです。[*47]もちろん、彼らも「私は、父、子、聖霊の名によって、あなたに洗礼を授ける。アーメン」という言葉以外の語をこの言葉の列の中に入れるつもりはありません。ところが、彼らはさらに意味のない努力を続けるのです。彼らは何の根拠もなく、自らの望みに従って語り出すのです。私はこう信じています。洗礼は、人間の名によってではなく、主の御名によって授けられるなら、それがどのような方法であろうと、真実の救いを与えます。それどころか、どんな人であっても、その人が主の御名によってそれを授けるなら、たとえそれが不信仰な者の執行であっても、それを受ける人は主の御名によって、まことの洗礼を授けられるのです。なぜなら、洗礼の力は、洗礼を受ける者の信仰より重く、洗礼を授ける者の信仰に依存しないからです。〔ローマの〕喜劇役者に授けられた洗礼は[*48]、よく知られています。信仰に基づかずにすべてのことを行い、それどころか、すべてのことを業と儀式に基づいて行おうとする者たちが、これらの論争や討論を困難な方向へ導くことになりました。しかし、私たちはすべての点で信仰に基づくべきであり、儀式に依存すべきではありません。信仰こそが、聖なる霊を通して私たちをあらゆる不安や憶測から解放し、自由にしてくれるのです。

洗礼についての第二の問題は、しるしの問題、あるいはサクラメントの問題と言ってよいでしょう。つまり、水に浸すことについてであり、まさに洗礼という名称はそのことに関係しています。ギリシア語の「バプティゾー」という言葉は、ラテン語の「メルゴ」です。また、ギリシア語の「バプティスマ」は、ラテン語の「メルシオ」です。前者は「私は水に浸す」、後者は「水に浸す」です。ですから、ここでは神の約束とともに、しるしも与えられているというのです。それによって、最近の人々は、この言葉にはサクラメントがもたらす効果が表現されているというのです。どういうことでしょうか。

これまで多くの人々が、言葉と水の中に霊的な力が隠されていて、洗礼の際に神の恵みを受ける者の魂の中で働くと考えていました。他の人は、この主張に反対して、サクラメント自体の中に力はなく、恵みは神からのみ来ると主張します。そして、神は自ら定めたサクラメントの契約に基づいて、この出来事の中で支援すると言うのです。そして、サクラメントは恵みの効果があるしるしだが、もし新しい律法のサクラメントがしるしを与えるだけなら、古い律法のサクラメントよりどの点が優れているのかを説明できないと述べ、そこから新しい律法のサクラメントにさまざまな力を与えようとしています。そのため、彼らは死に至る罪を犯した者にさえ洗礼は役に立つというような議論をし、信仰も恩寵もそこでは何の出番もなく、再び罪を犯すことになるかもしれないような障害物が行く手から排除されるだけですべては解決する、とさえ主張するようになりました。

しかし、これは不信仰なこと、逸脱した信仰です。それだけでなく、信仰とサクラメントの本質に反するものです。ですから、可能なかぎり、このような議論からは遠ざからねばなりません。なぜなら、新しい律法のサクラメントは、しるしの効果という点では古いサクラメントと異なっている、という見方は誤りだからです。両者は同じ意味をもっています。私たちを洗礼、そしてパンによって救い出してくださる神は、犠牲によってアベルを、雲の中の虹によってノアを、割礼によってアブラハムを救い出した神なのです。ですから、神が古い律法の時代に族長、父祖たちに対してなさったことは、いずれも古い律法に基づくことと呼ばれますが、古いということ以外、古い律法のサクラメントと新しい律法のサクラメントのあいだに違いはありません。族長たちに与えられたしるしは、モーセの律法の中で定められている衣服、容器、食物、家屋、あるいはそれと関係するような祭司の所作などのしるしとは明らかに異なっています。そして、新しい律法のサクラメントも、もちろんこれらのモーセの律法のしるしと異なっていますが、神が律法に生きる父祖たちに与えたまうしるしと同じものでもあるのです。それは、ギデオンが願った羊毛のしるし、マノアの犠牲、『イザヤ書』第七章でイザヤがアハズに告げたことのようなしるしです。これらのしるしは他の律法に基づくしるしとは違っていて、そのしるしで同時に神が何らかの約束を与えているのです。そして、それに対する信仰が求められたのです。

それゆえ、律法のしるしは、信仰を求める約束の言葉との結びつきをもたないという点で、古いしるしと、そして新しいしるしとも異なっています。これらは人間を義とする信仰のサクラメントではなく、業のサクラメントなのです。これらのサクラメントの力と本質は、業であって、信仰ではなかったのです。この業のサクラメントは、信仰なしでもそれを行うことができます。けれども、私たちや父祖のしるしは、あるいはまたサクラメントは信仰を必要とします。そして、それは人間の業によっては完成しえない約束の言葉と結びついているのです。その意味で、私たちや父祖のしるしは、人間を義とする信仰のサクラメントなのです。それは業のサクラメントではありません。その効力は信仰そのものであり、業ではないのです。ですから、このことを信じる者たちは、自らは何もせずに、それを完成します。ですから、これまでにも繰り返し言われてきたように、サクラメントではなく、サクラメントに対する信仰が私たちを義とするのです。割礼自体によっては、アブラハムも彼の子孫も義とはされなかったのです。使徒たちは、割礼を信仰による義の証印と呼びました。なぜなら、約束への信仰が割礼に結びつけられることで、割礼で意味されていたことを義とし、それを完全に満たすからです。信仰とは霊における心の包皮の割礼であり、文字における肉の割礼がそれを象徴しています。ですから、アベルの犠牲が彼を義としたのではなく、彼が自らのすべてを神に捧げた信仰が彼を義としたのです。犠牲はその外的なもので、それを象徴しているにすぎません。

洗礼自体は誰も義としませんし、誰の益にもなりません。しかし、洗礼がそれと結びついている約束の言葉に対する信仰が人を義とし、益になるのです。これこそが洗礼の意味していることであり、人間を義とすることなのです。信仰とは、古き人を水に浸し、そして新しい人を生み出すことです。ですから、新しいサクラメントが古いサクラメントと異なることはありません。いずれも同じ神の約束、同じ神の霊をもっているからです。しかし、新しいしるしと古いしるしは、約束の言葉というただ一つの違いによって区別されます。そして、両者はこの点では大きく異なっています。確かに、衣服、場所、食物、さまざまな華美な儀式は、霊に満たされた優れた業のしるしですが、神の約束の言葉はそれと結びついていないので、いずれも洗礼やパンとは比較しえないものです。これらの華美な儀式を完全に整えることは信仰を必要としない業そのものですから、それ自体は人間を決して義としえないし、人間に益を与えることはありえません。華美な儀式は、それ自体が執行され、実際に行われることで、その目的が果たされるのです。しかし、それで何かが変わるわけではありません。パウロが『コロサイの信徒への手紙』第二章〔第二二節〕で「これらは皆、使えば尽きてしまうもの、人間の規定や教えによるもの」と述べているとおりです。サクラメントというのは執行されている時に完結するものではなく、それが信じられているあいだ、完全なものとして満たされているのです。

義とする効力がサクラメントにある、またはサクラメントは恵みの効果があるしるしである、という見解が真実であるとは思えません。信仰が真実に存在しているのなら、確かに、そして効果的に恵みは与えられる、ということでないとすれば、それは信仰のない、そして神の約束についての無知に基づく間違った考え方です。ところが、サクラメントの義とする効力が信仰に帰されていないということが、実際には不信仰なもの、信仰を否定する者たちに利益をもたらすことになっています。ローマ主義者たちは、信仰の躓《つまず》きになるようなものを置かないように、と言いますが、彼らは自分の不信仰が恩寵にとって最も不適切で最も敵対的な躓きであるのを知らないかのようにふるまっています。ですから、彼らはサクラメントから掟を生み出し、信仰から業を生み出そうとするのです。つまり、私がサクラメントを受けるので恵みが私に与えられると言うのなら、そのとき私は業によって恵みを得たことになって、サクラメントにおいて約束を得たのではなく、神によって制定され、命じられたしるしだけを得たことになってしまいます。このように考えるとき、あの〔ペトルス・ロンバルドゥスの〕『神学命題集』の〔解釈をするだけの〕神学者たちはサクラメントをまったく理解していなかったことが、あなたには明らかになるはずです。彼らはしるしとしるしの使用にこだわって、信仰ではなく業へ、〔神の約束の〕言葉からしるしへと私たちを導こうとしています。それによって、サクラメントを考えることが信仰とも約束とも結びつかなくなってしまったのです。ですから、彼らはサクラメントを捕囚してしまっただけでなく、その中にあったものを完全に破壊してしまいました。

私たちは目を覚ましていなければなりません。しるしではなく神の言葉に注意しなければなりません。あるいはまた、業やしるしよりも信仰によく注意しなければなりません。神の約束があるところでは、信仰が求められています。そして、約束と信仰が必要なのですから、どちらを欠いてもサクラメントは効力をもちません。約束なしに信じることはできませんし、信じられることなしには約束は確かなものになりません。この二つが一つに結ばれるとき、サクラメントの最も確かな効力が生み出されるのです。約束と信仰なしにサクラメントの効力を求めるのは無意味ですし、無駄な努力です。それどころか、それは罰を受けることになります。キリストは〔『マルコによる福音書』一六・一六で〕「信じて洗礼を受ける者は救われる。信じない者は罪に定められる」と言われました。それによってキリストは、信仰がサクラメントにおいて必要なのは、信仰がサクラメントなしでも救えるほどのものだからであることを示しています。ですから、「信じないで、洗礼を授けられない者」とは言わなかったのです。

洗礼は死と蘇りであり、それは完全な義認を意味しています。洗礼の執行者が幼児を水に浸すことは死を意味します。逆に、再び水から引き出すことは命を意味します。ですから、パウロは『ローマの信徒への手紙』第六章〔第四節〕で次のように述べているのです。「すなわち、私たちはその死に与《あずか》る洗礼によってキリストとともに葬られたのである。それは、キリストが父の栄光によって死人の中から蘇らされたように、私たちもまた新しい命に歩むためである」。この死と蘇りを、新しい創造、再生、さらには霊的誕生と呼びます。これは、人々の説明にあるように、ただ罪による死と恵みによる生命という比喩としてのみ用いるべきではなく、現実の死と蘇りとして理解すべきでしょう。なぜなら、洗礼は空想によって生み出されたしるしではないからです。パウロが述べているとおり、私たちはこの世で肉体が破壊されるまでは罪も完全には死なず、恵みも完全にはそれを受けられません。私たちが肉であるかぎり、肉の欲に支配されてしまうのです。私たちが信じることを始めるなら、そのとき私たちはこの世に死に、それによってもたらされる生命の中で神に生きるようになります。その意味で、信仰はまさに死と蘇りなのです。それが、私たちが沈められ、そして再び引き出される霊的な洗礼なのです。

罪を洗い拭《ぬぐ》われることは洗礼に属すると考えるのは、その意味で正しいのです。しかし、それだけでは洗礼について説明するには、いかにも脆弱で平凡すぎます。洗礼は死と蘇りのしるしです。洗礼の制定の言葉が示しているように、洗礼の秘儀が示唆しているのは、洗礼を授けられる者は水の中に完全に沈められているということです。私がそのようにイメージするからではなく、このように完全なしるしが与えられていることが美しいことなのです。それは間違いなくキリストによって制定されたものです。罪人がまったく新しい被造物にされるには、あるいはキリストの死と蘇りにあるように洗礼によってキリストとともに死に、蘇るには、洗い清められることではなく、死こそがそれにふさわしいのです。確かに、キリストが死んで蘇られたことはキリストが死ぬべき本性から清められたと言うこともできますが、キリストが完全に変えられ、新しくされた時に、それでは表現が弱すぎます。ですから、洗礼によって私たちが罪から洗われたと言うよりも、すべてにおいて死に、そして永遠の生命へと蘇ったと言うほうが、はっきりした力強い表現だと思うのです。

洗礼のサクラメントは、しるしにおいても、単に過去のものになってしまうのではなく、恒久的に続くものであることは明らかです。洗礼の執行それ自体は、確かにすぐ終わってしまいます。しかし、洗礼の意義それ自体は、死に至るまで、いや、蘇りの時に至るまで続くのです。私たちは生きているかぎり、洗礼の意義、すなわち死と蘇りを何度でも繰り返し経験するからです。私たちがこの世の罪と、この世での虚しい生活を脱ぎ捨てるなら、私たちはその本性においても霊においてもただ死ぬばかりであるのではなく、肉の生活を捨てて、来たるべき生を受け取るようになり、肉の生活がこの世から父へ至る、まことの肉体への移行になるのです。

ですから、洗礼の力を過小評価して軽薄なものにしてしまい、恩寵は洗礼によって注がれるが、しかし罪によって注ぎ出てしまうので、そうなった場合には洗礼はもはや無効だと言って、天の国に至るには他の道をさらに考えなければならない、というのは間違った考えです。このような考えをもつべきではありません。洗礼によって死に、また生きることが洗礼の意義なのです。あなたが洗礼を授けられたことで得たことを、もう一度改めてそれ以外のことでなそうとしても、あるいは悔い改めをしてそれを得ようとしても、それが洗礼に変わることはありません。あなたが絶望していて、もはや洗礼に立ち返ろうとしないとしても、それでも洗礼が無意味なものになってしまうなどということはありえないのです。あるいは、洗礼のしるしから迷い出ることはあるかもしれません。しかし、そのために洗礼のしるしが虚しいものになってしまうことはありません。あなたはサクラメントにふさわしく洗礼を授けられたのですから、信仰によっていつでも洗礼を想起し、いつも死に、いつも生きるべきなのです。洗礼によって、私たちはこの身体のすべてを飲み込まれ、そして吐き出されたのです。洗礼の現実は、あなたのすべての人生は身体も魂も飲み込まれ、終わりの日の栄光と永遠の生命の衣を着せられて吐き出される、ということです。いや、むしろ私たちは、私たちの終わりの日にしるしを完全に満たすことができるように、洗礼を授けられるべきなのです。

その意味で、私たちのこの世での生活の中で肉を殺し、霊を生かすために益になることは、いずれも洗礼と結びついています。ですから、私たちがこの世から離れるのが早ければ早いほど、私たちは自らの洗礼をより早く完全に満たすことができるのです。同じように、私たちが苦しみを受ければ受けるほど、私たちはますます幸せを得て洗礼と一致するようになるのです。その意味で、毎日のように殉教者が出て、キリスト者が殺される羊のようにみなされていた時代は、教会にとっては最も幸福な時代でした。あの時代には、まさに洗礼の力が完全な権威をもっていたのです。今日では、私たちは、さまざまな業と、人間によって作り出された教えによって、この点について無感覚になってしまいました。なぜなら、私たちが生きることが洗礼であり、洗礼のしるしやサクラメントを満たすことです。なぜなら、私たちは洗礼によって他の何かではなくそれらのものからは切り離され、一つの洗礼に、すなわち死と蘇りに手渡されているのですから。

私たちの自由、そして与えられたこの栄光、すなわち洗礼についてのこのような考えが今日では捕囚されています。この捕囚の理由を、ローマ教皇の横暴以外のどこに見出しうるでしょうか。教皇は、最高の羊飼いとして、この自由についての説教者であり、弁明者であるべきです。パウロが『コリントの信徒への手紙一』第四章〔第一節〕で「このようなわけですから、人は私たちをキリストに仕える者、神の奥義、サクラメントの管理者と見てほしい」と述べているのは、そのことです。それなのに、教皇は勅令や法律によって人々を抑圧し、その横暴な行為で人々を捕虜として引き連れていくのです。教皇はどんな権利があって、この奥義を教えることを放棄してしまい、不信仰な法を定めているのでしょうか。洗礼によって私たちに与えられた自由を教皇が破壊する権利があるのでしょうか。すでに述べたとおり、私たちにとって重要なのは、洗礼を授けられたことによって、つまりキリストへの信仰によって、死に、そして生きるという目的が人生において貫かれることです。このことこそが、最高の羊飼いである教皇によって教えられなければならないのではないでしょうか。しかし、今や信仰については何も語られません。業と儀式、数えきれないような律法によって教会は滅ぼされ、洗礼の力とその意義の認識は消え失せて、キリストへの信仰すら妨げられてしまっています。

私は言わなければなりません。教皇、司教、いや、どんな人であっても、あらゆるキリスト者の承認を得ずに法を制定する権利などもっていないはずです。もしそれを行うのであれば、暴君と同じです。ですから、教皇が命じる祈禱、断食、奉献など、さまざまなことは、まったく何の権利もないことを命令しているのであり、それを制定する権利を彼はもっていないのです。それゆえ、教皇がこのようなことを繰り返し計画しているのだとすれば、そのたびに彼は教会の自由に対して罪を犯していることになるのです。今日では、聖職者は教会の自由だけでなく、石材、木材、土地、人口調査の大いなる理解者ということになっています。なぜなら、教会が所蔵するものはすべて霊的なものとみなされることになっているからです。ところが、実際には聖職者たちは言葉を巧みに操って、教会を真の自由を求める場ではなくしてしまい、パウロが〔『ガラテヤの信徒への手紙』五・一で〕「二度と人の奴隷になるな」と言っているにもかかわらず自由を失って、トルコ以上に徹底して自由を奪われてしまっています。聖職者たちの法や横暴に従うことは、まさに人間の奴隷になっているということにほかなりません。

教皇の取り巻き連中は〔『ルカによる福音書』一〇・一六にある〕「あなたに聞く者は、私に聞くのである」というキリストの言葉を曲解し、故意に誤解して、そのような不信仰な横暴を手助けしようとしています。彼らはこのような教えのために叫び、このような言葉を広めようとしているのです。しかし、キリストはそのようなことを言おうとしたのではなく、福音を説教するために出ていく弟子たちにこの言葉を述べました。ですから、この言葉は福音とのみ関係しています。ところが、教皇の取り巻き連中は福音を無視して、この言葉を彼らに都合のいいように作り替えています。キリストは『ヨハネによる福音書』第一〇章〔第二七節〕で「私の羊は私の声を聞く、しかし他の者の声は聞かない」と述べています。高位聖職者たちがまさにキリストの言葉を語ることができるように、キリストは福音を残してくださいました。ところが、彼らはキリストの言葉ではなく、自分の言葉を叫ぼうとしているのです。使徒たちも、自分は洗礼を授けるためではなく福音を宣べ伝えるために来たのだ、と言っています。ですから、教皇が福音とキリストを教えているならともかく、その時には教皇に従う必要はありません。また、教皇自身は自由な信仰以外のことを語ることはできないはずです。「あなたに聞く者は、私に聞くのである」とキリストが言っているのですから、教皇も他の声を聞くべきなのです。それなのに、なぜ聞かないのでしょうか。「あなたに聞く者は」とキリストが言うとき、それはペトロにだけ語っているのではありません。真実な信仰があるところには、信仰の言葉もあるはずです。それなのに、なぜ不信仰な教皇は、信仰の言葉をもつ忠実な下僕の言葉を聞かないのでしょうか。物事を正しく理解していないのです。そのような無理解が高位聖職者を支配してしまっているのです。

ローマ主義者たちは、さらに恥ずべき言葉を語っています。『マタイによる福音書』第一六章〔第一九節〕に「あなたがつなぐことは何でも」とありますが、そこから律法を制定する権力が教皇にあると傲慢にも主張するのです。しかし、この箇所でキリストが語っておられるのは、教会を律法によって支配することではなく、罪に対してそれにつなぎ、あるいは解《ほど》く権能についてです。彼らは、このように言葉を創作し、事柄を勝手に扱って、暴力的に神の言葉を曲解するのです。確かに、〔『マタイによる福音書』五・三九に〕「右の頬を誰かが打つなら、左の頬も彼らに向けなさい」という言葉があるのですから、ト者は耐えなければなりません。この不信仰な高位聖職者たちが、このような権力をもっていると誇っていること、バビロンに捕囚することをキリスト者たちへの配慮だと考えていること、そしてそのような考えを強要しようとしていることは、正しいと言えるでしょうか。彼らがこのような不信仰な横暴を繰り返し、私たちがそのような行動に巻き込まれるなら、私たちはこの世の生活で過ちを犯すことになり、洗礼を受けていることを改めて思い起こすことになって、自らに残されていたわずかな良心に気づかされるようになるのですから、むしろ彼らの仕業に感謝しなければならないのかもしれません。しかし、そのようなことをあえてする彼らの信仰には疑問を感じます。彼らは、このようなことを正々堂々と行い、自分がやっていることを批判されたり疑問視されたりしないように、そして私たちが彼らがやっていることは正しいと信じ込むように、私たちの自由と良心を罠にはめたのです。つまり、彼らは狼なのに羊飼いを装い、反キリストなのにキリストであるかのようにふるまっているのです。

それゆえ、私は自由と良心をもって訴えます。懸命に。人間であれ、天使であれ、キリスト者がそれを望んでいないなら、どんな律法にも支配されることはありません。なぜなら、キリスト者は皆、すべてのことから自由にされているからです。ですから、もし何かが私たちに課せられるようなことがあったとしても、そしてそれによって良心の誇りをもちつつ不法なことを背負わされなければならないようなことがあったとしても、私たちは自らの良心と自由が完全に保たれることを前提に、それを背負わなければなりません。そうすれば、暴君の専制を正当化するようなことはありませんし、それらの行為に不平を述べる必要もなくなるでしょう。ペトロが〔『ペトロの手紙一』三・一三で〕「もしあなたがたが善に熱心であるのなら、誰があなたがたに危害を加えることができようか」と述べているとおりです。また、〔パウロが『ローマの信徒への手紙』八・二八で言うように〕選ばれた者たちにとっては、すべてが益になるのです。今日では、教皇の横暴のために、ごく少数の者しか洗礼の恵みとキリスト者の自由を正しく知らないので、私自身もここで自らを自由にし、教皇の、また教皇の取り巻き連中の強制から自由になりたいと思います。もし彼らが勝手に作り上げた律法を自ら捨て去って、教会に自由を回復しないなら、魂はいつまでも悲劇的な捕囚状態に置かれたままになってしまいます。そして、教皇はまさにバビロンの王、反キリストの王になるのです。罪人あるいは滅びの子というのは、まさに教義、罪、魂の叫びを教会の中でますます増大させている彼らのことにほかなりません。まさに教皇の横暴がこれらのことを何世紀にもわたって続けてきたのです。それによって信仰は喪失してしまい、サクラメントは曖昧にされ、福音は退けられてしまいました。それだけでは足りずに、不信仰な態度で神の名を汚し、愚かで傲慢な法を作り上げて、その数を増加させてきました。

私たちの捕囚の姿は、まことに惨めなものです。「民の満ちていた都は、いかに寂しく座していることか。そして、国々の民の女王は寡婦になり、諸々の州のうちの大いなるものが貢を納めさせられているのです。彼女を慰める者はいない。彼女の友が彼女を虐待したからです」〔『哀歌』一・一以下〕。今日では、多くの修道院、儀式の様式、分派、告白、学派、業があり、それぞれのキリスト者がそれぞれの虜《とりこ》になっているので、洗礼を見失い、襲いくる巨大バッタ、毛虫、尺取虫の大群に惑わされ、多くの人が自分が洗礼を授けられたのかどうか、あるいは洗礼によって何が起こったのかを思い出せなくなってしまっています。私たちは洗礼を授けられた時のように、つまり幼な子のようにならなければなりません。幼な子は何らの努力もせず、また何らかの業に努めるわけでもありません。完全に自由です。しかし、幼な子はただ洗礼ゆえに自由にされたのです。私たちもまた、幼な子のようでなければなりません。そのようなものとして、キリストによって洗礼を授けられたのです。

これまで語ってきたことと幼な子が洗礼を受けることとは対立すると考えられるかもしれません。幼な子は神の約束を理解しませんし、洗礼の信仰ももっていません。ですから、幼な子の洗礼にあたっては信仰は要求されないし、幼な子の洗礼には効果がないと言われるかもしれません。しかし、ここで私が述べたいのはこれまでも主張されてきたことで、幼な子は彼らを捧げる者たちの信仰に助けられているのです。考えてみてください。神の言葉は力に満ち、神が語られる時には、幼な子だけでなく、無感覚な者たち、無力な者たち、不信仰な者たちの心さえ変えてしまいます。神にはできないことがないと信じて捧げられる教会の祈り、注入される信仰によって、幼な子は変えられるのです。そして、清められ、新しくされるのです。聖書〔『ルカによる福音書』五・一七以下〕に他者の信仰によって中風の者が癒された出来事が記されているように、教会がその人に代わって祈り、その人を捧げるなら、不信仰な者であっても、どんな大人であっても、いずれのサクラメントにおいても変えられることを私たちは信じています。新しい律法のサクラメントは、それを妨害しない者だけでなく、それを妨害しようとする者が恵みを得るためにも有効であると私は信じています。教会の祈りと信仰の祈りには例外はありません。この力によってステパノが使徒パウロを悔い改めさせたと信じているのです。しかし、注意しなければならないのは、ここではサクラメントはそれ自体の力によってではなく、信仰の力によって行われているということです。信仰なしにはサクラメントは何も行いません。

さらに、幼な子は生まれる前から、あるいはまだ母の胎内から手足だけが出ているような状態で洗礼を授けられるのか、ということがしばしば論じられます。私は軽率な発言は慎みたいと思います。また、この点については正しく知らないと正直に告白します。身体のどの部分にも魂の全体が存在している、という〔ペトルス・ロンバルドゥスの〕『神学命題集』や〔その解釈をする〕神学者たちの主張が十分な根拠をもっているかどうか、私には分かりません。というのも、洗礼とは魂ではなく身体が外的な意味で水に浸されることだからです。まだ生まれていないものは、その後に生まれることはないだろう、というのはあまりよい言葉ではありませんし、それが私の意見であるわけでもありません。この点については、聖霊の導きに委ねるしかありません。答えが明らかになるまでは、それぞれの考えに委ねる以外にありません。

もう一つの問題があります。それは、あらゆる誓願を完全に廃棄するということです。それが信仰に関するもの、巡礼に関するもの、さまざまな業に関するものであっても、すべての誓願が放棄されるべきであり、私たちにとっては最も信仰的である洗礼の自由が優先されるべきです。誓願についてのさまざまな誤った教えがすでに広まってしまっています。それがキリスト者の自由を洗礼から遠ざけ、それを曖昧にしてしまっているのです。〔『アモス書』六・五に書かれているように〕最も危険で最も悪質なヨセフの破滅に関心をもつ者はおらず、無関心を装い、いびきをかいて眠りについて、肉の欲に支配されてしまっている不信仰な高位聖職者、そして司教たちよ、何ということでしょう。

誓願を、とりわけ永続すると考えられているあらゆる請願をまず破棄し、まず人々を洗礼の誓願に立ち返らせるべきです。そうでなければ、少なくとも簡単には誓願しないよう忠告すべきです。さらに人々を誓わせるべきではありません。誓願を解《ほど》くのは困難です。ですから、できるかぎり慎重に行われるべきです。私たちは洗礼において、私たちがなしえないような数多くの誓願をなしています。しかし、私たちは一つでもそれを果たしうるなら、それですでに十分なすべきことをしたのです。しかし、今日では、ある人々が多くの献身者を生み出すために世界中を駆けめぐり、司祭、修道士や修道女でこの世が満たされているほどで、それらの人々は生涯続く誓願を背負っています。そして、誓願された業は、誓願されずに誓願の外でなされた業よりまさっており、天においてはより多くの報酬を得られるのだ、と主張する者たちさえいます。業の多さで競ったり、業の数を誇ったりして、業から考え、義や聖を正しく判断しない不信仰なパリサイ派の人々に言わなければなりません。神はこれらのことについては業ではなく信仰によって判断するのです。神は信仰の有無を問うでしょうが、業の違いについては何も問われないのです。

　不信仰な者たちは、むしろ自らの業を誇り、人間の業を強要して、その判断基準を創作し、愚かな民衆を誘惑しようとします。人々は業の華やかさに騙されて信仰を失い、洗礼を忘却して、キリスト者の自由を損なうのです。誓願というのは、まさに律法の要求ですから、誓願が増えれば増えるほど、当然ながら律法と業は増えて、信仰は消えてしまいます。そして、洗礼の自由が捕囚されてしまうのです。このような不信仰でもまだ満足しない者たちは、それに加えて、さまざまな修道院や宗派に加入することはまさに新しい洗礼だと言い、何度でもそれは可能で、新たになしうると言うのです。ですから、誓願を喜ぶ者たちは、義と救いと栄光をまさに自らに帰すことに熱中しています。そして、洗礼を授けられた者であるという事実を忘れてしまうのです。あらゆる迷信の根源であり、また創始者でもある教皇は、勅令や贖宥によってこのような誓願を容認し、保証し、そしてそれだけでなく、ますます華美になるように指導しています。そのとき、誰ももはや洗礼のことは考えていません。勅令や贖宥は、華美に装飾されればされるほど、キリスト者を誘惑し、言いなりにさせて、見せかけの救いへと追いやるので、ますます洗礼をなおざりにし、信仰によって救われているにもかかわらず業の成果をあげようと考えるようになるのです。

神は、このように曲がった者たちには曲がった者となられました。神はどのようにして誓願により頼もうとする者たちの恩知らずと傲慢を罰したのでしょうか。これらの人々が自らの誓願をもう守れないようにするか、あるいはそれを守ることを大変な重労働にして、信仰と洗礼によらずに誓願に生きようとする者たちをそこから逃げ出せないようにしたのです。このような者たちの霊を神は信頼しないので、これらの者たちはこの誓願にとどまり続けるしかなくなりました。ですから、彼らは義を追い求めながら、最後まで義に至ることができないのです。世界の笑い物となり、〔預言者イザヤが『イザヤ書』二・八で述べた〕「彼らの国は偶像に満たされた」という言葉が現実になりました。

ある人が自らの意志で個人的に誓願することを私は否定しません。反対でもありません。誓願を誹謗中傷するつもりもありません。しかし、それが公の生活様式として定められるというのなら、それには反対です。自分がそれをなしうるかどうか分からないリスクを冒してでも誓願するのは個人の自由ですが、誓願を立てることが公の生活の中で要求され、推奨されるのは純粋な魂の持ち主たちを誘惑することになります。何よりも誓願は儀式的な掟、人間の教え、仮説なのですから、キリスト者の生き方に反することになります。洗礼によって教会はこれらのものから自由になるべきです。ですから、キリスト者は神の律法の他は何にも拘束されていないのです。さらに、聖書の中には誓願の手本はありません。特に生涯の貞潔、服従、貧しく生きることについての誓願は見られません。聖書に手本がないものは、たいてい危険です。それを推奨すべきではありません。それを一般の人々の公的な生活に適用すべきではありません。確かに、人が自らそのリスクを承知で個人的にそれをなすことは許されるでしょう。聖霊の業は少数の者たちに与えられた課題であって、それを生活の規範にしたり、様式にしたりすることはできないのです。

懸念していることがあります。修道院や宗派の誓願や生活様式は、使徒が〔『テモテへの手紙一』一・三で〕「彼らは偽りを語る者たちの偽善を教え、結婚を禁じ、感謝をもって受けるべく神が与えた食事を断つことを教えている」と述べているような事態にあるのではないでしょうか。もちろん、聖ベルナルドゥス、聖フランシスコ、聖ドミニクス、あるいはさまざまな修道会の主張やその創設者の考えを、私のこのような考えゆえに批判する必要はありません。神は私たちに対してご自身の考えをもっておられ、それを私たちは真に畏れるべきであって、神の想いを計り知ることはできません。『ダニエル書』によれば、神はバビロンの独裁者の政府の中で、神のおられない政治の中で、ダニエル、ハナンヤ、アザルヤ、ミシャエルを汚れなく守られました。しかし、なぜ神はこれらの人々をこのような状況の中で聖別し、聖霊の特別な御業によって指導されなかったのでしょうか。神はこれらの者をバビロンで他の人々の模範にはされなかったのです。なぜでしょうか。神は確かにこれらの人々を誓願や修道生活によって救われたのではありません。救われたのは信仰によってのみです。それは確かです。このように誓願という見せかけだけの従順な姿こそ、信仰の最も対極にあるものです。

この点については、まず個人が正しく考えるべきです。それゆえ、理解を助けるために私の話を続けたいと思います。私は聖霊の助けによって、教会の自由と洗礼の栄光について人々の前で説明する義務を与えられていると考えています。そこで、まず何よりも、あらゆる誓願、あるいは誓願に基づく生活を廃止し、誓願者の生活を承認したり、あるいはそれを誉め称えたりしないよう、教会の高位聖職者にお願いしたいと思います。しかし、彼らがこの願いを拒否するなら、救われることを望んでいる者たち、その確かさを求めている者たちに、誓願すること、特に生涯にわたる誓願をすることをやめるよう進言したいのです。特に青少年たちには、そのように勧めたいと思います。すでに述べたとおり、誓願に基づく生活様式というのは聖書にその根拠がありません。ただ教皇の人間的な大勅書から湧き出てくるもので、それを本物であるように見せかけるための偽善がそこには施されています。そして、その偽善を誇らしいものと呼び、ふつうのキリスト者としての生活が軽蔑されるようになっています。誓願を廃絶する理由がないということで、誓願によって信仰も洗礼も無意味なものとされ、業が重視されるようになってしまっています。誓願を称賛することは、このような被害をもたらすことになります。このような偽善なしには請願は称賛されえないことを知るべきです。今日では、修道院や宗派における業を信仰以上に評価しないという人は、ほとんどいません。このような恐るべきことが起きており、修道院にはこの業についての厳格派と緩和派という区分さえ生じています。

このように、修道士や司祭の業というのは、たとえそれが高貴なものだったとしても、神の目からすれば、畑を耕す単純労働者の仕事、家事をする婦人たちの業と何の区別もありません。神はすべて信仰によって判断されるということを理解することなく、これらの情報を知り、それによって身を包むことなく修道院や宗派に属して司祭になるのを勧めることはできません。いや、そうすべきではない、と申し上げたいのです。『エレミヤ書』第五章〔第三節〕には「主よ、あなたの目は信仰を顧みられる」とあり、『ベン・シラの知恵』第三二章〔第二三節〕には「あなたのすべての業において、あなたの心にある信仰をもって信じなさい。なぜなら、これが神の命令を守ることだからである」とあるとおりです。それどころか、女奴隷や奴隷によってなされる家庭での些細な仕事が、断食などの修道士や司祭の業よりも、はるかに神の御前で受け入れられる、ということが思い起こされるべきです。なぜこのような本末転倒が起こるかといえば、信仰が欠如しているからです。そして、今日では、誓願は愚かな業の見せ合いになってしまっています。ですから、それを誇り、それを強調する司祭、修道士、司教ほど、信仰や教会のことについては何ももっておらず、むしろ偽善者であって、異邦人のような姿になっているのです。そのことを、むしろ恐れるべきでしょう。ところが、彼らは自分たちこそが教会であり、教会の良心であり、教会の霊的支配者、指導者だと考えているのです。しかし、彼らはそのようなものではありません。まさに彼らは捕囚の民なのです。彼らからは洗礼によって惜しげもなく与えられたものがすべて囚《とら》われてしまっており、この世に残された数少ない貧しい者、結婚している者などは彼らから見れば取るに足らない者たちなのです。

この点で、私たちはローマ教皇の二つの大きな誤りを指摘したいと思います。

第一は、教皇がこの誓願を免除することで、あたかも教皇だけが他のキリスト者より権威をもっているかのようにふるまっていることです。不信仰な人間のなす愚かで大胆な業で、これほどのものがあったでしょうか。もし教皇が誓願を免除しうるのであれば、どの補助司祭でも、またどのような隣人たちの誓願も免除できるでしょうし、自分自身の誓願についても可能でしょう。しかし、もし隣人たちがそうできないのであれば、教皇も同じように、その権威をもって免除することなどできないことになります。事実、教皇はこの権威をどこから得たのでしょうか。鍵〔の権能〕からでしょうか。しかし、この鍵は〔『マタイによる福音書』一八・一五以下にあるように〕すべての者の罪に対してのみ有効なものです。また、教皇たちは、誓願は神がそれを授ける権利をもっていると告白しているのに、神以外には免除を与えられないものを与えることができると言って貧しい者たちを騙し、滅ぼそうとしているのではないでしょうか。教皇の勅令の「誓願と誓願の贖《あがな》い」について論じている章では、愚かにも、かつて律法において〔『出エジプト記』一三・一三、三四・二〇に書かれているように〕ロバの初子が羊に取り換えられた時と同じように、誓願を変えることができると言われています。ロバの初子と彼が命じる誓願は同じだというのでしょうか。また、主が律法の中でロバが羊に変えられるよう定めたのと同じだというのなら、人間である教皇は自らの法だけでなく神の律法に対しても同じ力をもっているのでしょうか。おそらく、教皇ではなく、教皇に変えられたロバが、この命令を作ったに違いありません。まさに愚かであり、不信仰なことです。

第二は、教皇が、これとは正反対に、まだ結婚生活に入って〔性的な関係をもって〕いない時に一人が相手の意志に反してまで修道院に入るなら結婚は解消される、と命じていることです。私は聞いてみたいのです。どのサタンが、このようなことを教皇に教えたのでしょうか。神は信仰をもって、お互い真実であり、そして自ら善をなすように教えられたのではないでしょうか。神はイザヤを通して、燔祭《はんさい》を捧げることを前提になす盗みを批判しているのです。配偶者は他者に対して、契約ゆえに、それに忠実である義務があります。お互いに自分だけのものではないのです。どのような権力も、それを破壊することはできません。他者の意志に反して自分の力でそれをなすことは、どのような場合であっても盗みです。修道院に入るために相手に対して負い目をもつ者を、その負い目から自由にするために約束を破棄するのを許し、その一員として彼を迎えるのでしょうか。目の見えない者たちよ、目の見えない者たちよ、神によって命じられた約束と、人間の作り出した誓願のどちらが重要なのでしょうか。教皇よ、あなたは本当に魂の牧者なのでしょうか。こんなことを教えるあなたがたは、本当に聖なる神学の教師なのでしょうか。もしそうだと言うのなら、いかなる理由でこのようなことを教えるのでしょうか。あなたがたは結婚よりも誓願がより高い業だと言います。信仰のみがすべてのものを高めるのです。それなのに、信仰ではなく業を誉め称えるのでしょうか。業は神の御前では無です。それを功績と言い換えても皆、同じです。

もちろん、誓願は、もしそれが真実なら、人間も天使もそれを免除することはできません。ところで、私自身よく理解できていないのですが、今日誓願と呼ばれているものは、いずれも真実の誓願に属するものなのでしょうか。両親が、まだ生まれてもいない子供、あるいは幼な子に対して、その信仰的生活について、また生涯にわたって貞潔を守らせることを誓願させるのは愚かではないでしょうか。これは誓願には属さないのではないでしょうか。自分のもつ力の中にないことを誓うというのは、神を愚弄することではないでしょうか。修道院での〔清貧、貞潔、従順という〕三つの誓願は、考えれば考えるほど理解できなくなり、この誓願の要求はどこから出されたのかと疑いたくなります。また、この誓願は、何歳までに行えば、その基準にふさわしく、有効なのでしょうか。私には理解できません。成人前の誓願は無効ということになっていますが、それは正しいことです。ところが、彼らは年齢的にも誓いの内容からしてもどちらも理解できない多くの子供たちを騙しています。彼らの説明によれば、このように理解できない子供たちを受け入れるので、あとになって誓願の内容を知って、恐れ、驚き、それを告白する者たちに、かつて無効だった誓願は年を経ることで有効になるというのです。

自分でその日時を決めることができない幼な子の適切な誓願の日時が他人によってあらかじめ決定されている、というのは本当に正しいことなのでしょうか。どうして八〇歳の誓願は有効で、一〇歳や一二歳の誓願は有効ではないのでしょうか。一八歳になると人間は自らの肉欲を感じるようになる、という判断も理解できません。二〇歳や三〇歳でもほとんど感じることのない人がおり、三〇歳でも二〇歳の時より強く感じる人がいるとしたら、これはどうすればよいのでしょうか。なぜ清貧と従順には年齢的な期限がないのでしょうか。最も霊的な人でさえ、この感情を認められないというのに、どのようにして人間が貪欲と傲慢を感じる時を定めることができるのでしょうか。このように、私たちが霊的になり、もはや誓願を必要としないと言いうるまで、どの誓願も完全ではなく、有効でもありません。ですから、誓願は確かなものではなく、むしろ危険なものであることを、よく理解すべきなのです。かつて人々がそうしていたように、誓願から自由になり、高貴な生き方をして、誓願ではなく霊に委ねる生活を続けるのが健全な道ではないでしょうか。

洗礼について、またその自由については、これで十分でしょう。具体的には誓願について論じる必要がありますので、それはその時にまた詳細に論じることにしたいと思います。

悔い改めのサクラメント〔赦しのサクラメント〕

第三に、悔い改めのサクラメントについて語らなければなりません。[*49] これは、すでに刊行した小冊子とそれをめぐる討論で多くの人々から怒りを買った問題ですが、そこで私の見解はすでに十分述べています。パンのサクラメントと同じことなので、この問題とも関わっている横暴なやり方を知るために、繰り返しになりますが、まずは問題を明らかにしてみたいと思います。なぜなら、パンのサクラメントと悔い改めのサクラメントには金儲けと収入の問題が付随しているため、羊飼いたちの貪欲がキリストの羊に想像もできないような姿で襲いかかり、商売に心を奪われてしまっているからです。そして、誓願について論じた時に見たとおり、このような貪欲の前で洗礼は無意味にされてしまい、成人して誓願をした者でも、この誘惑に負けてしまっています。

このサクラメントをめぐる第一の悪は、まさに根源的なもので、彼らがサクラメント自体を捨ててしまって、そこに痕跡が何も残されていないことです。このサクラメントも、他のサクラメントと同じように、本来は神の約束と私たちの信仰がそこでのすべてなのです。しかし、彼らはここでもその両方を破壊してしまいました。キリストが『マタイによる福音書』第一六章〔第一九節〕で「あなたがたがつなぐことは何でも」と言い、さらに第一八章〔第一八節〕で「あなたがたがつなぐことは何でも」と言われ、さらに『ヨハネによる福音書』の最後で「あなたがたの赦す罪は誰の罪でも赦され」〔二〇・二三〕と言っておられる約束の言葉を彼らは悪用したのです。神の言葉によってこそ悔い改める者の信仰が呼び起こされ、そして罪の赦しを得ます。ところが、彼らが書物や考察、また説教で教えようとしたのは〔それとはまったく異なったことで〕、キリスト者に約束されたこと、信じなければならないこと、またどれほど大きな慰めがキリスト者に与えられているかということではなく、どれほど自分たちが広く、深く、長く権力を横暴に用い、暴力的にそれを行使しているかということでした。しまいには天使にまで命じる始末です。信じられないような不信仰です。自分たちが聖書に書かれたキリストの言葉によって、天においても地においても支配者となり、天においてさえつなぐ力を与えられたとすら言うのです。彼らは人々の救い、あるいは信仰については一言も述べませんが、教皇の権力については雄弁なのです。もちろん、キリストは権力については何も論じず、ただ信仰について論じていました。

キリストは教会に権威や権力を設定されたのでしょうか。そうではありません。奉仕を定められたのです。使徒が〔『コリントの信徒への手紙一』四・一で〕「このようなわけですから、人は私たちをキリストの奉仕者または神の奥義の管理者と見るがよい」と言っているとおりです。「信じて洗礼を受ける者は救われる」とイエスが言われたとおり、イエスは洗礼を授けられる者たちの信仰を呼び起こし、その結果、信じて洗礼を受ければ、その人は、この約束の言葉のとおり、自分が救いを授けられた者であることを確信します。そこでなされているのは、権力の行使ではなく、洗礼を授ける者としての奉仕者の制定です。イエスが「あなたがつなぐことは」と言われたことも同じです。イエスは悔い改める者の信仰を呼び出したのであって、それによって信じて自由になるなら、天においても真実に自由であることを、この約束の言葉によって明らかにされたのです。ここでは権力については何も語られていません。そうではなく、赦しを与える者の務めが何であるかが語られているのです。それなのに、あの物事を正しく理解しない傲慢な人々は、何を考えたのか、このような洗礼の約束を自分にも適用しませんでした。しかし、それなのに他の人々には悔い改めの約束に関するイエスの言葉に基づいて、それをなそうというのです。洗礼と悔い改めには同じ務め、同じ約束、同じサクラメントがあるので、洗礼を授けることがペトロにのみ制限されていないのであれば、鍵〔の権能〕も教皇の不信仰な横暴にのみ適用されるということはありえません。

キリストが〔『コリントの信徒への手紙一』一一・二四以下で〕「取れ、これはあなたがたに与える私の身体である。これは私の血による杯《さかずき》である」と言うとき、キリストはそれを食べ、飲む者たちの信仰を引き出しているのです。そして、食べることで、この約束の言葉に基づく信仰によって強められた良心が罪の赦しを確信するのです。ここで言われているのも、権力ではなく、務めのことだけです。洗礼の約束は確かに幼な子に対しては、まだある程度、残されています。しかし、多くの人々においてはパンと杯の約束はすでに消滅してしまい、貪欲に支配されて、それに仕えるものになってしまっています。それによって信仰から業が、契約から犠牲が生み出されてしまったのです。悔い改めの約束から横暴が生み出され、この世の権力以上の権力が生み出されてしまったのです。

ところが、私たちのバビロン〔ローマの教皇主義者たち〕は、これでもまだ満足できませんでした。信仰を消滅させたのです。ですから、このサクラメントでは信仰が必要なのだと主張するありさまです。それどころか、誰かが信仰が必要だと言おうものなら、反キリストのような不信仰によって、それは異端だと宣言するのです。このような横暴によって何がなされたのでしょうか。しかしまた、それによっても何をすることができなかったのでしょうか。〔『詩編』一三七・一以下にあるように〕「私たちはバビロンの河の流れに座り、シオンを思い起こして涙した。私はその中の柳に私たちの琴をかけた」のです。主がこれらの流れのほとりの実りなき柳を呪われないように、と願っています。アーメン。

まず何よりも約束と信仰が消し去られ、覆《くつがえ》されることで、彼らがそれを何に置き換えたのかを明らかにしなければなりません。彼らは悔い改めというものに、痛悔《つうかい》、告白、罪の充足という三つの部門を置きました。そこに何かよいものが仮に含まれていたとしても、彼らはそれを皆、取り除いてしまい、ついには彼らの横暴を確かに手に入れるようになったのです。

まず彼らは痛悔を約束への信仰にまさるものだと主張しました。そして、それをよき業としたので、痛悔は信仰の業ではなく功績となり、もはや信仰を必要としないものになったのです。彼らは業を優先して、心の痛悔と謙遜ゆえに多くの人々が赦しを得た、という聖書の言葉は用いるのに、それを生み出した信仰については何も触れません。『ヨナ書』第三章〔第五節〕に「ニネベの人々は主を信じ、断食を宣言した」とあるとおりです。ニネベの人々よりさらに悪い人々がいて、彼らは自分も正しく理解していない鍵の力によって痛悔に変えられるという不完全痛悔*50という段階を生み出しました。そして、この不完全痛悔を不信仰な者たちや信仰を疎《おろそ》かにする者たちに与えたので、痛悔の全体が破壊されてしまったのです。これは神の怒りを引き起こすような出来事以外の何でしょうか。このようなことがキリスト教会で教えられているのです。このような仕方で信仰と信仰から生まれる業が破壊されてしまったので、人々は人間の教えへと流れ込んでしまったのです。そのため私たちはそこで滅びることになるでしょう。砕かれた魂こそが高貴なものです。そのような魂は、神の約束への熱心な信仰と威圧を感じることなしには生まれてきません。そのようにして生まれた信仰は、神の永遠の真理を見つめ、良心をおののかせ、神を畏れて、葛藤の中に置かれるものです。しかし、信仰は他方でこのような砕かれた良心を高め、慰め、救うのです。ですから、信じることによって神の真実な威圧が痛悔を生み出し、約束の真理が慰めをもたらします。このような信仰によってこそ、人は罪の赦しを得るのです。それゆえ、信仰こそが何にもまして教えられなければならないものであり、それが必要なのです。信仰が与えられる時にこそ、必然的に痛悔と慰めが与えられるのです。

しかし、彼らは、痛悔は自らの罪を自ら集約し、それを省察することから生み出されるべきだと教えています。しかし、それは間違いです。何よりもまず痛悔が生み出される理由を教えないかぎり、何をしても意味はありません。つまり、自らの罪を集約してみせることよりも、まずそれを後悔し、自らの愚かさに気づかせる神の真理にこそ、むしろ注意を払うべきなのです。ですから、信仰を呼び出すための神の権威ある力、そして変わることのない真理が教えられなければならないはずです。罪が神の真理と離れて省察されるというのであれば、痛悔よりも罪に対する欲望が生み出され、罪はさらに増大することになるでしょう。彼らは私たちにすべての罪に対して痛悔を生み出さなければならないと告げていますが、これについてはもはや何も言うことはありません。なぜなら、私たちは自らの罪のごくわずかしか知ることができないからです。それどころか、よい業の中にさえ罪が見出されるからです。『詩編』第一四三編〔第二節〕に「あなたの下僕の裁きに携わらせないでください。生けるものは一人もあなたの御前では義とされないからです」とあります。ですから、実際には今ここで自らの良心を悩ませている罪、また記憶されているあらゆる罪を嘆くなら、それでよいのです。なぜなら、そのような心の働きをもつ者たちは、確かにあらゆる罪を嘆き、恐れ、これから先、罪が明らかにされる時には同様に嘆き、恐れるようになるからです。自らの痛悔という業を信頼し、罪の赦しが自らの嘆きから来るなどと考えることは慎まねばなりません。神は私たちを見逃しておられるのではなく、私たちが神の権威ある力と約束を信じる信仰ゆえに罪を赦すのです。信仰が罪を嘆くことを生み出すのです。悔い改めとは、罪を集約するための努力のことではありません。すべては信仰からのみ生み出されるものなのです。他のものすべては、それによって生み出される業の果実です。この果実が人間をよくするのではなく、神の真理への信仰によってすでによいものとされた人間が生み出すものが果実なのです。『詩編』第一八編〔第八節〕に「神が怒られたので、煙はその怒りにおいて立ち上がり、神は山を揺るがせ、火をつけられた」とあるとおり、第一に不信仰な者に火をつける神の権威ある力に対する恐れがあり、これを知る信仰が痛悔の雲を立ち上がらせるのです。

痛悔は権力の横暴や露骨な金儲けにはそれほど近づきませんでしたが、不信仰と有害な教えには完全に近づいてしまいました。まさに告白と罪の充足は貪欲と権力の主力生産物になってしまっているのです。

最初の告白について

罪の告白は、明らかに自明のことであり、神によって命じられたことです。『マタイによる福音書』第三章〔第六節〕に「彼らは自分たちの罪を告白して、ヨルダン川で洗礼を授けられた」と書かれていますし、『ヨハネの手紙一』第一章〔第九節以下〕にも「もし私たちが罪を告白するなら、神は真実で正しいお方なので、私たちの罪を赦し、私たちが罪を犯したことがないというのなら、私たちは神を偽り者とするので、神の言葉は私たちのうちにはない」とあります。聖なる者であっても自ら罪がないとは言えないのですから、明らかな罪を犯している者たちは、できるかぎり罪の告白をしなければならないでしょう。『マタイによる福音書』第一八章〔第一五節以下〕で罪の告白が制定され、その必要性が述べられています。それによれば、キリストは罪を犯した兄弟をまず諫《いさ》め、そして教会に連れてきて、その過ちを責め、それでも悔い改めないなら、この兄弟を教会から追い出すように教えています。しかし、そのとき、この兄弟がこの責めに応えて自らの罪を認め、告白するなら、そのとき彼はそれを受け入れているのです。

今日行われている秘密の告白には聖書的な根拠はありません。しかし、私はこれは必要であり、また有益なものだと考えています。それどころか、この告白が教会の中で行われているのを喜んでさえいるのです。なぜなら、それは良心に悩む者たちにとって唯一の慰めになるからです。私たちの兄弟である悩む者たちが良心に気づき、それまで隠されていた悪が彼の中で明らかになるとき、この兄弟から神が彼をどのようにして慰められたのかを聞くことができるのです。この出来事を私たちが信仰をもって理解するとき、この兄弟を通して神が私たちに語ろうとしたことを知り、平安を得るのです。しかし、そのような告白が司教たちの横暴な小遣い稼ぎになってしまっていることを私たちは嘆いています。なぜなら、司教たちはこの秘密の告白を自らに保留すると言っているからです。そして、聴罪司祭を指名して、彼らのところに行くように命じています。そうして人々の良心を弄《もてあそ》ぶのです。司教は福音によって貧しい者たちを慰め、守る立場にあるはずなのに、その職務を完全に放棄し、ただ司教であるようなふりをするだけで、不信仰にも横暴な行いをし、いと小さき者たちの罪は保留して、より大きな罪は司祭たちに押しつけて曖昧にしているのです。それは「主の晩餐についての大勅書[*51]」という愚かな創作物で明らかにされているとおりです。彼らはこれらを教え、神を礼拝することに反対して、信仰の戒《いまし》めに反することを保留するのです。そこから生み出されるのは、巡礼や、曲解された聖人崇拝、偽りの聖人伝、業や儀式への過度の依存と執行などです。これによって神への信仰が妨げられ、偶像崇拝が始まります。その様子を私たちは今日、目撃しているのです。それはまさにかつてヤロブアムがダンとベエル・シェバで黄金の子牛の崇拝を命じたようなもので[*52]、今日私たちは同じことをするような司教としか出会えません。それによって神の律法、信仰、それだけでなく神の子羊を養うことを知らない司教たちが登場し、暴力と権力によって自作自演の信仰を人々に強要するようになってしまったのです。

キリストは人々の無理な要望にも耐えなければならないと、また無理な支払いにも服するようにと教えていますので、私は彼らの保留という不法な行いについても耐え忍ぶことを勧めますが、彼らに保留の権利があることは認めませんし、それを聖書から証明することはできないと確信しています。ですから、私はそうではない道を証明してみたいと思います。キリストは『マタイによる福音書』第一八章で、公になっている罪について、その兄弟がそれについて忠告を受け、私たちの話を聞くなら、私たちはこの兄弟の心を変えることができ、この兄弟が聞こうとしないなら、兄弟の罪が正されるよう教会に連れていくように、と述べています。ある兄弟が一人の兄弟に自ら罪を告白するなら罪は許されるというのですから、秘密の罪についても同じことが真実のはずです。ですから、彼らが勝手に解釈して、人々に説明しているように教会、すなわち修道院長や司祭にそのことを告げる必要などありません。キリストは、この点について、同じ第一八章〔第一八節〕で「あなたがたが地上でつなぐことは天上でもつながれ、あなたがたが地上で解《と》くことは天上でも解かれる」と述べています。これらはすべてのキリスト者について言われています。ですから、キリストはさらに〔第一九節で〕「よく言っておく、もしあなたがたのうち二人が、どんな願い事についても地上で心を合わせるなら、天の父はそれをかなえてくださる」と述べ、一人の兄弟が、ある兄弟に自分の秘密の罪を打ち明けて赦しを願うなら、キリストという真実なお方によって地上においてその兄弟と一つになれることを説明しています。ですから、そのことをさらにはっきりと〔続く第二〇節で〕「あなたがたに言う。二人または三人が私の名によって集まっているところでは、私もその中にいる」と述べているのです。

教皇がどれほどこのようなキリストの教えに反する不法な行為を続け、それに反対したとしても、どの兄弟であれ、ある人が自らの罪を自発的に、あるいは責められることで告白して赦しを求め、自らを改善しようとするなら、その秘密の罪は赦されています。キリストは、すべてのキリスト者に罪を赦す力をも与えているのです。さらに、この点について、もう一つの理由も説明しておきたいと思います。すなわち、もし秘密の罪の保留ということが本当に有効で、救いの妨げにならず、司教によるこのような赦しがなければ救われないのなら、教皇によって生み出されたよき業や偶像崇拝は、どうして救いを妨げるものにならないのでしょうか。これらの重罪が救いの妨げにならないのであれば、小さな罪をいつまでも保留にしておくのは最も愚かなことではないでしょうか。私たちの羊飼いたちの無知が、いや、物事についての不見識が、教会の中でこのような愚かなことを許しているのです。ですから、私たちは羊飼いたちがどんな場合でも罪の保留などということをしないよう提言したいのです。彼らはまさにバビロンの諸侯、〔『ホセア書』四・一五に登場する〕ベト・アベンの祭司のようです。しかし、キリストは、それとは反対に、秘密の罪の告白を誰もが聞く自由を、〔信仰の仲間としての〕どの兄弟姉妹にも許しています。ですから、罪を犯した者たちが自分の望む者に罪を告白し、赦しと慰めを得るために、キリストの言葉を隣人の口から求めることができるようにしようではありませんか。ローマ主義者たちの根拠のない見解のために、弱い人々の良心を誘惑し、不信仰な者たちの横暴を許して、兄弟たちの罪を元手に自らの貪欲を満たそうとしている者たちを許してはならないからです。彼らは〔『イザヤ書』九・二〇で言われているとおり〕魂の血でその手を汚し、子を両親が食べ、エフライムがユダを飲み込み、シリアはイスラエルを飲み込んだのです。

彼らはこれらの悪事を行うために、さらに「事情」ということを言い出しました。すなわち、罪における母、娘、姉妹、義理の兄弟姉妹、罪の枝と果実というものを発明したのです。悪知恵が働いて、さらに怠惰な者たちが罪においても血縁や婚姻関係を想定したのです。これらはまさに不信仰と無知によるものです。これは悪人たちの考案物ですが、公の法になってしまっています。このような方法で羊飼いたちが教会を見張っているのです。これらの愚かな熱心家たちが迷信を生み出し、新しい業を思いつくたびに、羊飼いたちがそれを即座に実行に移し、贖宥や教令によって補強されもするのです。ですから、彼らに自らこれらを禁じることを期待したり、真実の信仰や信仰の自由を神の民のために守ることを期待したりすることはできません。自由とバビロンの横暴のあいだには何の関係もないはずです。

しかし、「事情」と呼ばれる関係は、どのようなものであっても、認めることはできません。キリスト者には一つの事情があるだけです。〔信仰の仲間としての〕兄弟が罪を犯したという事実だけです。キリスト者の兄弟だということより重要なことがあるでしょうか。ところが、場所や時間、日時や人物など、さまざまな迷信がそれに付随し、それらがあたかも兄弟であることより重大であるかのように解釈され、拡大して説明され、あらゆることの妨げになっていくのです。このような手段で彼らは私たちを場所、日時、人物に結びつけ、兄弟という言葉の本来の意味〔教会における信者たちのつながりという意味〕は失われ、自由な思いではなく〔この愚かな法によって〕それぞれにつながれてしまうのです。そのとき、私たちは必然的に外的なものと結びつけられてしまいます。

さらに彼らが罪の充足〔賠償〕ということをどれほど不適切に扱ってきたのかについては、贖宥に関する討論で詳細に説明してきました。贖宥はキリスト者の身体と魂を破壊するほどまでに悪用されてきました。何よりも彼らが贖宥を説明するとき、人々に真の罪の充足、すなわち生の再生ということについてまったく理解させないようにしていることを指摘しなければなりません。さらに彼らは罪の充足の必要性ばかりを強調し、罪の賠償が完全になることばかりを勧めて、キリストへの信仰をその場から一掃してしまいました。このような考えがあるために、人々は良心の不安から、ある者はローマに行き、ある者はここへ、ある者はあそこへと向かい、さらに他の者は〔戒律が厳しいことで知られる〕カルトゥジオ会[*53]に向かうのです。ある者は自分で鞭打ち、徹夜で断食して、自らの身体を傷つけるのです。皆、誤った情熱をもって「見よ、ここにキリストが、あそこにキリストが」と言うのです。そして、私たちの中にある神の国があたかも目に見えるような仕方で出現すると考えているのです。ローマ教皇とその取り巻き連中は、これらの恐ろしい過ちに基づいて律法と儀式を行っています。しかし、神が求めたまうのは〔『詩編』五一・一九にあるように〕砕かれた心による信仰だけです。それで十分なのです。ところが、ローマ教皇とその手下たちは、これらの仰々しい儀式によって信仰を排除し、人々の心を抑圧して、吸血鬼のように「与えよ、与えよ」と呼びかけ、罪を売買する者たちをのさばらせているのです。

これらの人々は、さらに人々の魂を失わせるようなことを考えます。例えば、悔い改めの懺悔をする者が負わされていた罪の贖《あがな》いを疎《おろそ》かにしている場合には、今一度すべての罪を改めて思い起こさせるというのです。あらゆることを一〇倍にも拡大して負わせるために作られたこの罪の贖いの上に、さらに何をさせようというのでしょうか。あるいは多くの者たちは、自分は救われた状態の中にいて、司祭に教えられた祈りの言葉を一つ一つ唱えるなら、これまでの生き方を変えなくても罪の贖いがなされると思い込んでいます。彼らはこの点しか教えられてこなかったので、人々はそれ以上のことを知りえないのです。人々は肉を殺す罪については教えられていませんし、キリストが姦淫の罪を犯した女性を赦して〔『ヨハネによる福音書』八・一一で〕「行きなさい、そして二度と罪を犯さないように」と言われたことは何も知らないのです。これでは、この女性に十字架を、あるいは肉を殺すことを負わせることになってしまいます。罪の贖いが終わる前に私たちが罪人を赦すことが、このような誤りを生み出しているのです。そこから、彼らは告白することで終わると彼らが考える痛悔よりも長い時間を必要とする罪の贖いに関心をもつようになったのです。しかし、赦免宣言は、初代教会でそうだったように、罪の贖いが完了した時になされるべきです。ですから、人々はこの業を教えたあとも、信仰と生活の刷新のために努力したのです。

私はこの点については贖宥について詳しく述べた時に論じているので、それを繰り返しましたが、これで十分だと思います。また、これら三つのサクラメントについても、これで十分だと思います。これらのことは〔ペトルス・ロンバルドゥスの〕『神学命題集』や法に関するさまざまな役に立たない書物の中で詳細に論じられているようですが、実は論じられていないことでもあるのです。他のサクラメントについては退けることになりますが、私が理由なしにそうしたと思われないように、〔次に〕少し論じてみたいと思います。

堅信

按手《あんしゅ》*54〔という行為〕から彼らは堅信というサクラメントを生み出しましたが、このようなことが彼らの心に浮かんだのはなぜでしょう。キリストがどのように幼な子に触れられたのか、また使徒たちが聖霊を求め、長老を選び、病人をどのように癒したのかを、私たちは聖書から教えられています。使徒がテモテに書き送っているとおり、「軽々しく人に手を置いてはならない」〔『テモテへの手紙一』五・二二〕のです。なぜ彼らはパンのサクラメントから堅信のサクラメントを作り出さなかったのでしょうか。『使徒言行録』第九章〔第一九節〕には「食事をとって力づけられた」とあり、『詩編』第一〇四編〔第一五節〕には「人の心を強めるパン」について記されています。このように、堅信のサクラメントにはパンと按手、そして堅信が含まれているのです。しかし、使徒たちが行ったことが何でもサクラメントであるわけではありません。もしそうなら、なぜ説教はサクラメントではないのでしょうか。

私はサクラメントが七つであることを批判しているから、このように言っているのではありません。私がこのように言うのは、このサクラメントが聖書から説明できないためです。

手を置く、按手ということが、使徒の時代からあったのと同じように、これからも教会に存続してほしいのであれば、それは堅信のサクラメント、あるいは癒しのサクラメントと名づけられるべきでしょう。しかし、このような堅信のサクラメントと呼ばれるものが今日残っているのはなぜでしょうか。残っているのは、司教たちが教会で何もすることがなくならないように、また自らの職務をただ粉飾するために生み出したものだけではないでしょうか。手間のかかるサクラメントは神の言葉とともに見下して、自分たちの部下にその執行を任せているのです。全能の神によって制定されたことは、多くの場合、人間には軽んじられるのです。ですから、これらの甘い考えをもち、それでも勇敢にも職務を遂行できると考えてしまうような人々には、まず彼らの負担にならないような適当な奉仕を見つけてあげるべきでした。そうすれば、それらの人々は、神が定められたことを価値のないものとみなして自分の部下に任せる、などということはしなかったでしょう。人間は人間が制定したものは尊重するものです。しかし、司祭であるなら、司祭にふさわしい職務を果たす義務があるはずです。説教もせず、魂の配慮もせずに、ただ司教という名前ばかりを誇り、人からどう見られるかばかりを気にしている司教は、ただの偶像にすぎません。私たちは、そのような偶像の代わりに、神によって制定されたサクラメントを求めるのです。しかし、その中に堅信を入れる根拠を私たちは見出せません。なぜなら、サクラメントを決定するにあたっては、信仰を養うことになる神の約束の言葉が必要だからです。ところが、キリストが堅信について何かを約束したということは、どこにも書かれていません。確かに、キリストは自ら多くの人に手を置かれました。また、『マルコによる福音書』の最後の章〔一六・一八〕には「病人に手を置けば癒される」と記されていますが、誰もこれをサクラメントとはしませんでした。それは不可能なのです。

それゆえ、堅信は、教会の何らかの儀式、サクラメントの儀式に似たもの、あるいは水や他の聖別の儀式などに似たものと考えれば、それでよいのではないでしょうか。私たちがすべての被造物を神の言葉と祈りで清めることができるというのであれば、私たち自身がそれによって清められないなどということはありえません。しかし、これは神の約束から来るものではないので、信仰のサクラメントとは呼ばれないのです。これらは救いを生み出しません。しかし、サクラメントは神の約束を信じる者たちを救うのです。

結婚

結婚も聖書からの根拠なしでサクラメントと考えられているだけでなく、それはサクラメントだと主張する者たちによってさまざまな冗談のようなものが作り出されてしまっています。次に、この点について考えてみたいと思います。

サクラメントには神の約束の言葉が必要で、それを信じるためにしるしが与えられています。ですから、しるしだけではサクラメントとは言えません。また、妻をもつ男性が神の恵みを受けるとは聖書には書かれていません。また、結婚は神によって制定されたしるしでさえありません。それが何かを示しているので神によって制定されたということも、どこにも書かれていません。確かに、目に見えるものは、目に見えないもののイメージ、あるいは比喩として理解できないわけではありません。しかし、イメージや比喩は、ここで言うサクラメントではありえません。

結婚は世のはじめから存在していました。そして、今日に至るまで不信仰な者たちのあいだでも続いているものです。ですから、結婚を新しい律法と呼んだり、教会だけでサクラメントと呼んだりする理由は存在しません。先祖たちの結婚が私たちの結婚より神聖ではなかったなどということはありませんし、不信仰者の結婚が信仰者より真実でなかったということもありません。これらはサクラメントとは考えられてこなかったのです。さらに言えば、信仰者であっても、異邦人よりはるかに不信仰な夫婦がいることは確かです。それなのに、どうして信仰者の結婚がサクラメントと呼ばれ、異邦人の場合にはそう呼ばれないのでしょうか。洗礼や教会についても同じように考え、そのために、この世の権威は教会の中だけに限定されていると言う人がいます。そのような人たちと同じ意味で、教会以外では結婚もサクラメントとは呼ばれていないのだと私たちも主張すべきなのでしょうか〔そうではありません〕。もしそんなことをしたら、私たちは子供扱いされ、自らの無知と理由のないような諸説を語り出す者として不信仰者たちからも笑われることでしょう。

しかし、彼らは言うのです。すなわち、使徒は『エフェソの信徒への手紙』第五章〔第三一節〕で「二人の者は一体になるべきです。これは大きなサクラメントです[*55]」と述べているのだから、あなたがたはそれに反することを述べているのだ、と。しかし私は、この議論は怠惰で、不注意で、しかも浅薄な聖書の読み方だと答えたいと思います。なぜなら、聖書には私たちが言うような意味でのサクラメントという言葉は見出されませんし、〔『エフェソの信徒への手紙』で用いられている言葉も〕むしろこれとまったく逆の意味だからです。これは聖なるもののしるしを意味しているのではなく、聖なるもの、隠されたもの、秘められたものを示す言葉なのです。ですから、パウロは『コリントの信徒への手紙一』第四章〔第一節〕で「こういうわけで、人は私たちをキリストに仕える者、神の奥義の管理者と見るがよい」と述べています。私たちの批判者がサクラメントとして理解しているものは、ギリシア語ではミステリウム、すなわち「奥義」です。ですから、これを翻訳するなら、ギリシア語では「二人の者は一体になるべきである。これは大いなる秘儀である」となるはずです。彼らはここから新しい律法のサクラメントを引き出してきましたが、ギリシア語の意味が示すとおりに「奥義」と理解していたら、そのようなことはできなかったでしょう。

同じように、彼らはパウロが『テモテへの手紙一』第三章〔第一六節〕でキリスト自身をサクラメントと呼んでおり、「サクラメントは確かに偉大である。キリストは肉において出現し、霊において義とされ、御使いたちに見られ、諸国民のあいだに宣べ伝えられ、世界の中で信じられ、栄光のうちに天に上げられた」と言っている、と主張します〔ここでもサクラメントはミステリウム（奥義）です〕。彼らの論理に従えば、このような証拠があるのですから、この言葉からどうして第八の新しい律法のサクラメントを作り出さなかったのでしょうか。この箇所なら絶好の理由を見出せるのに、なぜこの箇所では沈黙し、あの箇所では不合理なことをするのでしょうか。ことほどさように、彼らの言葉についての無知と事柄の扱いの誤解からすべての無知な行動が生み出されたのです。彼らは発音だけにこだわり、そこから勝手な想像を働かせて、これらを生み出したのです。彼らは人間的な判断でサクラメントをしるしとして理解してしまいました。ですから、彼らは聖書を読むと、何も考えることなく、しるしをそこから作り出すことができました。彼らは勝手な言葉の意味、人間の習慣、その他、さまざまなものを聖書の中に挿入し、自分たちの思いどおりに聖書を変更して、どのような聖書の言葉からでも何でも生み出せると思い込んでいるのです。この点で、彼らは「よき業、悪い業、罪、恵み、義、徳」という言葉については、またこれらが示している主要な問題については、何らの知識ももっていません。それらは聖書の本来の意味を離れ、彼らが自分勝手に使えるものになってしまっているので、他の人々の著作では自由に使われ、神の真理と私たちの救いを破壊するほどになってしまいました。

パウロにとって、サクラメント、正確にはミステリウムは、秘儀として隠された霊の知恵です。『コリントの信徒への手紙一』第二章〔第六節以下〕によれば、これがキリストであり、そのためにキリストはこの世の支配者たちに理解されず、彼らはキリストを十字架にかけてしまったのです。ですから、キリストは、彼らにとって、愚かな者、躓《つまず》き、あるいは躓きの石、反対を受けるしるしなのです。パウロが説教者をこれらの奥義の管理者と呼んだのは、まさに彼らがキリストと神の知恵を説教するからです。しかも、説教者は、あなたが信じないなら、理解できないように説教するのです。サクラメントはミステリウム、あるいは言葉によって示される秘密ですが、それは心にある信仰によってこそ把握されるものです。〔『エフェソの信徒への手紙』五・三二で〕「二人の者は一体になるべきである。この秘儀は大きい」と言われているのは、そのことです。彼らはこれを結婚の問題だと受けとめていますが、パウロ自身は、これは〔結婚ではなく〕キリストの教会についてのしるしだと考えているため、〔続く五・三二では〕「私はこのことでキリストと教会を指している」と述べています。パウロは、これはキリストと教会についての偉大な秘儀を伝えるものだと言っているのに、彼らはこれを男と女に関することとして伝えているのです。聖書についてのこのような勝手な解釈が許されるのであれば、聖書の中に何か好き勝手な考えを見つけたとしても、あるいはその中に一〇〇のサクラメントを見つけたとしても不思議ではないということになってしまいます。

キリストと教会の奥義は、まさに大いなるものであり、比喩によって結婚を通して表現することができますが、だからといって結婚をサクラメントと呼ぶべきではありません。『詩編』第一九編で歌われているとおり、天は使徒たちのしるしであり、太陽はキリストのしるしであり、水は諸民族のしるしです。しかし、それらがしるしであるからといって、ただちにサクラメントであるわけではありません。なぜなら、これらにはどれにもサクラメントとなる神の制定と約束がないからです。パウロが『創世記』第二章〔第二四節〕に書かれた結婚について『エフェソの信徒への手紙』第五章で述べている時には、キリストについて、あるいは一般的な意味でキリストとの霊的な婚姻がそこで教えられているのです。すなわち、〔『エフェソの信徒への手紙』五・二九以下にあるように〕「キリストが教会を育てるためにそうされたとおりになすべきであり、私たちはキリストの肢体、キリストの肉と骨の肢体である。このゆえに人は自分の父と母の家を離れて、その妻と結ばれ、二人は一体になるべきである。この奥義は大きい。私はキリストと教会について言っている」ということなのです。パウロは、この〔『創世記』二・二四の〕聖書の言葉がキリストについて語られたものであることを明らかにし、秘儀とはキリストと教会のことを考えているのであって、結婚のことではないことを読者に伝えようとしているのをあなたは読むでしょう。

古い律法〔である旧約聖書〕によれば、悔い改めのサクラメントは世のはじめからあったものです。しかし、悔い改めの新しい約束と鍵の権能は〔新約聖書に示された〕新しい律法に固有のものです。私たちが割礼ではなく洗礼を受けるように、犠牲を捧げたり、悔い改めのしるしの代わりに鍵をもったりしているのです。同じ神が、それぞれの時代に、さまざまな約束としるしを罪の赦しと人間の救いのために与え、すべての人々がこの同じ恵みに与《あずか》ったのです。そのことについては、すでに述べたとおりです。『コリントの信徒への手紙二』第四章〔第一三節〕に「同じ信仰の霊をもっているので私も信じる。それゆえに私は語る」とあり、『コリントの信徒への手紙一』第一〇章〔第一節以下〕には「私たちの先祖は皆、同じ霊の食物を食べ、同じ霊の飲み物を飲んだ。すなわち、彼らについてきた霊の岩から飲んだのだが、この岩はキリストであった」とあります。さらには『ヘブライ人への手紙』第一一章〔第三九節以下〕に「これらの人々は皆、死んだが、約束のものは受けていなかった。神は私たちのために、さらによいものをあらかじめ備えてくださったので、私たちを他にしては彼らが全うされることはない。なぜなら、キリストは昨日も、今日も、永遠に、ご自身が、世のはじめから終わりに至るまで、教会の頭《かしら》であられたからである」とあるとおりです。このように、しるしはさまざまですが、すべての者の信仰は同じなのです。信仰なしに神に喜ばれることはありません。〔『ヘブライ人への手紙』一一・四にあるように〕「信仰によってアベルも神に喜ばれたのです」。

結婚が教会とキリストのしるしであっても、それは神によって制定されたとは言えず、これらはこの事柄についても、また言葉の意味についても無知だった教会の人々によって作り出されたものです。このような無知は、もし信仰の妨げにならないのであれば、愛をもってそれに耐えなければならないものでしょう。弱さも、無知も、あるいは他の多くの人間的なものも、信仰と聖書の妨げにならないのであれば、教会の中でも許されます。しかし、今ここではこのような仕方で信仰と聖書の確かさや純粋性を語るのは、聖書や私たちの信仰の条項で語られていることを私たちが主張するとき、そこに含まれていないものを指摘され、それによって信仰を嘲弄されないようにするためです。また、私たち自身が事柄について無知であることが指摘され、反対者や弱い者たちを躓《つまず》かせないためです。さらには、聖書の権威を傷つけることがないようにするためです。聖書を通して神によって伝えられたものは、それが教会の中でどれほど優れたものだったとしても、人間によって作り出されたものからは、はっきり区別すべきなのです。

では、人間が制定したあの不信仰な法については何と言えばよいのでしょうか。それによって、神が定められた結婚は、罠にはまり、揺さぶられ、ふりまわされてしまいました。恵みの神よ、ローマ教皇とその取り巻き連中は自分たちの思いで結婚を解消させたり成立させたりしています。こんな恐ろしいことが行われてよいのでしょうか。人類は嘲弄され、勝手気ままに使われ、お金のための手段にされて、彼らの勝手な思いに利用されているのです。これでよいのでしょうか。

人間が作り出した教えであり、不潔な残りものを寄せ集めて作り出された、よく知られている書物があります。それは『アンゲルス要綱』[*56]と呼ばれていますが、その題名は正しくは『悪魔の要綱』とすべきでしょう。この書物によって、聴罪司祭は破壊的で混乱した奇妙なこと、特に結婚の支障となる一八の場合を教えられます。もしあなたが冷静に、何のとらわれもない信仰の目でそれを見るなら、そこに書かれていることは使徒が〔『テモテへの手紙一』四・一以下で〕「悪魔の霊に気をとられ、偽善のうちに偽りを語り、結婚を禁じたりする者たち」と言っている人々の仕業であることを知るでしょう。結婚できないように多くの問題を作り出し、罠を仕掛けているのです。これは結婚を禁じていることにならないでしょうか。人々が結婚を解消するよう仕掛けられている中で結婚するのであれば、結婚の禁止とは何を意味しているのでしょうか。このような力を人間は本当に神から与えられているのでしょうか。彼らが聖なる者たちであり、また信仰深い者たちであるのなら、どうしてそれが私たちの自由を動揺させるのでしょうか。他人の自分勝手な情熱が私を支配してよいのでしょうか。もしそうしたい人がいるなら、誰でも聖人や熱狂家になればよいのです。しかし、その場合でも、他人に迷惑をかけないようにさせ、人の自由を奪わないようにさせなければなりません。

この恥ずかしい法が、今や極限に至るまで行きわたっています。今日、ローマ主義者たちは、この律法のおかげで、まるで商売人のようです。彼らは何を販売しているのでしょうか。陰部と生殖器です。貪欲に支配され、不信仰に支配されて、不潔な行動をするこの商人たちが売るのに最もお似合いの商品です。彼らが結婚の支障と言う場合には、必ずお金の問題が出てきます。人間がこのような金儲けのために魂を捉える罠や法は、おそらく貪欲で強欲非道の人々と〔あの勇敢な狩人〕ニムロド[*57]を捕えるため以外には、おそらく必要ないほどのものでしょう。神の教会、聖なる場所に、両性の陰部を公然と売る人々が立っていますが、聖書が記しているとおり、それは恥と愚劣にほかなりません。しかも、彼らはかつては法に守られて利益を得ていたのです。しかし、このような姿は何と教皇たちにお似合いのことでしょう。呪われた心に支配され、貪欲と自らの虚栄心のために彼ら自身は福音への奉仕を放棄し、軽蔑して、このような商売に身を置いているのです。

私たちは何を語ればよいのでしょう。私たちは何をすればよいのでしょう。もし私が問題のすべてを取り上げるなら、この書物は終わらないでしょう。どこから始めたらよいでしょうか。何をすればよいでしょうか。どこに至れば終わるのでしょうか。すべては混乱状態です。領地の支配は決して法では成り立たないことを私は知っています。支配者が賢者なら、法ではなく自然の秩序が支配するのが最も効果的であることを知っているはずです。賢者ではない支配者は厳しい法を定め、それによって逆に悪がはびこるようになるのです。そのような支配者は、法の効用も、その利用法も知らないのです。ですから、領地の支配のためには、法の制定よりも賢人の支配のほうが重要なのです。この賢人の支配こそが、最善の法です。あらゆる問題を公平な視点から裁いてくれるのです。このように考えると、神の律法が自然の秩序と結びついているなら、書かれた法など意味をもちません。特に愛はどのような書かれた法も必要としないのです。

しかし、ここでは私にできることを述べておきたいと思います。司祭や修道士たちが、教皇の扱う事柄の中で、聖書に書かれていない結婚に関する問題に直面したとしましょう。その結婚が教会の法と教皇の法に従っていない契約である場合でも、私はその結婚の状態を確認するよう司祭や修道士に勧めたいと思います。そして、〔『マタイによる福音書』一九・六にあるように〕「神が合わせたものを人は離してはならない」という神の律法を宣言するように伝えたいと思います。男と女が結びつけられることは神の律法によるのであり、それはいかなる人間の律法によることでもありません。人間の法は、この神の律法に服さなければなりません。男性が父と母のもとを離れて妻と結びつくとき、その人は価値のないいくつもの人間の法を捨てなければなりません。このように神の律法に従い、人間の価値のない無意味な法を捨てて契約が成立しているのですから、教皇や司教がこの結婚を〔人間の法に基づいて〕無効にするなら、彼らは反キリスト、自然の秩序の破壊者ということになり、神の権威を否定することになるのです。ただ「神が合わせたものを人は離してはならない」という事実があるのです。

もともと、人間があの〔『悪魔の要綱』の〕ような法を制定すること自体、許されていません。あらゆる人間の法を超えた自由こそが、キリストからすべてのキリスト者に与えられているのです。特に結婚の問題のように神の律法が人間の法によって妨げられているような場合には、そう考えるべきです。『マルコによる福音書』第二章に「人の子は安息日にもまた主である」〔第二八節〕、あるいは「人間が安息日のために造られたのではなく、安息日が人のために造られたのである」〔第二七節〕と述べられているとおりです。このような人間の制定した法は、パウロによってすでに否定されています。パウロは結婚を禁止する者たちが出現するのを予測していたのです。ですから、霊的または法的な近親者、あるいは血縁関係に基づく結婚への支障ということについても、聖書に書かれている事柄以外のものは放棄すべきでしょう。聖書では、血縁については『レビ記』第一八章に記されているとおり、血縁関係の二親等までが禁止されているだけです。そこでは一二の立場が禁止されています。母、継母、真の姉妹、いずれかの親からの義姉妹、孫娘、父あるいは母の姉妹、兄弟の妻、妻の姉妹、義理の娘、叔父の妻のうち、近親関係の一親等と血縁関係のある二親等だけが禁止されています。しかし、これを分析すると例外があります。兄弟または姉妹の娘、すなわち姪は二親等[*58]ですが禁止されていません。この等級外での結婚の契約については神は禁じていないのです。それを人間の制定した法によって解消させることなどできません。結婚は神によって制定されたのです。それは人間の法によるものではありません。ですから、結婚は人間の法によって破られるべきでなく、その法こそが逆に結婚のために破られるべきなのです。

ですから、〔洗礼に際しての〕教父、教母、教えの上での兄弟、姉妹、また教えの上での弟子などということは結婚の契約解消の理由などにはなりません。人間の迷信以外にこのようなものを生み出したものがあるはずはありません。洗礼を授けられたキリスト者は洗礼を授けられた時に立ち会った女性とは結婚できないというのであれば、キリスト者の男性はいったいどのキリスト者の女性と結婚できるのでしょうか。彼らの論理によれば、サクラメントの儀式、しるしから引き出された関係のほうが、サクラメントの恵みそのものより大きいことになります。キリスト者の男性はキリスト者の女性と兄妹なのではないでしょうか。洗礼を授けられた男性は洗礼を授けられた女性の霊的な意味での兄弟であり姉妹だと言ってはいけないのでしょうか。私たちはまことに愚かなことをしています。もし誰かが福音とキリストについて、信仰に基づいて自分の妻にそれを教えるということがあった場合、そのときこの人はキリストにおいて彼女の教えの父になったのではないでしょうか。そうした場合には、もはや彼女は彼の妻であることが許されたとでもいうのでしょうか。パウロはキリストにおいてすべてのものを生んだ[*59]と語っていますが、そのように呼ばれたコリントの教会にいる女性とは結婚が許されていなかったのでしょうか。そんなはずはありません。このように人間が生み出す迷信によって、どれほどのキリスト者が自由を奪われてきたでしょうか。

教会の法が定める近親関係は根拠のないものなのに、ローマ主義者たちはあたかもそれが神の結婚に対する権利より高い立場にあるかのように説明します。また、彼らは宗教の違いを強調し、純粋に宗教が違う場合のみならず、信仰をもつようにその人を悔い改めさせれば結婚してよいという条件を付すような場合でも、最終的には洗礼を受けていない者との結婚は許されないと言うのですが、私はそれにはまったく同調できません。誰がそれを禁じることができるのでしょうか。神でしょうか。人間でしょうか。誰が結婚を禁じることを人間に許したのでしょうか。パウロはそれを偽善であり、偽りを語る霊の仕業だと述べています。ですから、悪しき者たちは私に作り話をするのです。しかし、それは律法によるものではありませんでした。異教徒であるパトリティウスは、聖アウグスティヌスの母モニカと結婚しています。ところが、今日では同じことが許されないのです。それと同じく愚かで不信仰なのは犯罪支障と呼ばれるもので、これは以前に姦淫を犯したことのある女性との結婚や、未亡人と結婚できるようにその夫の死を望んだ場合のことです。神はこのような冷酷なことを命じてはいません。それなのに、人間がこのような冷酷なことを許すのでしょうか。ウリヤの妻バト・シェバが姦淫と殺人という二つの完全な犯罪を犯したにもかかわらず最も聖なる人〔イスラエルの王〕ダビデと結婚したことを、彼らは見て見ぬふりをするのでしょうか。神の律法はこれを許しているのに、人間の横暴はいったい何をしているのでしょうか。

さらに、彼らが絆の支障と呼んでいるものがあります。これは男性が婚約によって一人の女性に結びつけられていることの支障です。彼らは婚約した男性が他の女性と関係をもったら、婚約していた女性との約束は解消すると言います。私はこれが理解できません。一人の女性と結婚の約束をした男性は、もはや一人ではないのですから、他の女性と関係をもったとしても、神の律法によって、まだ関係をもっていないすでに婚約をした女性と、なおつながっています。この男性は、結婚の約束のない女性と結婚することはできず、事実上、姦淫の罪を犯しているのです。もし彼にそのような自覚がないなら、それは神の律法よりも人間の肉体の関係を重視しているからにほかなりません。神の命令に従えば、人間は約束した者として、常に約束した女性に対して忠実でなければならないのです。人はもっていないものを与えることはできません。神はどんな時でも自分の兄弟たちに対して計略を立てるのを禁じておられます。このことは、あらゆる人間の法を超えて重視されるべきことです。ですから、このようなことをした男性は、何の良心の咎めもなしに約束した女性から離れ、この関係をもった女性と住むことなどできません。ですから、彼らの言う絆の支障というのはまったく間違ったものだと私は考えています。このような主張をする彼らは、修道院の誓願については曖昧にしているのに、なぜこの約束は曖昧にしてはならないと主張するのでしょうか。それは、この約束は『ガラテヤの信徒への手紙』第五章第二二節にある霊の掟、「霊の実[*60]であるが、修道院の誓願は人間の定めたものです。また、誓願をした修道士の場合には、その誓約に制約されず、一度誓約し〔て夫婦の関係を解消し〕た夫を妻が呼び戻すことが許されているのに、なぜ婚約中の女性は、婚約した相手の男性が他の女性と関係をもったとき、その男性を自分のもとに呼び戻すことを許されないのでしょうか。しかも、私がすでに別の箇所で述べたとおり、処女と結婚の約束をした男性には修道院の誓願を許すべきではありません。なぜなら、結婚の約束という義務を負う者は、その約束に忠実であるべきだからです。ですから、その男性は結婚すべきなのです。これは神の定めたことですから、どのような人間の教えも〔たとえそれが修道士としての誓願であっても〕男性の〔結婚の〕約束を放棄させてはならないのです。ですから、すでに述べたような事例の場合も、男性は最初に約束した女性との約束を守るべきです。偽りの心なしに他の女性と約束をすることなどできないはずです。その場合、彼は彼女に約束を与えたのではなく、神の約束に反して自分の隣人を欺《あざむ》いたことになります。このような仕方で誤解された恣意的な支障が制定されてしまっており、それによって第二の間違った結婚が可能になってしまっているのです。

また、叙階者の支障という考えも人間が生み出したもので、自分たちの考えを神の命令の上に据えることで出来上がったものです。すでに夫婦として結ばれた者であっても、〔聖職者としての叙階によって〕この支障が生じた場合、その関係は破棄されるというのです。私がここで今日の司祭の制度について何らかの判断を下すことはできませんが、パウロは司教は一人の妻の夫であるべきだと命じています。もちろん、パウロが今日のような司祭制度を知らなかったことは私も承知していますが、執事、司祭、司教の結婚、あるいはどの階級の人々と結婚できるのかについてのさまざまな規定は破棄されるべきです。教会に危機をもたらし、罪や悪しき心を誘発するばかりのこのような人間が生み出した有害な教えは消し去ってしまおうではありませんか。司祭とその妻のあいだには、神の命令に従った真実の結婚が存在してよいのです。もし不信仰な者たちが暴力的にそれを禁じようとするなら、人間が許さなくても神の前では許されていると言うべきでしょう。神の命令が人間の定めと衝突するのなら、神の命令こそが優先されるべきです。

さらに誤って制定された支障は、〔親等関係を定めた法による〕公義の支障[*61]というものです。それによって結婚が破棄されるのです。これによって神が合わせられた者を人間が引き離すという不信仰に、私は怒りを覚えます。また、キリストが教えられたことを行うことに反対する反キリストを、この中に見出します。結婚前に死んだ婚約中の男性の血縁者が四親等までの女性と結婚できないのは、なぜでしょうか。これは公の法の判断によるものというより、人間の誤解に基づくものでしょう。最もよい法を与えられ、神の律法によって教えられたイスラエル民族には、このような判断はありませんでした。それどころか、イスラエルでは、このような場合には最も近い親族が神の定めに従って未亡人になった親戚と結婚することになっていたのです。キリスト者の自由を手にした民が、律法的拘束をもつ民よりも厳格な法を背負わされるべきなのでしょうか。ですから、この支障も終わらせなければなりません。夫の性的な不能、重婚、貞操の誓約をすでにしている場合以外は、すでに結ばれた者たちの関係を破棄するような支障は一つもありません。また、誓願については、すでに洗礼のサクラメントの中で述べたとおりです。誓願がどの年齢で可能になるのかは私には定かではありません。このように、教会の中で今日行われている惨めで、破壊的で、害が多く、無知で不信仰な教えによって、どれだけのことが混乱し、妨げられ、悪巧みの手段となり、危険にさらされているかを知っていただきたいのです。人間が制定した法がすぐにでも解消され、福音の自由が回復されて、私たちがただ福音によってのみすべてを判断し、福音だけが教会を支配するようになるのでなかったら、この状態が改善することはない、ということを結婚の問題から学ぶべきです。アーメン。

この問題で魂の危機に瀕している者、とりわけ性的不能の者の問題を取り上げておきたいと思います。私がこの場合の支障について語ったのは結婚の約束がなされてからであることに注意していただきたいと思います。ですから、このような支障の場合、何も破棄されてはいないのです。これから結婚の約束をする者に対して、すでに述べた点を簡潔に繰り返しておきたいと思います。それは愛の決断、あるいは他の何らかの必然性があるとき、教皇が許可を与えているのであれば、誰でも他の兄弟に対して、あるいは自分自身に対して〔離婚の〕許可を与えてよいのです。そして、可能なかぎり妻を横暴な法から守らなければなりません。なぜ私の自由が他者の信じる迷信や無知によって妨げられてよいのでしょうか。教皇が金儲けのためにそれを許可することさえするのであれば、なぜ私の自由のためにそれが妨げられるのでしょうか。そんなことがあってはなりません。教皇が律法を制定したのでしょうか。私の自由を守るために、彼には勝手に彼自身のための法を制定してもらったらよいのです。

さて、性的不能[*62]について考えてみましょう。

このような場合には、どうなるでしょうか。性的不能の男性と結婚した女性が、裁判所で法的な物的証拠を提示し、証言することができない場合でも（多くの場合、そうしようとは思わないでしょう）、彼女が子供を産むことを望み、現状を維持することを希望しないなら、この女性と男性の良心および経験に基づいて男性の性的不能を証明することで、他の男性と結婚するためにこの男性と離婚することができると私は考えます。男性が離婚を望まない場合、この男性は実際には夫ではなく、すでに拘束のない同居人です。ですから、その男性の同意を得た上で、他の者、あるいはこの男性の兄弟と結ばれて、いわゆる密かな結婚をし、子供はいわゆる知らせざる夫が責任をもつべきだと私は考えます。しかし、問題なのは、その場合、この女性は救われるのでしょうか。いや、救われた状態の中に置かれるのでしょうか。私はこう考えています。過ちを犯すということについての、また男性の性的不能についての無知が結婚を妨げることになってしまったのです。また、人間の作った法の横暴が、この離婚を認めないのです。しかし、この女性は神の律法によって自由になったのであり、禁欲を求めることはできないのですから、救われた状態にあります。ですから、男性はこの女性の権利を尊重し、形式的であってもこの女性を相手の男性に渡すべきです。

また、この男性がそのような関係に同意せず、また離婚もしないので、この女性が罪を犯して火刑に処せられるか、あるいは密かな姦通をなすことさえ望むなら、この女性に他の男性との結婚の約束をさせ、どこか人に知られていない遠くの地に逃げるよう勧めたいと思います。毎日のように性的衝動と戦わねばならない者たちに、他にどんな勧めをすればよいでしょうか。また、このような密かな結婚によって生まれた子供が知らせざる父の正当な相続人になれずに苦労している事例を私は知っています。ここで述べたとおり、それが夫の正当な同意によってなされるなら、その子は正当な相続人でしょう。しかし、それが公になされずに行われ、また両者が望んでいないのになされる場合には、キリスト教の自由な理性、いや、愛をもって、一方が他方にどんな苦痛を与えたかによって公平に判断されるべきでしょう。妻は相続人を変更しているが、夫は妻を陥れたのであり、彼女の全生涯と身体を奪い取っているのです。つまり、一人の女性の全生涯と身体を破滅に陥れた男性は、男性のこの世の富の相続人を変更する女性より大きな罪を犯しているのではないでしょうか。ですから、夫はこの離婚を耐え忍ばなければなりません。あるいは、自らの過ちで無垢な女性を陥れ、生涯と身体を奪って、姦淫の罪を犯さざるをえないような原因をこの女性に与えた男性には、他の男性の子を相続人とすることに納得してもらわなければなりません。両者は同じ立場で考えられ、裁かれねばなりません。このように、人を陥れようとすることは自らにはね返ってくるのです。害を与えた者が償いをするように求められるのは正しいことでしょう。このような夫は、他の者の妻をその夫とともに騙して自分のものにしている男性と、どれほど異なっているでしょうか。そのような横暴なことをする男性は、妻と子供たち、そしてその夫も養うべきであり、勝手なことをさせるべきではありません。そうであるなら、どうしてここでも同じことがなされてはならないのでしょうか。ですから、このような事例の場合、男性は責任をもって離婚するか、他人の子を自ら養うべきです。愛に基づいて、そう判断すべきです。性的不能の者にとって、その女性の夫ではすでにないとしても、その女性が病気になり、他の不幸な問題を抱えたなら、その費用を支払ってきたように、相続においても同じようにすべきです。なぜなら、この妻は自らの過ちによってではなく、夫の過ちによってそのような不幸を経験することになったからです。私はこれらのことに悩んでいる兄弟たちに少しでも慰めを与えたいと願って、不安に思っている良心を励まそうとして、私にできるかぎりのことを述べてみました。

さて、離婚については、それが可能なのか、許されるのか、という問題があります。私は離婚より重婚を選ぶほうがよいのではないかと思うほど、離婚を避けたいと思います。それが許されるかどうかについては、判断する勇気がありません。羊飼いの羊飼いであるキリストが『マタイによる福音書』の第五章〔第三二節〕で「不品行以外の理由で妻を追い出す者は彼女に姦淫を行わせるのであり、また追い出された女性と結婚した者も姦淫を行ったのです」と述べているからです。キリストは不品行においてのみ離婚を許しています。ですから、他の理由で離婚を命じる教皇は、そのたびごとに間違いを犯しているのです。教皇の権威によって、いや、教皇の気まぐれな判断によって離婚してきた者たちは動揺するに違いありません。しかし、問題なのは、その離婚によって妻と別れた者たちは、なぜ独身であることを強要されるのでしょうか。なぜ他の女性と結婚できないのでしょうか。私はそのことにむしろ驚きを感じています。キリストは不品行であれば離婚を許しているのです。パウロも、情念をかき立てるようなことをするよりは、結婚したいのであれば、離婚した妻に代わって他の女性と結婚することを許しているように思えます。ですから、この問題については、きちんと討論しなければなりません。それによって、自らの過ちでもないのに独身でいることを強要されている者、妻や夫に逃げられて結婚が破綻し、一〇年後には帰ってくるかどうかと悩んでいる者たちに、よい勧告が与えられるに違いありません。これらはサタンの悪戯なのかもしれませんが、本当は神の言葉を軽んじることで起きており、その事例を毎日のように聞くたびに、私の心は重くなるのです。

一人でローマ主義者たちに反対し、この問題について何らかの法を制定することもできない私は、『コリントの信徒への手紙一』第七章〔第一五節〕の言葉がここで実行されることを望んでいます。すなわち、「しかし、もし不信仰者が離れていくのであれば、離れさせるがよい。このような場合には、兄弟も姉妹ももはや拘束されていないのです」。使徒は、離れていく不信仰者たちがもはや拘束されていないことを確認した上で、他の者との結婚を許しています。そうであるなら、名前だけは信仰者であるが実際には不信仰な者たちが妻を置き去りにして、帰ることなど考えていない場合にも同じことが適用されるのは当然です。この違いを私は理解できません。使徒の時代には、信仰を捨てた不信仰者がもう一度立ち返ってきて信者になる約束をしても、また信仰者となる妻と同居する約束をしたとしても、パウロはそれを許さなかったと思うのです。むしろ、他の人と結婚する権利が与えられる、とパウロは述べたと思うのです。しかし、私はこれらのことについては何も決定できません。もちろん、私だけでなく多くの者たちがこの問題で悩んでおり、ぜひ決定してもらいたいと考えているのです。ただ、私はこの問題については教皇や司教の権威によって何らかのことが決定されないよう願っています。しかし、二人の学識ある善なる人々がキリストの御名によって一致し、キリストの御心によって宣言してくれるなら、学識も徳もなく、教えと権威だけを楯にして召集される公会議より、それを私は尊重したいと思うのです。ですから、私はこの問題については、さらによい意見をもった他の人との対話があるまで、未解決のままにしておきたいと思います。

叙　階

キリストの教会は〔叙階という〕サクラメントを知りません。それは教皇の教会によって生み出されたものです。なぜなら、そこには恵みの約束がどこにも見出せないからです。また、新約聖書には、これに関することは何も書かれていません。ですから、神によって制定されたという根拠がどこにもないものを神のサクラメントとすることはできません。私たちはすでに何世紀にもわたって行われてきたこの儀式を否定はしませんが、聖なるものを人間が作り出すことは願わないのです。また、私たちに敵対する者たちの失笑を買うことがないように、神が制定してもいないものを神が制定したなどと言うことはできません。私たちが信仰の条項として告白するものは、確かであり、単純であり、そして聖書の言葉によって明確に根拠づけられたものでなければなりません。しかし、このサクラメントについては、それができないのです。

教会は聖霊の導きをもっており、教会が制定したものはすべて神が制定したことになるので権威をもっている、と〔ローマ主義者は〕主張していますが、教会自体が神の新しい恵みの約束を制定する力をもっているということではありません。教会は信仰の言葉によって、信仰を通して生み出され、信仰の言葉によって養われ、守られるものです。教会自体が神の言葉によって建てられたのであって、神の言葉が教会によって建てられるのではありません。神の言葉は教会の上にあり、教会はこの言葉によって生み出されたのですから、制定し、秩序を与え、何かを行うのではなく、制定され、秩序づけられ、働かされているのです。自分の両親を産むなどということは誰にもできません。自分の創造主を前もって創造するなどということが誰にできるでしょうか。

教会は神の言葉と人間の言葉を識別できるはずです。アウグスティヌスは、これが福音である、と宣言した教会の権威に心を動かされ、福音を信じた、と述べています。このように、教会が福音の上にあるのではないのです。もしそうであるなら、教会は教会が信じる神の上に存在することになってしまいます。そうではなく、教会はこのお方こそが神だと宣言するのです。また、アウグスティヌスは、真理が私の魂を捉えることで、魂があらゆることについて最も確かなことを発言するように導かれています。人間は真理を決定することはできませんが、それが真理であると誤りようのない確かさをもって宣言することはできるのです。つまり、人間の理性は、それが真理であることは否定できないのに、それが真理であるかどうかを説明することができないのです。例えば、３＋７＝10であることを理性は完全な確かさをもって宣言できます。理性はそれが真理であることを否定できないのに、なぜそれが真理であるのかは説明できないのです。なぜなら、理性は真実な審判者に捉えられているので、審判するより、むしろ審判されるからです。このような識別能力が、確かさを証明することはできませんが、その中に確かなものをもっている教義が、聖霊の導きによって判断し、証明する際に、教会にも与えられているのです。それは、哲学において一般概念については誰もそれを判定するのではなく、一般概念がすべてを判断するのと同じことです。教会にも、すべてのことを判断し、しかし誰によっても判断されない聖霊の識別力が与えられています。これについては使徒が述べているとおりですが、それはまた別の場所で論じたいと思います。

教会は神にのみ属しているはずの恵みを約束することも、サクラメントを制定することもできない、というのは確かなことです。仮に教会がそれを制定できるとしても、叙階がサクラメントであると言うことはできません。教会における聖霊の導きはどこにあるのかを誰が判断できるというのでしょう。それを判断する場合には、たいてい数名の司教と学者だけでなされてきました。しかし、そのような判断が教会的でないということはありえますし、人間はすべて過ちを犯すものです。とりわけコンスタンツの公会議は、最も不信仰な過ちを犯した会議です。それは公会議が過ちを繰り返してきたことからも分かります。なぜなら、教会の判断はローマの教会だけでなく、すべての教会によって承認されてこそ信頼できるものになるからです。叙階が教会の一つの儀式であることについては、何の異存もありません。これと似たようなさまざまなことが、すでに教父たちによって始められていました。例えば、聖具、会堂、式服、聖水、塩、蠟燭、薬草、ワインなどの聖別がそれです。しかし、誰もこれがサクラメントだとは考えません。なぜなら、これらには約束がないからです。手に油を注ぐこと、頭の毛を剃るという行為にも約束は付随していません。それは聖具などと同じで、教会の公務に備えるもの、あるいは儀式に付随するものであって、サクラメントではありません。

おそらくあなたは、『教会の階層』[*63]という著作で六つのサクラメントを数え、その中に叙階を入れているディオニュシオスをどう考えたらよいだろうか、と尋ねるでしょう。それについては、私はこう答えたいと思います。七つのサクラメントを支持するために、この著者が書いたものが古代から引用されているのを私は知っています。そして、そこでは結婚は扱われておらず、六つのサクラメントだけが示されています。しかし、他の教父の著作の中でこのサクラメントについて読むことはほとんどありません。むしろ、彼らはこれらの問題を論じる場合にはサクラメントとは呼んでいないのです。このように、サクラメントというのは新しい創作なのです。私は遠慮せずに言いますが、ディオニュシオスがどれほどの人だったのかは知らないけれども、彼をそれほど重んじる必要があるのでしょうか。なぜなら、彼にはそれを支えるような学問的前提がないからです。彼が『天の階層について』[*64]という著作の中で天使を創作し、これを読んで好奇心をもった者たちを悩ませたり、躓《つまず》かせたりしたことについては、どう考えたらよいでしょうか。彼はそれをどのような権威によって説明したのでしょうか。もしあなたがこの書物を偏見なく判断するなら、それが彼の単なる想像であり、夢のようなものであることに気づくはずです。無知な神学者たちが大いに誇っている神学という名の神秘学の中で、彼はキリスト者であるよりはプラトンの学徒であるように論じているので、この書物は危険です。ですから、信仰者がこの書物に熱中することを私は望んでいません。もし読むのなら、適当に読み飛ばせばよいのです。あなたもそこからキリストを学ぶことはないでしょうし、キリストを信じているなら信仰を失いそうになるかもしれません。それは私自身が経験したことでもあります。イエス・キリスト、すなわち十字架にかけられたお方のことを学ぶには、むしろパウロに聞くべきです。このお方は〔『ヨハネによる福音書』一四・六でご自身が言われたとおり〕道であり、命であり、真理です。また、このお方は梯子であり、それを通って父のもとに連れていかれるのです。キリストご自身が〔『ヨハネによる福音書』一四・六の続きで述べているとおり〕「私によらずには誰も神のところに行くことはできない」のです。

ディオニュシオスは『教会の階層』の中で、何の証明も与えることなく彼の勝手な比喩によって教会の儀式を描き出していますが、彼はいったい何がしたかったのでしょうか。〔メンデの司教ドゥランドゥスによる〕『合理的神論』*65という書物も同じことを試みています。このような比喩の使い方は、愚かな方法です。被造物についての比喩の使用の困難さについて、あなたはどう考えているでしょうか。ボナヴェントゥラも、比喩によって学芸を神学に結びつけてしまいました。〔ジャン・〕ジェルソンは、あのドナトゥスを神秘主義的神学者にでっち上げてしまいました[67]。私も実はディオニュシオスよりよい職制に関する書物はないと思っています。なぜなら、彼は教皇、枢機卿、大司教については何も言及せず、ただ司教を最高位に位置づけているからです。しかし、彼の比喩の使用はまったく能力のない仕事です。神学者が比喩を用いて、聖書の正当な意味について、あるいは純粋な意味について極め尽くすなどということはできないのです。オリゲネスが理解したことを応用して指摘するなら、そのようなことをなす彼の神学は危険なものです。

ディオニュシオスが叙階を重要なものだと述べているからといって、それがただちにサクラメントになるべきではないでしょう。例えば、彼は今日でも行われている入堂のための儀式について説明していますが、なぜそれはサクラメントにならないのでしょうか。もしそんなことをすれば、教会の典礼や儀式の数が増えれば増えるだけ、サクラメントの数も増えることになってしまうはずです。それなのに、ディオニュシオスは脆弱な根拠に基づいて勝手な特性を作り出し、それを叙階と呼んで、サクラメントにしてしまうのです。そして、彼が勝手に作り出した特性が叙階を受ける者に永久に与えられることになると言うのです。いったい彼はなぜこのようなことを思いついたのでしょうか。なぜこのようなことをする権威を彼はもっているのでしょうか。どのような理由でこのようなことができると彼は言うのでしょうか。私たちはもちろん、彼が何かを思いついて発言し、主張する自由をもっていることを否定しません。しかし、彼が自分の思いついたものから信条を作り出す権威をもっているとは言えません。そのようなことがないように、私たちも自由に発言しなければなりません。彼らの儀式や典礼について、私たちは何らかの調整があればそれで十分だと考えていますが、救いのために必要のないものを必要であるかのように主張することはできないはずです。ですから、彼らの身勝手な要求については、はっきり拒否しなければなりません。私たちがお互いに平和に過ごせるように、彼らが自由に考えるのを容認しなければならないでしょう。しかし、自由であるべきキリスト者は、神の教え以外のものには服従しないのです。もし神以外のものに服従するなら、それは恥ずべきことであり、あってはならない服従だからです。

ローマ主義者たちの考えは、これですべてでしょう。彼らは〔『コリントの信徒への手紙一』一一・二四で〕キリストが〔最後の〕晩餐で「私の記念としてこれを行いなさい」と言われたことを挙げ、このときキリストは弟子たちを司祭に任命したのだと言います。さらには、ここから二種のサクラメントは司祭にのみ与えられていると主張するのです。彼らはキリストのどの言葉からでも彼らが主張しようとすることの根拠を自由に引き出してきます。しかし、それが神の言葉の解釈なのでしょうか。答えてほしいものです。答えを聞きたいものです。キリストはここでそのようなことは何も約束していません。そうではなく、このような記念が行われることだけを命じているのです。〔『マタイによる福音書』二八・一六以下に書かれているように〕「神の言葉を語ることと、洗礼の職務を与えて、その上で全世界に出ていき、創造されたすべての者に福音を宣べ伝えて、御名によって彼らに洗礼を施せ」と命じられた時にこそ司祭は叙階された、という結論になぜ彼らは至らないのでしょうか。だから、説教と洗礼こそが司祭の本来の業なのです。定められた祈りを時禱として定められた時に読むことが彼らの言う第一の業であるのなら、どうして他の場所、とりわけゲッセマネの園で誘惑に陥らないように祈ることをキリストが教えられた、あの聖書の箇所から叙階のサクラメントを考え出さなかったのでしょうか[*68]。彼らは、この箇所の解釈ということになると、ここでは祈ることは命じられておらず、定められた祈りを定められた時間に読むことが重要である、と言うのです。このように、司祭の業はほとんどのものが聖書的な根拠がなく、司祭の祈りという職務は神からのものではないことになるのです。事実、それは神からの職務ではありません。

では、過去の教父たちの中の誰かが司祭の叙階について主張したのでしょうか。この新しい考えは、どこから生み出されたのでしょうか。それは、聖職者と信徒が決定的に対立するようになり、その不和が天と地ほどに分かれてしまって、それによって洗礼の恵みが信じられないような被害を受け、また福音による交わりが混乱するように仕組まれた結果なのです。これは一つの策略でした。これによって聖職者による信徒への戦慄するような横暴が始まったのです。聖職者たちは、自らが聖別されるために身体に油を注がれること、さらには剃髪することや式服をまとうことに権威を見出し、自分たちは聖霊によって油を注がれた他のキリスト教の信者より優れていると主張して、信徒たちを教会ではものの数にも入らない犬のようなものとして扱うようになりました。ですから、聖職者たちは信徒たちに対して命令、脅迫、強要、圧迫、軽蔑を続けるのです。このように、叙階のサクラメントはこれまで教会では行われてきましたが、それはこれからもあらゆる戦慄するような出来事を正当化するための巧妙な手段なのです。それによってキリスト教的な兄弟の交わりは失われ、羊飼いである聖職者は狼になり、下僕であるはずの聖職者から暴君が生まれて、聖職者は世俗の者たちより悪者になったのです。

私たち洗礼を授けられた者たちは皆、司祭である、という事実を彼らは承認し、私たちの総意として司祭たちに公の奉仕が委託されていることを知るべきです。そうすれば、私たちの自発的な意志によって司祭として立つことなどできず、私たちの許可なしで彼らが私たちの上に立って支配することはできないのを知ることでしょう。なぜなら、『ペトロの手紙一』第二章〔第九節〕には「あなたがたは、選ばれた種族、王なる祭司、祭司の国」と書かれているからです。私たちはキリスト者であるだけでなく、皆、祭司なのです。私たちが公的な奉仕者と呼んでいる祭司は、私たちの中から選び出され、私たちの名によってあらゆることを行う者たちなのです。ですから、祭司とは奉仕者以外の何ものでもありません。『コリントの信徒への手紙一』[*69]第四章〔第一節〕で「このように、人は私たちをキリストに仕える者、また神の奥義の管理者と見るがよい」と言われているとおりです。

ですから、教会によって神の言葉のために召されていながら神の言葉を説くことをしない者たちを司祭と呼ぶことはできません。叙階のサクラメントと呼ばれているものは、教会の説教者を選ぶための、いわば宗教的習慣の一つと言うべきでしょう。『マラキ書』第二章〔第七節〕で、祭司を「祭司の唇は知識を保ち、人々が彼の口から律法を尋ねるのは当然である。彼は万軍の主の使者である」と呼んでいるとおりです。ですから、万軍の主の使者ではない者、使者の務めではないことのために召された者は、祭司などではまったくありえません。『ホセア書』第四章〔第六節〕で「あなたは知識を捨てたので、私もあなたを捨てて、私の司祭にしない」と述べられているとおりです。羊を養い、その数を数えなければならないので、彼らはまさに羊飼いと呼ばれます。ですから、規定の時間に規定の祈りを読むだけの者、ミサを捧げるためだけに叙階された者は、教皇の司祭ではあるのでしょうが、キリストの司祭ではありません。彼らは説教ができないばかりか、説教のために召されてもいませんのです。ですから、教皇の祭司の務めは、説教の職務とはまったく違うものとして想定されているのです。このような者は定時に時禱を読むためだけの司祭であり、ミサ用の司祭です。それは司祭という名の、まさに生きた偶像のようなものです。彼らはヤロブアムがベテアベンでレビ族ではない最も卑しい民衆たちから叙階した祭司と同じような者たちなのです。[*70]

このような事態によって、教会から栄光が去っていくことになりました。今や、教会ではなく、この世に司祭、司教、枢機卿などの聖職者が満ち溢れているありさまです。聖職者の職務について言えば、司祭はこのような人間が作り出した叙階のサクラメントを超えたものに招かれ、新たにそれに与《あずか》ることなしには説教をすることなどできないはずです。しかし、彼らは定められた祈りを繰り返し読み、ミサを捧げていれば、それで自分のサクラメントに十分応えていると言うのです。もっとも、彼らはこの定められた祈りさえ定められた時間には読まず、この定められた祈りでさえ自分の利益のための祈りなのです。また、彼らはミサを犠牲として捧げる過ちを犯します。そして、ミサはサクラメントの一つの形式だと言うのです。このような聖職者をサクラメントとして任命する叙階は、教会、司祭、神の言葉についての奉仕、サクラメントについて何も理解していない愚かな人々が創作したものであることは明らかです。サクラメントがこのようなものなのですから、それによって司祭になった者たちも同じように人間の創作物にすぎません。このような過ち、そして物事を正しく理解していない行動のために、より大きな捕囚が付け加わりました。すなわち、彼らが世俗のキリスト者とみなしている信徒から自分たちを完全に切り離すために、ティベリスの司祭ガロイ[*71]のように自ら去勢し、独身生活を強調するようになったのです。

さらに、偽善的な行為や誤解に基づく業が行われました。例えば、二重結婚です。私たちはその意味を知っていて、それは二人の妻を同時にもつことですが、彼らはそれを法で禁じるだけでは不十分だと主張して、一人が二人連続で処女と結婚する、あるいは未亡人と結婚するなら、それは二重結婚だと説いたのです。そして、このサクラメントが聖なるものなのは、処女と結婚した者たちは、その妻が生きているあいだは司祭になれない、という規定があるためであり、さらには、そうと知らずに不幸な手違いで堕落した女性と結婚した者も司祭職を失う、という規定があるためだと言うのです。しかし、現実には、六〇〇人の娼婦と交わり、あらゆる女性や処女を犯して、多くのガニュメデス[*72]を抱えていたとしても、彼が司教、枢機卿、教皇になるのを妨げるものは何もありませんでした。さらに言えば、彼らは聖書〔『テモテへの手紙一』三・二〕にある司教は「一人の妻の夫」であるべきだという使徒の言葉から、司教は「一つの教会の管理者であるべきだ」という解釈を引き出しました。そして、教会付き聖職者一箇所任命制度[*73]が誕生したのです。ところが、それによって偉大なる管理者となった教皇は、金や権力によって腐敗しているため、信仰深い愛をもって教会のさまざまな問題に配慮するために一人の男〔すなわち司祭〕と、三人、二〇人、一〇〇人の妻、すなわち教会を結びつけるのを許してしまったのです[*74]。

その点では、まさに教皇はこの叙階という聖なるサクラメントにふさわしいお方ではありませんか。ローマの教会の支配者ではなく、サタンの会堂の支配者、すなわち暗黒の君よ、私はここでイザヤの言葉を叫びたいと思います。「おお、エルサレムにある私の民を治める、嘲《あざけ》る人々よ」〔『イザヤ書』二八・一四〕。また、アモスの言葉も叫びたいと思います。「禍《わざわい》なるかな、安らかにシオンにいる者、安心してサマリヤの山にいる者、諸国民の頭《かしら》の中の著名な人々で、イスラエルの家が来て従う者たちよ」〔『アモス書』六・一〕。何ということでしょう。このような恐るべき司祭たちがもたらす神の教会の恥ずべき姿について、何と言ったらよいのでしょう。福音を知っているのに説教をしない司教や司祭というのは何なのでしょうか。それなら、なぜ彼らは司祭であることを誇るのでしょうか。なぜ彼らは、こんなにも信徒であるキリスト者より聖なる者、優れた者、力ある者であることを示そうとするのでしょうか。定められた時間に祈禱の言葉を読むだけなら、どんな無学の者でも、あるいは使徒たちが言う異言を語る者たちでも、できるのではないでしょうか。あるいは、それは修道士、隠遁者、個々人、つまりあらゆる信徒たちにもできることではないでしょうか。ですから、司祭の職務とは説教することなのです。彼が説教をしないなら、絵に描かれた人を指して、あれが人です、と言うのと同じような意味で、彼が司祭であることはまさに絵に描いた餅のようになってしまいます。このような司祭を叙階するために司教がいるのでしょうか。司教は教会堂や鐘を聖別するために、ここにいるのでしょうか。子供に堅信を与えるためにいるのでしょうか。そうではないはずです。それは執事でも、いや、信徒でも誰でもできることです。神の言葉への奉仕こそが、司祭や司教という職務を生み出すのです。

ですから、私のこの勧告を聞いたなら、平安のうちに生活していた者たちは皆、ここから立ち去っていただきたいのです。特に若者たちは立ち去ってほしいのです。福音の説教ができないのに、叙階のサクラメントによって他の信徒たちより優れた何らかの者になるなどということは信じられないと感じているのなら、聖職者にとどまっていてはなりません。なぜなら、定められた時間に祈禱を読むことなど、何の意味もないことだからです。また、ミサを捧げるのはサクラメントを受けるということだから「あなたがたが何かを与えるわけではないの」です。ですから、他の信徒に与えられていない何かがあなたにあるとは言えないのです。何かがあなたの手にあるというのでしょうか。剃髪、祭服でしょうか。もしそうなら、剃髪と祭服のための憐れむべき司祭ということになってしまわないでしょうか。それとも、あなたの指に注がれた油のことでしょうか。あらゆるキリスト者は〔指どころか〕身体と魂に聖霊の油を注がれ、清められているはずです。以前はキリスト者一人一人が、今司祭が行っているのと同じように、サクラメントを手にもつことができました。ところが、今日では信徒が覆われていない聖餐のパンに直接触れると、それは大罪だというのです。聖なる処女である修道女でも、祭壇を覆う布、聖なるものとされるさまざまな布製品を洗濯することさえ許されていないのです。このような叙階が聖なるものとされてきたことについて、神の前でよく考えてみてください。今後はどうなるでしょうか。私は、信徒は献金を捧げる場合以外は祭壇に近づくことを許されない、とまで言われるのではないかと予想しています。このような愚かで子供のような妄想によって、キリスト者の自由と栄光を地に堕として破壊してしまうこれらの人々のきわめて不信仰な行為について考えれば考えるほど、私は怒りを爆発させそうになってしまいます。

キリスト者であると自覚するすべての人が今ここで確認すべきなのは、私たちは皆、同じように祭司であるということです。神の言葉についても、サクラメントについても、同じ力をもっているのです。もちろん、それにもかかわらず教会によって承認されることや、また召命がないままでは、誰もその力を用いることはできません。すべての人に共通に与えられているからこそ、召命がなければ、誰もそれを自分だけ行使することはできないのです。ですから、叙階のサクラメントとは、教会の奉仕へとある人を召すための一つの儀式以外の何ものでもありません。祭司とは、律法の言葉ではなく福音の言葉に奉仕する者以外の何ものでもないのです。執事の職務とは、今日行われているように福音書や使徒書の朗読ではなく、司祭がこの世の事柄に煩わされることなく自由に祈り、神の言葉と向き合うことができるように、貧しき者たちへの配慮という教会の業を行うことです。それは『使徒言行録』第六章[*75]に書いてあるとおりで[*76]、それこそが執事の制度の目的だったのです。ですから、福音を知らない者、福音を説教していない者は司祭でも司教でもなく、それは教会の中ではペストのようなものです。あるいは司祭や司教という偽の称号であり、羊の皮をかぶった狼のようなものであって、福音を押しのけて教会を脅かしているのです。

今日の教会に溢れているこのような司祭と司教たちが、自分たちは叙階によっては司祭になれず、それとはまったく異なる方法によらなければ司祭にも司教にもなれないことを自ら悟り、職務の内容も知らず、その責任を果たすこともできない名ばかりの者たちだったことを悲しみ、祈りと涙をもって自らの惨めで偽善的な職務を嘆くのでなかったら、彼らは永遠の罰に定められ、預言者イザヤの言葉が真実だったことを自ら証明することになるでしょう。イザヤは〔『イザヤ書』五・一三以下で〕「それゆえ、わが民は無知ゆえに虜《とりこ》にされ、その尊き者は飢えて死に、その多数の民は渇きによって衰え果てる。だから、陰府《よみ》は、その欲望を大きくし、その口を限りなく開き、エルサレムの貴族とその民とその高き者と栄えある者はその中に落ち込む」と述べています。キリスト者がこのような底知れぬ穴に飲み込まれてしまうとしたら、私たちの時代は何と恐ろしい時代なのでしょうか。

私たちが聖書から教えられているのは、一度司祭になった者は二度と信徒には戻れないということでしょうか。どんな理由でそうなっているのか、私には分かりません。なぜなら、司祭は職務以外では信徒と何の変わりもないからです。司祭をその職務から解除することは不可能ではないので、今日でも罪を犯した司祭は罰を受けています。その場合、彼らは期間を定められて職務停止になるか、永遠に追放されるかのどちらかです。ですから、司祭の不滅の特性という考えはまったくの作り話で、それは以前から人々の嘲弄を買っています。教皇がこの特性を与えるのを私は知っていますが、キリストはそのことを知りません。このような仕方で聖別された司祭は、キリストの司祭ではなく、教皇の恒久的な下僕あるいは手下なのです。これが今日の状況です。また、私の判断に間違いがなければ、このサクラメントやそれをめぐる作り話がひとたび地に堕ちてしまったら、教皇の職はその特性ともども存在しえないものになってしまうでしょう。それによって、私たちに喜ばしい自由がもたらされ、私たちは皆、権利においては同等であることを改めて知り、このような横暴な行為を取り除かれて、キリスト教信者とはキリストをもつ者であることを知り、キリストをもつ者はキリストに属するものすべてをもち、すべてのことをなしうることを知るようになるでしょう。このことが私の友であるローマ主義者たちのお気に召さないのであれば、私はさらに明確に、力強く、このことについて書くことにしましょう。

病者の塗油

病気の者たちに油を塗るという儀式について、神学者たちは彼らが思いついた二つのことをこれに追加しました。一つはそれをサクラメントと呼んだこと、もう一つはそれを最後のサクラメントにしたことです。ですから、これは臨終における油のサクラメントであり、瀕死の危機にあるのでなければ与えられるべきではないものになりました。彼らは名案を思いついたとでも思ったのでしょう。まさにこの制度の弁護者として、洗礼の最初の塗油を、それに続く堅信のサクラメント、叙階のサクラメントの二つと結びつけたのです。彼らは、このサクラメントについては、私の批判に反対できると考えているのでしょう。つまり、使徒ヤコブの権威に基づいて、これには私が述べてきたようなサクラメントを構成する約束としるしがある、と言うに違いありません。すなわち、〔『ヤコブの手紙』五・一四以下に〕「あなたがたのうちの誰かが病気に罹《かか》った場合、教会の長老を呼び、主の名によって、その人の上に油を注ぎ、彼のために祈ってもらいなさい。そうすれば、信仰による祈りは病人を救い、主はその人を立ち上がらせてくださる。また、罪を犯している場合には、それも赦される」と書いてあるのです。ですから、彼らは言います。見てみよ、罪の赦しの約束と油のしるしがあるではないか、と。

しかし、私は言わなければなりません。愚かなことがどこかで語られたことがあるとしたら、特にここで愚かなことが語られています。多くの人々が、この手紙は使徒ヤコブのものではなく、使徒的な精神に適応していない、と述べていることについて、私はここで触れようとは思いません。誰のものであったとしても、それはこれまでの伝承によって権威をもつものと認められています。しかし、それが使徒ヤコブのものだとして、使徒であったとしても、自分の権威によってサクラメントを制定すること、神の約束とそのしるしを自らが与えることなどは許されていないのです。それはキリストのみに属していることです。ですから、パウロは、彼が主から聖なる晩餐のサクラメントを与えられたこと、そして洗礼を授けるためではなく福音を宣べ伝えるために自らが遣わされたことを告白しています。しかし、福音書の他のどこにも終油のサクラメントは見当たりません。仮に福音書では触れられなかっただけだということにしてみましょう。その上で、次に使徒たちの言葉を調査し、手紙の著者についても検討してみましょう。そうすれば、サクラメントの数を増やし［て病者の塗油をサクラメントに加え］た人々はこれらの問題について何も考えていなかったことが明らかになるでしょう。

まず、使徒が述べていることを彼らが尊重するというのなら、彼らは何の権威に基づいてそれを変更するのでしょうか。また、なぜそれと異なったことを述べたりするのでしょうか。使徒たちは、それをサクラメントにしようとしたのではなく、ごく一般的なこととして行っていただけです。ところが、それを彼らは最後に行われる、ただ一つの行為としての塗油に仕上げてしまったのです。それは臨終の者に与えられる塗油ではなく、使徒たちはむしろはっきり「誰かが病気であれば」と言っており、「誰かが死にかかっているのであれば」とは言っていません。ですから、ディオニュシオスがその著作『教会の階層』の中で、この問題をどれだけ正しく認識していたのかは問題ではありません。使徒の言葉こそが重要であり、私たちはそれに依存しているのです。にもかかわらずディオニュシオスはそれに従わず、この使徒の言葉を誤って解釈して、どのような権威にもよらずに彼の勝手な判断でサクラメント、すなわち最後の塗油のサクラメントを作り上げたことは明らかです。それによって彼は使徒によってなされた塗油の恩寵を破壊してしまったので、多くの病気の人々に被害を与えています。

使徒の約束が明確に述べられている「信仰の祈りは病んでいる人を救い、そして主はその人を立ち上がらせてくださる」〔『ヤコブの手紙』五・一五〕という言葉は麗《うるわ》しいものです。見てください。使徒は、ここで病んでいる者が癒されることを、そして立ち上がることができるようにと祈っています。すなわち、その人が死なないように、さらにそれが最後の塗油にならないように、油を塗り、祈るようにと命じているのです。今日でも、病んでいる人が癒されるために油を塗り、そのあいだに祈るということがなされています。ところが、彼らは塗油は臨終の者にだけなされねばならないと言うのです。ということは、塗油は、病んでいる者が癒されることがないように、立ち上がることがないように、なされてしまっているのです。これは、使徒の言葉についての、よくできた、手っ取り早い、とりあえず筋道の通った解釈です。そして、もし事柄が真剣な問題でなかったら、人々はすぐにでも笑い出していたことでしょう。ここには詭弁を語る学者たちの愚かさが見出されるのではないでしょうか。その愚かさは、この箇所だけではありません。他の多くの箇所にも見出されます。彼らは聖書が否定していることを肯定し、聖書が肯定していることを否定するのです。私たちはこのような優れた能力をもつ教師に感謝しなければならないというのでしょうか。この箇所の解釈以上に愚かな解釈は彼らによってもなされなかったと述べましたが、そのとおりでしょう。

　塗油がサクラメントだと主張するのなら、それはそれが意味するもの、そしてそれが約束するもののしるしでなければなりません。彼らがそう言っているとおりです。「信仰の祈りは病んでいる人を救い、そして主はその人を立ち上がらせてくださる」と言う場合には、はっきりと病んでいる者の健康の回復を約束しています。しかし、その約束はほとんど、いや、まったく果たされていません。一〇〇〇人のうちの一人も健康が回復しないし、仮に回復した人がいたとしても、それがサクラメントによるものとは考えておらず、自然的な治癒、あるいは薬のおかげだと考えています。ですから、彼らはこれらの実際に起こる事実に反する力をサクラメントに与えてしまっているのです。この点については何と言えばよいのでしょう。使徒はこの約束について嘘を言っているのでしょうか。そうでなければ、この塗油はサクラメントではないことになります。なぜなら、サクラメントの約束は確かなものでなければならないからです。しかし、この約束は、ほとんどの場合、成就しません。私たちがよく知っているとおり、これらの神学者たちは、危うい知恵と目ざとさによって、この塗油を最後のサクラメントに変えたのです。ここでサクラメントと呼ばれている塗油は、約束としては成立しないので、サクラメントにはなりません。そして、このサクラメントが最後のものだというのなら、癒すのではなく、むしろ病気に負けるためのものになってしまいます。ですから、もしそれが癒すというのなら、最後のものであってはならないはずです。このような神学者たちの考えによれば、ヤコブは自ら矛盾したことを述べたことになってしまいます。さらには、サクラメントを制定していないのにサクラメントを制定したことになってしまいます。使徒は塗油によって病んでいる者が癒されるようにと考えたのに、彼らは使徒が制定した目的が実行に移されないよう、それを最後のサクラメントにしたことになってしまいます。これを常軌を逸した行為と言わないなら、何がそのようなものでありうるでしょうか。

『テモテへの手紙一』第一章〔第七節〕の使徒の言葉は、そのような人々のことを言っているのです。「ある人々は、自ら律法の教師であることを志していながら、自分の言っていることも主張していることも理解していないのです」。彼らはあらゆることを正しく考えずに判断し、そしてそれに従います。同じような手法で〔『ヤコブの手紙』五・一六の〕「あなたがたの罪を互いに告白し合いなさい」という聖書の言葉から個人的懺悔というものを作り出しました。しかし、彼らは注意深さが足りず、使徒が〔同じ『ヤコブの手紙』五・一四で〕教会の長老を招いて病んでいる者のために祈れと言ったことを見逃しているのです。使徒は塗油のためではなく、祈るために多くの者がそばにいるよう命じているのに、今日ではそのような場合に司祭が派遣されることはありません。ここで使徒が「信仰の祈りは病んでいる者を癒す」と言う場合、長老、すなわち年長者のことを考えていましたが、それが司祭だったかどうかは定かではありません。なぜなら、年長者が常に司祭、教会の奉仕者であるわけではないからです。しかし、いずれにしても使徒は、教会の中の年長の者たちと主だった者たちが病んでいる者を訪ねて憐れみの業をなし、信仰に基づく祈りを捧げて、その人を癒そうとすることを重んじました。そして、ここで重要なのは、かつての教会は、叙階や聖別を受けることなく、年齢や事実上の経験に基づいて、このような務めのために選ばれた年長者によって運営されていたということでしょう。

これらのことから考えて、塗油は『マルコによる福音書』第六章〔第一三節〕で使徒の働きとして記されているのと同じものではないかと考えています。そこには「彼らは多くの病める者に油を塗って癒した」と書かれています。それは明らかに初代教会の儀式であり、それを通して彼らは病気の者たちに奇跡を行いました。しかし、これはほとんど見られなくなった行為です。また、『マルコによる福音書』は、その最後の章で〔一六・一八〕、信じる者たちが蛇をもつかみ、病人に手を置くように、キリストは力を与えた、と述べています。ここでは、キリストの言葉がヤコブの言葉と同じように約束をもっているのですから、彼らはなぜここからサクラメントを作り出さなかったのでしょう。ですから、この最後の塗油、つまり創作された塗油は、サクラメントではなく、ヤコブの勧告なのです。それを望む者にはすべて、それを行うことができるのです。それは、すでに述べたとおり、『マルコによる福音書』第六章〔第一三節〕から引き出され、今に至るまで伝えられているものです。弱さは教会の栄光であり、死もまた益なのですから、この勧告がすべての病弱な者に与えられているとは私には思えません。しかし、この勧告は病気の中で信じきることができない人々に与えられています。そのような人々に奇跡と信仰の力が現れるよう、主はこれらの人々をそのような姿のままで置かれていたのです。

ヤコブは癒しと罪の赦しの約束を、塗油ではなく、信仰の祈りに与えているのです。ですから、ヤコブはこの問題に注意深く対応しているのです。なぜなら、ヤコブは「信仰の祈りは病んでいる者を救い、そして主はその人を立ち上がらせ、またその人が罪の中にいたなら、その罪も赦される」と語っているからです。つまり、不信仰な者が祈りもせずに洗礼を授け、また聖別をするということもありうるので、サクラメントはそれを司式する者の祈りや信仰を求めず、洗礼を受ける者の信仰だけを求めて、神の約束と神の制定のみにすべてを依拠させているのです。しかし、今日の最後の塗油のどこに信仰の祈りがあるのでしょうか。病んでいる者に対して、病気は確かに回復する、という信仰をもって祈ることが、どこでなされているのでしょうか。ヤコブはここで信仰の祈りを説明しています。それは、この手紙の冒頭〔『ヤコブの手紙』一・六〕でも説明されていたことです。「しかし、疑わないで、信仰をもって願い求めなさい」。キリストも〔『マルコによる福音書』一一・二四で〕「祈り求めることは何でも、それを受けると信じなさい。そうすれば、そのとおりになるだろう」と言われています。

このような祈りが病んでいる者たちになされること、つまり年長の主だった聖なる人々によって深い信仰をもってなされることは何の問題もありません。信仰になしえないことが何かあるとでもいうのでしょうか。私たちは、使徒がその権威によって求めているこの信仰を求めず、年齢においても信仰においてもこの世で上に立つ権威をもつ人のことを司祭と理解しているのです。それによって、何度でも繰り返されるべき塗油が最後の塗油という制度に作り替えられ、使徒が約束した癒しも失われて、約束と正反対のことをするようになってしまい、本来あるべき効果も失われてしまいました。私たちのサクラメント、いや、人間の作り出したものが、ヤコブの言葉を利用して、それとはまったく異なるものによって基礎づけられ、証明されているにもかかわらず、それを誇っているのです。神学者たちは何をしているのでしょうか。

私たちは最後の塗油のサクラメントを認めないわけではありませんが、それが使徒ヤコブによって命じられているという考えには賛成できません。なぜなら、このサクラメントは形式も、用法も、力も、目的も私たちのサクラメントと一致しないからです。それにもかかわらず、私たちは自らが制定したような塩や水の聖別、あるいはその散布の中に、この終油のサクラメントも加えることにしましょう。なぜなら、使徒パウロが言うように、創造されたものはすべて神の言葉と祈りによって清められるということを私たちは否定できないからです。私たちは、最後の塗油によって赦しが、そして平安が与えられるのを否定しません。しかし、それは終油が神によって制定されたサクラメントだからではなく、それを受ける者が神によってそれを得られると信じるからです。最後の塗油の執行者は、その人がどんな過ちを犯していたとしても、それを受ける者の信仰を誤らせることはありません。愚かな仕方で洗礼を授け、赦免を与える者があったとしても、そしてその執行者が赦免を受けていないとしても、洗礼を受け、赦免を受けようとする者が信じているのであれば、実際には洗礼も赦免も有効なのです。それと同じように、最後の塗油を執行する者は、彼自身が与えるのではない〔神の〕平安が与えられていなくても、職務を正しく行っているなら、そこにサクラメントが存在していないものの、また与えようとは思ってもいなかったものさえ与えられるからです。なぜなら、油を塗られた者は、油を塗る者が与えることのできないものの、また与えようとは思ってもいなかったものさえ与えられるからです。油を塗ってもらう者には、それを塗ってくれる人よりも神の言葉を聞き、信じることで十分なのです。執行者がただの真似事だったとしても、愚かな行為だったとしても、私たちは信じることで信じるべきものを受け取るからです。〔『マルコによる福音書』九・二三にあるように〕「信じる者には、どんなことでもできるのです」。また、キリストが〔『マタイによる福音書』八・一三で〕「あなたが信じるとおりになるように」と言われているとおりです。ところが、詭弁を弄する神学者たちは、サクラメントを扱うにあたって、信仰については何も言わないのに、サクラメントの効力についてはすべての情熱を注いで熱弁をふるいます。しかし、彼らはいろいろ学んでいるようですが、結局は真理に至りません。

これまでいろいろと述べてきましたが、塗油が最後の塗油とされたのは意味のあることでした。最後の塗油による恩寵によって、それがローマ主義者の横暴と貪欲によって被害を受けているにもかかわらず、それでもいわばただ一つの憐れみが臨終に際して残されたのです。それによって告白もせず、聖餐も受けず、つまり何の制限もなく、ただ油を塗ってもらうことが可能になったのです。ですから、この塗油という行為が本来のままの姿で今日に至るまで続き、罪を取り去らないまま病んでいる人を助けているのなら、教皇たちに〔よる勝手な定めに〕支配されない世界というものが、この世にいったいどれくらい残ったことでしょう。教皇とその取り巻き連中というのは、悔い改めのサクラメント、また鍵の権能、叙階のサクラメントによって皇帝や王侯のような権力をもつようになった人々なのです。しかし、彼らは信仰の祈りを軽視しているため、病んでいる者を癒すことはできずにいるのです。このように、自分たちのために古い儀式から新しいサクラメントを作り上げたのは、まったくの身勝手な行動だったのです。

四つのサクラメントについて論じるのは、ここまでにしましょう。サクラメントの数や用法は聖書によるのではなくローマが決定するのだと考える者にとっては、まったく気に入らない議論だったことでしょう。ところで、これらのローマの決定は、あたかもローマ教皇とその取り巻き連中がもたらしたものであって、大学の講義からもたらされたものではないかのように思われていますが、教皇とその取り巻き連中がもっている知恵は、いずれも大学の講義に負っています。大学から大きな影響を受けなかったら、このようなローマの横暴は起きなかったと思うのです。なぜなら、主要な司教区の中でローマほど学識ある高位聖職者が少ない教区は他にないからです。ローマは結局、これまで暴力、策略、迷信によって他者に対する優位な力を持ち続けてきました。一〇〇〇年も前にあの教皇の座に就いた人々と、そのあとに高位の座に昇った人は、まったく異なっています。あなたがたは、そのどちらがローマ教皇にふさわしいかを選択しなければなりません。

〔最初の三つに加えて〕サクラメントに加えてもよいと思われるものは他にもいくつもあります。例えば、祈り、神の言葉、十字架などは、どれも神の約束が与えられているものです。キリストは何度も、またさまざまな喩え話によって、私たちを祈りへと導いています。とりわけ『ルカによる福音書』第一一章〔第一節以下〕では、祈る者にはその祈りがかなえられることを約束されました。さらに、神の言葉については、〔第二八節で〕「神の言葉を聞いて、これを守る者は恵まれている」と言われています。そして、悲しむ者、苦しんでいる者、低くされた者〔すなわち、社会的に抑圧されている者〕たちに対して、キリストは何度も助けと、彼らが受けるべき栄光について約束しておられます。その数は数えきれないほどです。それどころか、聖書は全体を通して、一方では戒《いまし》めや命令を強く示すことによって、他方では約束や慰めによって、私たちが信仰に至るように励ましているので、神の約束をすべて数え上げることなどできないほどです。事実、聖書に書かれていることは、いずれも命令か約束なのです。命令の要求によって高ぶる者は低くされ、約束は赦しによって低き者を高くするのです。

その中でも、約束がしるしと結びつけられているものが、サクラメントと呼ばれるのに適切なものだと思います。しるしと結ばれていないものは、ただの約束です。ですから、もし私たちが厳密に語ることを願うなら、教会の中には洗礼とパンという二つのサクラメントしか存在しません。なぜなら、そこでのみ、神に制定されたしるしと罪の赦しの約束の両方を見るからです。私がこれら二つに加えている悔い改めのサクラメントは、実際には神によって制定された見えるしるしを欠いています。悔い改めのサクラメントは、すでに述べたとおり、洗礼への道、また洗礼へとつながる道の他は、何も私たちに与えないのです。しかし、スコラ神学者たちのほうが悔い改めの定義としてより適切だと言うことはできません。彼らも、不可視のものに意味ある形態を与えるために、サクラメントに可視的なしるしを与えています。しかし、悔い改めも赦免も、そのようなしるしは何一つもっていません。そのため、スコラ神学者たちも、自らの定義に基づいて、悔い改めがサクラメントであるのを否定せざるをえなくなっています。その結果、サクラメントに別の定義を与えるか、あるいは数を減らすかのいずれかをしなければならなくなっているのです。

しかし、私たちの生涯すべてと結びつく洗礼は、生涯それと関わるすべてのサクラメントに代わりうるものです。また、パンは、死にゆく者、この世を去る者たちのサクラメントです。それを通して、私たちはキリストがどのようにしてこの世を去られたのかを知り、それを見習います。そのことを記念して、私たちはこのサクラメントを執行します。ですから、私たちは洗礼が生涯の始まり、そして生涯全体に位置づけられ、そしてパンが生涯の終わりと死に位置づけられているのを知って、この二つのサクラメントを区別するのです。さらに、キリスト者は洗礼を完全に受けることで強められ、この世を去り、新しい命に生まれ変わって、キリストとともに父である神の国でパンを食するまで、この世での、この身体とともにある生涯を生きるかぎりは、この二つ〔のサクラメント〕を用いるのです。そのことは、最後の晩餐でキリストが「まことにあなたがたに言っておく。神の国でそのことが満たされるまで、葡萄の実から出るものを再び飲むことはない」〔『マタイによる福音書』二六・二九〕と約束されているとおりです。ですから、パンのサクラメントは来たるべき命のために制定されたとみなすべきです。なぜなら、この二つのサクラメントの目的が満たされる時に、洗礼とパンは終わりになるからです。

これで、この序を終わりにしたいと思います。私はこの序を、聖書を正しく理解し、サクラメントの正当な執行について知りたいと考えるすべての信仰深い人々に、何の報いも求めずに提示したいと思います。『コリントの信徒への手紙一』第二章〔第一二節〕で述べられているとおり、私たちに与えられたものをよく知り、与えられたものをどのように用いるか、というのは決して小さくない重要な問題だからです。聖霊の導きによってすべてを判断しようとする私たちは、正しくないものによって導かれ、間違った判断をすることがあってはならないからです。私たちの神学者は、そのいずれについてもしなかったし、していることも中途半端なことばかりです。私はこれらの問題について確かなことは提示できなかったかもしれませんが、中途半端なことをしないようにして、他の人が〔これを読んで〕よりよい結論を出せるように努力しました。しかし、〔ウェルギリウスが言ったように〕「私たちは誰でも、何もかもをすることはできない」[*77]のです。しかし、神の教えではなく自分たちの考えを執拗に、横暴な仕方で提示してくる不信仰な者たちに対抗するために、私は確信をもって、自由に、この書物をどうしても刊行することにしたのです。私は愚かにも怒りをもっていることを隠しはしません。私は彼らの仕事を軽蔑したりはしませんが、彼らが健全な感覚をもっていることを願っています。しかし、私は彼らを本当の意味での真実なキリスト者からは区別するのです。

私に対して教皇から新しい命令が出され、教皇の呪いの言葉を送られて、それによって私のこの主張の撤回を求められ、あるいは異端と宣言されるのではないか、という噂が私の耳にも届いています。もしそうなら、私はこの書物を、この撤回を求められることになる私の主張の一部として、堂々と提示したいのです。彼らの横暴な傲慢が無駄になってしまい、彼らがそれを嘆くことがないようにしてやらなければならないと思います。これに続く残りの部分については、近く別の書物を刊行する予定です。それは、キリストにお願いしているのですが、できればこれまで教皇とその取り巻き連中が見たことも聞いたこともないような内容のものにしたいと思います。私は私の従順さを十分に証明したいと思います。私たちの主イエス・キリストによって。アーメン。

不信仰な敵ヘロデよ、
あなたはなぜキリストが来られるのを恐れるのか。
天の国を授けてくださるお方は
死にゆく者たちの国を奪い去ったりはしないものです。[*78]

訳注

＊1　この「イエス」は表題や見出しではなく、この時代の習慣で、あらゆることをイエスの名のもとに行え、という聖書の教え（例えば「何を話すにせよ、行うにせよ、すべてを主イエスの名によって行い、イエスによって、父である神に感謝しなさい」（『コロサイの信徒への手紙』三・一七））に従って、著作の冒頭に置かれた言葉である。

＊2　ヘルマン・トゥリヒ（生年不詳―一五四〇年）は、ヴィッテンベルクでのルターの同僚。その後、ヴィッテンベルク大学の学長になった。ルターの生涯にわたる協力者の一人。

＊3　「九五箇条の提題」のこと。

＊4　シルヴェステル・マツォリニ（一四五六／五七―一五二七年）は、ドミニコ会の修道院長で異端審問官。「プリエリアス」と呼ばれ、ルターを批判する文章を書いた。「好意ある助言」というのは皮肉で、ルターに対するさまざまな批判や中傷によって敵の正体が明らかになったと述べている。

＊5　ルターは「九五箇条の提題」での自らの議論が、限定された情報の中で、また既存のシステムが維持される前提でなされていたことを後悔し、それを取り消して、改めてこの書物で自分の考えを説明しようと考えた。

＊6　ヨハネス・エック（一四八六―一五四三年）は、インゴルシュタット大学の教授。「九五箇条の提題」を批判する文書を書いた。

＊7　ヒエロニムス・エムザー（一四七八―一五二七年）は、ザクセンのゲオルク公爵の事務官。ルターを批判する急先鋒の一人。

＊8　「クシュにはまた、ニムロドが生まれた。ニムロドは地上で最初の勇士となった。彼は、主の御前に勇敢な狩人であり、『主の御前に勇敢な狩人ニムロドのようだ』という言い方がある。彼の王国の主な町

は、バベル、ウルク、アッカドであり、それらはすべてシンアルの地にあった」(『創世記』一〇・八以下)。バベルはバビロニアの起源と言われている。

＊9　この見出しは原文にはないが、訳者の判断で挿入した。

＊10　「キリスト教界の改善について」訳注＊96参照。

＊11　カエタヌス（一四六九頃―一五三四年）は、ドミニコ会の修道院長で枢機卿。アウクスブルクでルターを審問した。

＊12　一五一九年に刊行された『キリストの聖なる真の身体の尊いサクラメントについてと兄弟団についての説教（*Ein Sermon von dem hochwürdigen Sakrament des heiligen wahren Leichnams Christi und von den Bruderschaften*)』での主張。

＊13　ヒエロニムス・エムザー『ライプツィヒ討論』(Hieronymus Emser, *De disputatione Lipsicensi, quantum ad Boemos obiter deflexa est*（1519), in *Corpus catholicorum: Werke katholischer Schriftsteller im Zeitalter der Glaubensspaltung*, Bd. 4, herausgegeben von Franz Xaver Thurnhofer, Münster in Westfalen: Aschendorff, 1921, S. 27-41）のこと。

＊14　ヒエロニムス・エムザー『猟師ルターに対する野山羊の主張』(Hieronymus Emser, *A venatione Luteriana aegocerotis assertio*（1519), in a. a. O., S. 47-78）のこと。

＊15　『コリントの信徒への手紙一』一一・二三に「私があなたがたに伝えたことは、私自身、主から受けたものです」というパウロの言葉がある。

＊16　『キリストの聖なる真の身体の尊いサクラメントについてと兄弟団についての説教』のこと。

＊17　アウグスティヌス『説教（*Sermo*)』一一二・五（Migne 38, 615)。

＊18　原文は「『ドゥドゥム』」。校訂本編者による修正に従う。

＊19　「イエスはパンを取り、賛美の祈りを唱えて、それを裂き、弟子たちに与えながら言われた。『取って

食べなさい。これは私の体である』。また、杯《さかずき》を取り、感謝の祈りを唱え、彼らに渡して言われた。『皆、この杯から飲みなさい。これは、罪が赦されるように、多くの人のために流される私の血、契約の血である』」(『マタイによる福音書』二六・二六以下)。ここで主の晩餐は「皆」のためだという言葉がパンではなく杯のほうに出てくるので、カトリックが主張するパンだけの一種陪餐は成り立たない、という主張である。

＊20　ここで「しるし」と言われているのは、聖餐のサクラメントにおける「パンやワイン」のこと。

＊21　「キリスト教界の改善について」訳注＊19参照。

＊22　ドナティスト派の名称の起源になった人物。聖餐のサクラメントを執行中だった執事を異教徒たちが押し倒したために、その杯が割れてしまったが、祈るとその杯が復元された、という伝説が残っている。つまり、これは二種陪餐が行われたことを歴史的に語っているというのである。

＊23　ジョン・ウィクリフ(一三二〇頃—八四年)は、イングランドの宗教改革者で、実体変化を批判した。

＊24　ピエール・ダイイ(一三五一—一四二〇年)のこと。フスを異端としたコンスタンツ公会議では指導的な役割を果たした。ルターに影響を与えたと言われている。

＊25　「偶有」とはアリストテレスの考えだが、カトリックの聖餐論では、「これは私の身体である」と言ったとき、イエスはまさにそのとおりのことを考えていたとされる。つまり、パンとワインはあらゆる外見からしてパンとワインであり続けているのに、ミサのあいだにパンやワインの本質である実体だけがキリストに変化し、パンの偶有だけがそこに残っている、と主張される。それをアリストテレスの形而上学で説明したのである。この論理を使って、カトリックは聖餐においてパンはキリストに実体変化しているが、その偶有のほうはパンとして残っているとした。また、この変化は聖餐ごとに毎回起こると主張した。ルターはこれを批判したのである。

*26 アレクサンドリア学派のオリゲネス（一八五頃―二五四年頃）は、聖書の比喩的な解釈を強調し、発展させた。しかし、この点については多くの批判と論争が四世紀に起こった。

*27『創世記』にある物語。「彼らは一つの民で、皆一つの言葉を話しているから、このようなことをし始めたのだ。これでは、彼らが何を企てても、妨げることはできない。我々は降っていって、ただちに彼らの言葉を混乱させ、互いの言葉が聞き分けられぬようにしてしまおう」（一一・六以下）。

*28 ルターは、パンとワインは字句どおりキリストの身体と血であるが、聖餐式のあいだにキリストの身体と血はこのパンとワインという物質の中に浸透する、と考えた。キリストの身体と血は、パンとワインの「中に、その下に、それとともに」実在する。キリストの身体が物体的に存在するわけではないが、そこにキリストは身体的に臨在する、ということである。なぜそれが可能になるのか。それが「秘儀」である、とルターは述べている。

*29 教皇グレゴリウス九世（在位一二二七―四一年）が出した教令。

*30『マタイによる福音書』一〇・八で、キリストは「ただで受けたのだから、ただで与えなさい」と言っている。

*31 神であるキリストを指す。キリストは「マコトニ神、マコトニ人」だと考えられている。

*32「遺言の場合には、遺言者が死んだという証明が必要です。遺言は人が死んで初めて有効になるのであって、遺言者が生きているあいだは効力がありません」（『ヘブライ人への手紙』九・一六以下）。

*33 聖書によれば、最初の人類はアダムとその妻であり、アブラハムやノアは次の世代の族長である。神は人類救済の約束のしるしとして虹を与えた。「あなたたち並びにあなたたちとともにいるすべての生き物と、代々とこしえに私が立てる契約のしるしは、これである。すなわち、私は雲の中に私の虹を置く。これは私と大地のあいだに立てた契約のしるしとなる。私が地の上に雲を湧き起こらせ、雲の中に虹が現れると、私は、私とあなたたち並びにすべての生き物、すべて肉なるものとのあいだに立てた契約に心を

留める」（『創世記』九・一二以下）。

＊34　キリスト教ではイスラエルと結ばれた救済の契約を「古い契約」と呼び、それは旧約聖書に記されている。イエスを通して結ばれた全人類との救済は「新しい契約」と呼ばれ、それは新約聖書に記されている。

＊35　「だからあなたも、私の契約を守りなさい、あなたも、あとに続く子孫も。あなたたち、およびあなたのあとに続く子孫と、私とのあいだで守るべき契約はこれである。すなわち、あなたたちの男子はすべて、割礼を受ける。包皮の部分を切り取りなさい。これが、私とあなたたちとのあいだの契約のしるしとなる」（『創世記』一七・九以下）。

＊36　「ギデオンはまた神に言った。『どうかお怒りにならず、もう一度言わせてください。もう一度だけ羊の毛で試すのを許し、羊の毛だけが乾いていて、土には一面露が置かれているようにしてください』。その夜、神はそのようにされた。羊の毛だけは乾いており、土には一面露が置かれていた」（『士師記』六・三九以下）。

＊37　原文は「第三章」。校訂本編者による修正に従う。

＊38　例えばトマス・アクィナスは「等価的代償（aequivalens satisfactio）」と「充足的代償（sufficiens satisfactio）」を区別している。後者は、神の赦しは正義や償いを前提としているが、最終的にはそれらに依存しない、ということ。

＊39　ヤハウェの神ではなく、イスラエルの人々が心を奪われた近隣の異教の神。

＊40　「信じた人々の群れは心も思いも一つにし、一人として持ち物を自分のものだと言う者はなく、すべてを共有していた」（『使徒言行録』四・三二）。

＊41　「あなたの神、主はお聞きになったその言葉を咎められるであろうが、ここに残っている者のために祈ってほしい」（『イザヤ書』三七・四）。今日の翻訳には「祈りを高く上げる」という言葉はない。これ

は「神に捧げる」という意味である。

*42 『創世記』第四章にあるカインとアベルの兄弟の話を指す。神はカインの捧げものを受け取らなかった。

*43 ヒエロニムス『書簡（*Epistola*）』第一三〇段落（Migne 22, 1115）。

*44 皇帝マルクス・アウレリウス（在位一六一―一八〇年）の時代に起こった迫害の時に殉教したブランディナのこと。

*45 「これらを備えていない者は、視力を失っています。近くのものしか見えず、以前の罪が清められたことを忘れています」（『ペトロの手紙二』一・九）。

*46 ハレスのアレクサンダー（一一八五頃―一二四五年）は、この定式を批判した。

*47 「人々はこれを聞いて主イエスの名によって洗礼を受けた」（『使徒言行録』一九・五）。

*48 ローマのある道化師が洗礼の儀式を真似たところ、天使が現れ、「主は一人、信仰は一つ、洗礼は一つ、すべてのものの父である神は唯一であって、すべてのものの上にあり、すべてのものを通して働き、すべてのもののうちにおられます」（『エフェソの信徒への手紙』四・五～六）という聖書の言葉を聞かされて回心した、という伝説。

*49 ルターは教会が主張してきた伝統的な七つのサクラメントを二つにしたと言われているが、一五二〇年の時点では、悔い改めのサクラメントも入れて三つが聖書的な根拠があり、キリストが制定したものだと主張していた。

*50 罪の認識、罪の恐ろしさによってなされる痛悔のこと。神に対する愛によってなされる完全な痛悔から区別された。しかし、この不完全痛悔は、悔い改めのサクラメントによって鍵の権能により罪の赦しへと至ることができると主張された。

*51 一三六四年から一七七三年まで毎年、洗足木曜日に出させた異端や破門の宣言についての大勅書。違

反事項の指摘もあったが、実際には教皇の権限でなされる恩赦も含まれていた。

＊52 「彼〔ヤロブアム〕はよく考えた上で、金の子牛を二体造り、人々に言った。『あなたたちはもはやエルサレムに上る必要はない。見よ、イスラエルよ、これがあなたをエジプトから導き上ったあなたの神である』。彼は一体をベテルに、もう一体をダンに置いた」（『列王記 上』一二・二八以下）。

＊53 隠修修道院の一つ。一〇八四年、シャルトルーズに、その地の大司教ブルーノによって設立された。

＊54 「ペトロとヨハネが人々の上に手を置くと、彼らは聖霊を受けた」（『使徒言行録』八・一七）。

＊55 今日の聖書の翻訳では「『それゆえ、人は父と母を離れてその妻と結ばれ、二人は一体となる』。この神秘は偉大です」となっている。

＊56 アンジェロ・カルレッティ（アンゲルス・デ・クラウァシオ）（一四一一―九五年）によって書かれた聴罪司祭の指導書『アンゲルスの良心問題大全（*Summa angelica de casibus conscientiae*）』のこと。結婚の障害となるものが長々と書かれている。ルターは本書を書き上げたあと、一五二〇年の暮れに、教皇の勅書や教会法とともに、この書物も焼却したと言われている。

＊57 『創世記』一〇・八に出てくる勇敢な狩人。

＊58 姪は三親等であるが、本文では「二親等」となっている。

＊59 コリントの教会の創設にパウロが関係し、そのすべてに責任をもった、という意味。

＊60 「これに対して、霊の結ぶ実は愛であり、喜び、平和、寛容、親切、善意、誠実、柔和、節制です。これらを禁じる掟はありません」（『ガラテヤの信徒への手紙』五・二二以下）。

＊61 男性が関係のある女性の直系一親等および二親等の血族と結婚することを禁止し、その結婚を無効と考えて、女性に対しても同様の判断をするというもの。

＊62 今日の医学的見地からすると、現在用いられているのとは異なる意味であることは明らかである。

＊63 偽ディオニュシオス・アレオパギテス『教会位階論（*De ecclesiastica hierarchia*）』のこと。五世紀

末から六世紀はじめにかけて書かれた偽ディオニュシオス文書の一つ。

＊64　これも偽ディオニュシオス文書の一つで、神と人間のあいだに天使の九つの階層的秩序を設定した。

＊65　『典礼大全（*Rationale divinorum officiorum*）』（一二九六年）のこと。ドゥランドゥス（一二三〇頃―九六年）の代表作で、神秘主義的な典礼書。

＊66　ボナヴェントゥラ（一二二一頃―七四年）は、フランシスコ会のスコラ学者。彼自身も偽ディオニュシオス文書の影響のもとで神秘思想を展開した。

＊67　アエリウス・ドナトゥス（四世紀半ば頃）は、ラテン語文法の学者。その代表的な著作『文法学（*Ars major*）』を、フランスの神学者ジャン・ジェルソン（一三六三―一四二九年）が比喩的・神秘主義的に解釈して『寓意的な解釈から導き出される道徳的意味（*De donatus moralisatus seu per allegoriam traductus*）』（一四二九年）を書いた。

＊68　『マタイによる福音書』二六・四一で「誘惑に陥らぬよう、目を覚まして祈っていなさい」と命じている。

＊69　原文は「二」。校訂本編者による修正に従う。

＊70　「ヤロブアムは心に思った。『今、王国は、再びダビデの家のものになりそうだ。この民が生贄を捧げるためにエルサレムの主の神殿に上るなら、この民の心は再び彼らの主君、ユダの王レハブアムに向かい、彼らは私を殺して、ユダの王レハブアムのもとに帰ってしまうだろう』。彼はよく考えた上で、金の子牛を二体造り、人々に言った。『あなたたちはもはやエルサレムに上る必要はない。見よ、イスラエルよ、これがあなたをエジプトから導き上ったあなたの神である』。彼は一体をベテルに、もう一体をダンに置いた。このことは罪の源となった。民はその一体の子牛を礼拝するためダンまで行った。彼はまた聖なる高台に神殿を設け、レビ人でない民の中から一部の者を祭司に任じた」（『列王記 上』一二・二六以下）。

＊71　キュベレーの祭りは「アッティスの秘儀」と呼ばれ、「ガロイ（Galli ＜ Galloi）」と呼ばれる祭司たちはその儀式のあいだに去勢された。アッティスに倣って、自ら男根を切り取り、自傷することで神と交感したのである。

＊72　ギリシア神話の登場人物で、トロイア王トロスの子。美少年だったので神々が天に連れ去ったと伝えられている。

＊73　incompatibilia beneficia. 一人の人が兼任できない職務を同時に与えてはならない、という教会法の規定。

＊74　マインツのアルブレヒトが贖宥状を有料で販売していたのも、多くの職務を兼任していたため、この規定違反を免れるために教皇に賄賂を贈っていたからだと考えられている。

＊75　原文は「第五章」。校訂本編者による修正に従う。

＊76　「その頃、弟子の数が増えてきて、ギリシア語を話すユダヤ人から、ヘブライ語を話すユダヤ人に対して苦情が出た。それは、日々の分配のことで、仲間のやもめたちが軽んじられていたからである。そこで、一二人は弟子をすべて呼び集めて言った。『私たちが、神の言葉を蔑ろにして、食事の世話をするのは好ましくない。それで、兄弟たち、あなたがたの中から、〝霊〟と知恵に満ちた評判のよい人を七人選びなさい。彼らにその仕事を任せよう。私たちは、祈りと御言葉の奉仕に専念することにします』。一同はこの提案に賛成し、信仰と聖霊に満ちている人ステファノと、他にフィリポ、プロコロ、ニカノル、ティモン、パルメナ、アンティオキア出身の改宗者ニコラオを選んで、使徒たちの前に立たせた。使徒たちは、祈って彼らの上に手を置いた。こうして、神の言葉はますます広まり、弟子の数はエルサレムで非常に増えていき、祭司も大勢この信仰に入った」（『使徒言行録』六・一以下）。

＊77　ウェルギリウス『牧歌』八・六三。

＊78　コエリウス・セドリウスの賛美歌。ルターは一五四一年一二月にこれをドイツ語訳し、顕現日の礼拝

にしばしば用いた。

キリスト者の自由について

一五二〇年（原文ドイツ語）

思慮深く、賢明で、友情に厚い私の友、そして私を援助し続けてくれているツヴィッカウ市の代官ヒエロニムス・ミュルフォルト氏[*1]に、アウグスティヌス会修道士、博士であるマルティン・ルター[*2]は、私の二心のない奉仕と私のもてるすべてのものを捧げる。

思慮深く、賢明で、友情に厚い友よ、あなたの市の称賛すべき説教者で、尊敬すべき修士であるヨハネス・エグラヌス氏[*3]は、あなたの聖書への愛と熱心、あなたがそれらを心から告白し、またそれを公衆の前で賛美するのを憚《はばか》らないことを、大いに誉め称えています。それだけでなく、エグラヌスは私とあなたが知り合うことを心から願っていました。もちろん、私はその勧めをすぐに喜んで受け入れました。なぜなら、私にとって、神の真理が正しく愛されているのを知ること以上の喜びはないからです。しかし、それとは反対に、確かに受けとめなければならない躓《つまず》きがあり、そのしるしとして定められているとおり、キリストに多くの人が躓き、倒れ、しかしそこから立ち上がらなければならないにしても[*4]、〔他方で〕多くの人々、とりわけ自分の役職を自慢するような人々が権力をひけらかし、策略をもってこの真理に逆らっているのは、まことに残念なことです。だからこそ、私は、私たちの出会いと友情の始まりにあたって、この小さな論文、あるいは説教をドイツ語であなたに献呈したいと願っているのです。私はこの小さな論文をラテン語で教皇にも献呈しました。なぜなら、私の教皇〔という制度〕についての考えや著作が他の誰からも非難を受けることがないように、人々に〔私の考えの〕根拠を明らかにしようと願ったからです。私はあなたと、神のすべての恵みに自らを委ねます。アーメン。

一五二〇年　ヴィッテンベルク

イエス[*5]

1

キリスト者とは何だろうか。キリストが獲得し、キリスト者に与えてくれた自由とは何だろうか。聖パウロはこれについてさまざまに書いているが、私たちもこのことを根本的に理解できるよう、私は二つの命題を提示することにしよう。

キリスト者はすべての上に立つ自由な主人なので、誰にも服従することはない。

キリスト者はすべてに仕えることができる下僕であり、誰にでも服従する。

これは聖パウロが『コリントの信徒への手紙一』の第九章〔第一九節〕で「私はすべてのことにおいて自由であるが、すべての人の下僕になった」と書いており、また『ローマの信徒への手紙』第一三章〔第八節〕で「互いに愛し合うことの他は、誰に対しても負い目を負ってはならない」と書いているとおりである。ここで言われているように、愛とは、愛している人に仕え、それに服することである。キリストもそうだった。『ガラテヤの信徒への手紙』第四章〔第四節〕に「神は御子を女から、しかも律法の下に生まれた者として、お遣わしになった」と書いてあるとおりである。

2

私たちは、自由、そして仕えるということについての相反する両者の命題を理解するために、キリスト者はすべて霊的、身体的という二つの性質をもっていることを自覚すべきである。キリスト者は、魂という点では霊的で、新しい内的な人と呼ばれ、肉体という点では身体的で、古い外的な人と呼ばれる。この両者の区別のために、聖書では自由、そして仕えるということについて、明らかに相反することがキリスト者に対して述べられている。

3

まず私たちは、内的で霊的な人〔という点〕を取り上げ、これが義とされた自由なキリスト者であること、また私たちがそう呼ばれるために何が必要であるかを明らかにしよう。それによって、外的なものは何であろうと、またどのように呼ばれようと、人間を自由にするものではないし、人間を義とするものでもないことが明らかになる。というのも、人間の義、また人間の自由、あるいはそれとは逆に〔人間の〕悪、〔人間を〕拘束して離さないものとは、身体的なものでも外的なものでもないからである。身体が何にも拘束されておらず、元気で、健康であり、食べ、飲み、生きてゆくことができていたとしても、それが魂にとって何だというのだろうか。それとは反対に、身体が自ら望んでいないのに拘束され、あるいは病気で疲労困憊し、飢え、渇き、苦しみを経験していたとしても、それが魂にとって何の妨げになるというのだろうか。これら〔身体に起こる〕すべてのことは、どれ一つとして魂にまで影響を及ぼすことはないし、人間を自由にしたり、拘束したり、人間を義としたり、悪いものにしたりするようなものではない。

4

司祭あるいは聖職者たちがしていることだが、その身体に聖なる衣服をつけるとか、礼拝堂あるいは聖なる場所に生きているということは、魂にとっては何の助けにもならない。聖物を〔神々しく〕扱ったり、大げさな身ぶりで祈ったり、断食したり、巡礼を行ったり、あるいは身体によって、また身体を使って行いうるあらゆるよい行いを考えてみても、それは何ら魂の助けにはならない。魂に義と自由をもたらすものは、あるいは自由を与えるものは、それとはまったく異なるものでなければならない。というのも、すでに述べた身体的な行為は、たとえ悪人であっても、偽善者であっても、間違った信仰をもつ者であっても、すでにもっているし、それを行うこともできるからである。それゆえ、このような身体的な行為から生じ、なされることは、まったくの偽善的な行為にほかならない。ということは、身体が聖なるものとは言えない服を着て、聖なる場所ではないところに生きていて、飲み食いをし、巡礼もせず、祈りもせず、またすでに述べた偽善者たちのような行為をしたところで、実は魂には何の影響もないのである。

5

魂は、天においても、そしてこの地上においても、聖なる福音、すなわちキリストによって教えられた神の言葉以外に、自らを生かし、義とし、自由にし、キリスト者として生きることができるようにするものを何ももっていない。キリスト自身が『ヨハネによる福音書』第一一章[*6]〔第二五節〕で「私こそが復活であり、生命である。私を信じる者は永遠に生きる」と述べ、また『ヨハネによる福音書』第一四章〔第六節〕で「私こそが道であり、真理であり、生命である」と述べ、『マタイによる福音書』第四章〔第四節〕では「人はパンだけで生きるのではない。神の口から出る一つ一つの言葉によって生きる」と述べているとおりである。それゆえ、私たちは、魂は神の言葉以外の何がなくても存在しうるが、もし神の言葉がなかったら他の何かでそれを補うことはできないと確信しなければならない。つまり、魂が神の言葉をもっていれば、他のどんなものも必要ないことになる。魂は〔神の〕言葉によってこそ充足を得ることができる。食べ物、喜び、平和、光、才能、正義、真理、知恵、自由、その他の財も〔それに添えて〕与えられるのである。そのことについて、私たちは『詩編』、特に第一一九編[*7]で、預言者[*8]が神の言葉以外のものは何も求めていないという事例を知っている。また、聖書によれば、神が人間から神の言葉を取り上げること、これこそが人間にとって最大の禍《わざわい》、神の怒りである。『詩編』第一〇七編[*9]〔第二〇節〕には「主は御言葉を遣わして、彼らを癒された」とあるが、神が人間にその言葉を贈るなら、それこそが人間にとって最大の恵みなのである。キリストは〔神の〕言葉を教えること以外のために来られたのではない。また、使徒たち、司教、司祭、すべての聖職者は皆、この〔神の〕言葉に仕えるためだけに召されている。ところが、残念なことに、現在はそれとは異なる方向に動き出している。

6

もしあなたが、私たちにこのような大きな恵みを与える〔神の〕言葉とは何なのか、また〔私は〕それをどのように利用できるのか、という問いをもつなら、その答えは、神の言葉とは、福音書に示されたような、キリストによってなされ、出来事となった説教、すなわち、あなたの生の努力と行いのすべてが神の前では無であり、あなたは自らもつものとともに永遠に滅びるほかないということを〔その説教によって〕あなたが聞くことであり、そのようになっていること〔を知ること〕である。もしあなたがそのことを自ら顧みて正しいと信じるなら、あなたは自分自身に絶望して、「イスラエルよ、あなたの破滅が来る。あなたの助けである私に背《そむ》いたからだ[*10]」という〔預言者〕ホセアの言葉は真実だと告白せざるをえなくなるだろう。

しかし、神は、あなたがこの滅びから抜け出すことができるように、〔神の〕愛する子であるイエス・キリストをあなたの前に立て、生きた、慰めに満ちた言葉であなたに語られようとする。すなわち、神はあなたに、あなたは確かな信仰をもち、キリストにすべてを委ね、大胆に信じるべきである、そのことによってあなたの罪は赦され、あなたは滅びを免れて、義とされ、真実なものとなり、平安を与えられ、正義を行い、あらゆる戒《いまし》めを実行して、それによってあらゆるものから自由になるだろう、と語られようとされる。聖パウロが『ローマの信徒への手紙』第一章〔第一七節〕で「義とされたキリスト者は、その信仰によってのみ生きる」と、また第一〇章〔第四節〕では「キリストは、ご自身を信じる者すべてに義をもたらすために、すべての戒めの終わりであり完成となられた」と言っているとおりである。

7

〔神の〕言葉とキリストを自らのうちに形あるものとなし、信仰の鍛錬を続けて強めることこそ、あらゆるキリスト者がなすべきただ一つの行いであり訓練であるはずである。なぜなら、それ以外のどんな行いも人をキリスト者にはしないからである。ユダヤ人が『ヨハネによる福音書』第六章〔第二八節〕で、神が望むキリスト教的な行いをなすというのは〔具体的には〕どのような行いのことかと質問したとき、キリストは「神がお遣わしになった者を信じること、それが唯一の神が望む行いである」〔第二九節〕と言っている。このお方〔すなわち、神が遣わしたキリスト〕を父なる神だけがそのような者として定めた。それゆえ、ただキリストを信じる正しい信仰こそが、私たちが受けた驚くほどの富なのである。なぜなら、この信仰こそ、私たちにあらゆる祝福をもたらし、私たちからあらゆる禍《わざわい》を取り除くものだからである。『マルコによる福音書』の最後〔一六・一六〕で「信じて洗礼を受ける者は救われるが、信じない者は滅びの宣言を受ける」と言われているとおりである。また、預言者イザヤが〔『イザヤ書』一〇・二二以下で〕「神は地上にわずかな者を残される。そして、残されたわずかな者には義を洪水のように溢れさせ、注ぐことになる」と言っているとおりである。信仰は、自らのうちに、あらゆる戒《いまし》めの成就を圧縮した仕方で含んでいる。それゆえ、信仰をもつすべての者を十分に義とするのであるし、義とされ、正しい者とされるためには、もはや〔他には〕何も必要としないことは明らかである。だから、聖パウロは『ローマの信徒への手紙』第一〇章〔第一〇節〕で「心で信じて義とされる」と述べたのである。

8

聖書には多くの律法や戒め、行い、主義主張、救いのための手段が定められているが、信仰のみが〔人間を〕義とし、いかなる行いもなしで、受け取ることができないほどの富が与えられるのはなぜだろうか。この点について、〔ここでは〕信仰だけがいかなる行いもなしで〔人間を〕義となし、人間を自由にし、救うということを明確に認識し、そのことを真面目に心に刻みつけておいていただきたい。のちに詳しく考えることにしよう。ここでは、まず聖書が二つの言葉に、すなわち神の戒めあるいは律法と、契約あるいは約束の二つに分けられることを知るべきである。確かに、戒めは私たちにさまざまなよい行いを教える。また、それを命じる。しかし、まだその段階では、よい行いにはなっていない。戒めは〔そのようにせよと〕指示を与えるが、助けを与えてはくれない。そのようにすべきだと教えるが、力を与えてはくれない。そのため、戒めから人間は善に対して無力であることを知り、自分自身に絶望することを学ぶだけである。それは古い契約〔すなわち、旧約聖書〕と呼ばれる。これらは古い契約に属している。戒めは「あなたは悪い欲望をもってはならない」〔『出エジプト記』二〇・一七〕と教えるが、この言葉は私たちが罪人であり、どのような人間も自らが望むことを行うなら、その時には悪の欲望なしにはなしえないということを明らかにしている。それによって私たちは自分自身そのように切望し、断固として悪の欲望なしで生きるためには自分自身以外からの助けが必要であり、それを求めるべきであることを学ぶ。すなわち、自分自身ではその戒めを十分になすことができないので、他からの助けを得てその戒めを実行に移そうとするようになる。このことが示しているとおり、あらゆる戒めを自ら成し遂げることは私たちには不可能なのである。

9

戒《いまし》めは守られねばならず、もし守られないなら永遠の罰を受けることになる。〔しかし、人間はそれを守れないということを知るのだから〕戒めによって私たちが自分の無力さを知り、感じ、戒めを守るにはどうしたらよいのかという不安をもつことで謙遜にされ、自らは無だと感じ、義となるために必要なものが自らのうちにないことを見出す。そのとき、別の言葉、すなわち神の契約あるいは約束が私たちにもたらされる。あなたがすべての戒めを守り、戒めがあなたがたに要求しているように、悪への欲望と罪から解放されたい、という思いをもつなら、キリストを信じるべきである。キリストにおいて、私はあなたがたにすべての恵みと義と平安を約束している。あなたがそれを信じるなら得るし、信じないなら得ることはない。たくさんの戒めがあるが、それらは何の役にも立たず、それでもさまざまに要求するが、それをすべて行ったところで〔救いのためには〕何もできなかったことが、信仰によって、いとも容易になしうるようになる。私はごく単純に、すべてのものを信仰の中に置いただけである。信仰をもつ者はすべてを得て救われるが、信仰をもたない者は何も得ない。神の約束が戒めの求めてくるものを与え、戒めの命じることを成就する。それによって、戒めも、戒めの成就も神のものとなる。神のみが命じており、神の御名が成就される。その意味で、神の約束は新しい約束の言葉であり、新しい契約〔すなわち、新約聖書〕に属するものなのである。

10

あらゆる神の言葉は聖なるものであり、真実であり、正義であり、平和であり、自由であり、恵みに満ちている。正しい信仰によって、この〔神の〕言葉により頼むことで、人はその魂が〔神の〕言葉と完全に結びつけられ、〔神の〕言葉がもつすべての徳も魂のものとなる。それゆえ、信仰を通して、また神の言葉によって、魂は聖なるもの、正義で、真実で、平和で、自由で、恵みに満ちたものとなり、真の神の子となる。それは『ヨハネによる福音書』第一章〔第一二節〕に「彼はその名を信じる人々に神の子となる力を与えられた」と書いてあるとおりである。

それゆえ、なぜ信仰が多くのことを成し遂げられるのか、またどんな行いも信仰には及ばないということの意味が理解できるだろう。信仰と違って、よい行いは神の言葉により頼んでいないのである。また、よい行いは魂の中には存在せず、魂を支配できるのは神の言葉と信仰だけなのである。鉄が炎と一つになって灼熱の炎になるように、魂も神の言葉によって〔熱せられて〕神の言葉どおりのものになる。キリスト者が義とされるには、信仰のみで十分なのである。どんな行いも必要ではない。キリスト者は、どんな行いも必要としないことで、あらゆる戒めや律法から解放され、それゆえ自由なのである。これこそが、キリスト者の自由であり、信仰のみ、ということである。もちろん、このことは、私たちは何もしなくてよいとか、あるいは悪を行ってもよいということではなく、義と救いを得るためにはどんな行いも必要としないようにするためのものである。この点については、のちにさらに説明することにしたい。

11

信仰をもつとは、このようなことを行うことである。すなわち、私たちが他人を信じるのは、その人が正しい人であり、真実な人だと信じるからである。それは人間が他人に対してなしうる最大の尊敬である。それとは逆に、他人を不誠実で、嘘つきで、考えの浅い人だと感じるなら、それは他人に対してなしうる最大の侮辱である。魂が神の言葉を固く信じるなら、そのとき魂は、神は真実で、正義であり、神は正しいと考えているのだから、それによって人間がなしうる最大の栄誉を神に帰している。魂は神を正しいと認め、神を正しいと考え、神の名を誉め称え、神の御心にすべてを委ねているのだから、神の言葉がすべてにおいて正しく、真実であるのを疑っていないことになる。それとは逆に、神を信じないということほど、人間がなしうる不名誉はない。そのとき、神は役に立たないものだと考え、嘘つきで、思慮の浅いものだと考え、不信仰をもって可能なかぎり神を否定し、神に逆らい、あたかも自らが神より賢いかのようにふるまい、自らの心のうちに自分の好みに任せて偶像を作り上げる。魂が神を真に信頼し、信仰をもって神を崇《あが》めるのを神が見るなら、神の側でもそのような魂を喜び、その魂を正しく、真実なものと認め、魂もこの信仰によって、正しく、真実なものとなる。このように、人間が神に真理と正義を帰するのは正しく、真実なので、人を正しく、真実なものにする。神に真理を帰するのは真実であり、正しい。しかし、信じることなく、ただよい行いだけに努めようとしている人は、それをなしていないのである。

12

信仰は、人間の魂が神の言葉と同じになり、恩寵で満たされて、人間を自由にし、救われるだけでなく、新婦が新郎と一つになるように魂をキリストと一つにする。このような結びつきによって、キリストと魂は一つの身体になり、両者はあらゆるものを共有するようになって、幸いも不幸も共有し、キリストがもっているものが信仰ある魂のものになり、魂がもっているものがキリストのものになる、というのが聖パウロが「『エフェソの信徒への手紙』五・三二で」述べていることである。キリストはすべての宝と祝福をもっているが、それらが魂のものになる。魂はあらゆる種類の不道徳や罪に覆われているが、それらすべてがキリストのものになる。このとき、まさに喜ばしい交換と相互の取り合いが始まる。キリストは神であり、人である。また、キリストは一度も罪を犯したことがなく、キリストの義は打ち破られたり破壊されたりすることなく永遠であり、全能なので、信仰をもつ者の罪の魂を、両者の結婚指輪によって、すなわち信仰によって自らのものにし、あたかも自分自身が罪を犯したかのようにしてくださるのである。そのとき、罪はキリストの中に飲み込まれ、キリストの何にも打ち破られることのない義は罪に対して完全に強いので、罪はその中で溺れてしまう。人間の魂は、このような結納ゆえに、すなわち信仰によって自らのあらゆる罪から免れ、自由にされ、新郎であるキリストのもつ永遠の義を与えられる。豊かで、高貴で、義である新郎キリストが、貧しく、卑しい、最悪の娼婦と結婚し、あらゆる悪から解放して、あらゆる財を尽くして飾ってくださるとすれば、これほど喜ばしい結婚はない。これによって罪が私たちの魂を永遠の罰に定めることはできなくなる。あらゆる罪は、キリストの上に置かれ、キリストによって飲み込まれてしまったのである。魂はまさに〔結婚相手たる〕新郎キリストによって豊かな義を与えられているので、あらゆる罪を自ら背負わされることがあっても、それらのあらゆる罪に抵抗することも耐え抜くこともできる。パウロが『コリントの信徒への手紙二』第一五章〔第五七節〕で「私たちの主イエス・キリストによって私たちに勝利を下さった神に感謝している」と述べているとおりである。

13

あなたは、なぜ信仰こそがすべての戒《いまし》めを満たしており、いかなる行いもなしで義とすることが信仰に帰されるのか、その理由をここでこそ理解できる。なぜなら、「あなたがたはただ一人の神のみを崇《あが》めるべきである」という十戒の第一の戒めは信仰のみが満たしうることを知っているからである。あなたは、あなたの〔頭から〕踵《かかと》まで、ただよい行いをする者だったとしても、義があるとは言えない。常に神に栄光を帰していることも、それだけでは第一の戒めを満たしているとは言えない。神が真実であるとおりに、〔私たちも〕真実とすべての善を神に帰すのでなければ、神が崇められていることにはならない。どんなによい行いでも神に真実と善を帰することはできず、心にある信仰のみがそれをなす。

信仰のみが人間の義であり、すべての戒めの成就になる。というのも、第一の戒めを満たしうる者がいるとすれば、その人は当然、他の戒めも容易に満たすことができるはずだからである。それに対して、行いは死んだものにすぎない。もし神を誉め称え、賛美するために何らかの行いがなされ、あるいはなしうるとしても、行いは神を誉め称えたり、賛美したりすることはできない。私たちがここで求めているものは、それではない。私たちは、行いのように、行う者がなしたことを求めているのではなく、神を崇める者、行いをなす者たち自身、すなわち行う者の行いの主体を求めているのである。これは心にある信仰以外にはありえない。これこそが義の頭《かしら》であり、義の本質のすべてである。それゆえ、行いによって神の戒めを満たすことができると考えるなら、それは危険なことであり、闇の教えに属する。戒めの成就は、あらゆる行いに先立つものである。それは信仰によって起こり、行いはこの成就に続いて生じるものである。このことについては、のちに論じることができるだろう。

14

私たちはキリストにおいて何を所有しているのだろうか。また、正しい信仰とはどれほど大きな宝なのだろうか。このことが理解できるようになるには、旧約聖書以前においても、旧約聖書においても、なぜ神が、人間でも動物でも、あらゆる男の初子を神のために選び分かち、それを自らのものにするのかを知らなければならない。[*11] 初子は貴重な存在であり、他の子にまさって二つの特権をもつ。それは支配者としての、また祭司としての特権である。別の言い方をすれば、王としての職務と祭司としての職務である。そのため、この世では、最初に生まれた男子は、他のすべての子を支配する君主であるだけでなく、神の前では祭司、すなわち教皇でもあった。〔この比喩が意味していることは何だろうか。それは〕処女マリアから生まれた父なる神の初子イエス・キリストのことである。霊的な意味においてではあるが、キリストは王であり、祭司である。霊的な意味というのは、キリストの国はこの世ではないからである。また、地上の宝ではなく、真理、知恵、平和、喜び、救いという霊的な宝こそが求められているからである。もっとも、それによってこの世の宝が不必要なものになってしまうわけではない。確かに、キリストは誰の目にも見えない仕方で霊的に支配されているが、天にあるもの、地にあるもの、そして陰府《よみ》にあるすべてのものは皆、キリストに服しているのである。

キリストの祭司職も、一般に見出されるような外的な動きや服装などではなく、霊的に、目に見えない仕方でなされている。キリストは自らに属するすべての人のために、いつでも神の前に立って、自らをその人の犠牲〔あるいは身代わり〕として献げている。すなわち、忠実な祭司がなすべきことを常に行っているのである。キリストは、『ローマの信徒への手紙』第八章で聖パウロが述べているように、私たちのために祈っているのである。[*12] キリストは私たちを心の中で内的に教える。この二つが通常、祭司の本来の務めである。それゆえ、外的な、つまり人間の、この世の祭司も、それと同じように、祈り、教えるのである。

15

キリストは〔神の〕初子としての特権をもっており、それには栄誉も品格もそなわっているが、その特権を自らに属するあらゆるキリスト者にも分け与え、信仰によって、それらすべての者たちもキリストとともに王、そして祭司にする。『ペトロの手紙一』第二章〔第九節〕で聖ペトロが「あなたがたは祭司的な王であり、王的な祭司である」と述べているとおりである。信仰によって、キリスト者は、あらゆるものの上高くに置かれ、霊的な意味で、すべてのものの主となる。というのも、キリスト者の救いを損ないうるようなものは何一つないからである。それどころか、すべてのものがキリストに服して、その救いを助けるようになる。『ローマの信徒への手紙』第八章〔第二八節〕で聖パウロが「召された者たちにとっては、すべてのことは益になる」と教えているのは、また『コリントの信徒への手紙一』

の第三章〔第二一節〕で「生も死も、今起こっていることも、将来起こることも、すべてはあなたのものである」と教えているのは、このことである。これは、この世の人々のように、私たちがすべてを身体的に支配し、所有し、それを利用するということは意味していない。なぜなら、身体的に見れば、私たちは誰でも死ななければならず、それを免れる者はいないからである。さらに言えば、私たちは、キリストもその弟子たちもそうだったが、死以外にも多くのものに服さなければならない。そう考えるなら、〔聖パウロが〕述べているのは、身体的な意味でのさまざまな脅迫の中にあっても私たちを支配しているもの、霊的支配のことである。私は魂に従うなら、すべてにおいて自らをよくすることができる。[*13] それゆえ、死のみならず、苦難であっても私に仕え、私の救いに役立つことになる。これは私に与えられた真実で、高貴で、栄誉ある品格であり、真に強力な主権であり、まさに霊の王国なのである。この王国では、よいものも悪いものもない。なぜなら、私が信仰をもっているかぎり、すべてのものは私のために益になり、私に仕えているからである。しかも、〔何らかの方法で得たものを〕私は何も必要としない。信仰だけで十分である。見よ、これこそがキリスト者の自由であり、力なのである。

16

私たちは祭司である。その意味では、王であるより、はるかに優れているということである。祭司の務めを与えられることで、私たちは神の前で他の誰かのために祈ることができる者とされる。神の前に立って祈ることは、祭司以外には許されていない。キリストは、ある一人の祭司が民を代表して身体的に祈るのと同じように、私たちが霊的に、他の人に代わって祈ることができるようにされた。それゆえ、キリストを信じない者は何の役にも立たないし、そのような者はすべての者たちの奴隷であって、あらゆるものに躓《つまず》く。このような者の祈りは、聞かれないし、神には届かない。キリスト者のこの栄誉と高貴さを計り知ることは誰にもできない。キリスト者は、王としては、すべてのものを支配する。また、祭司としては、神を動かす。神はキリスト者が願い、希望していることをしてくださる。『詩編』(一四五・一九)に「〔神は〕主を畏れる人々の望みをかなえ、叫びを聞かれる」とあるとおりである。キリスト者は、ただ信仰によってのみ、この栄誉に至る。いかなる行いによっても至ることはできない。このことから明らかになるのは、キリスト者がいかにあらゆるものから自由であるのか、またいかにあらゆるものから超越しているのかということである。また、キリスト者は義とされること、救われることのために、いかなる意味でもよい行いを必要とせず、信仰こそがキリスト者にすべてのものをもたらすことが明らかになる。もし私たちが、よい行いによって義となり、自由になり、救われ、キリスト者になりうる、と愚かにも考えるとすれば、その時には、すべてのものを失うだけでなく、それとともに信仰も失うことになるだろう。それは、ひとかたまりの肉を口でくわえて水に映る影に飛びかかり、影だけでなく肉まで失ってしまう犬*14のようなものである。

17

〔ここで主張しているように〕すべての者が祭司であるのなら、教会における祭司と信徒の区別はどうなってしまうのだろうか。今日、祭司や聖職者、あるいはそれらに関する言葉が不適当な扱いをされ、霊的階級と呼ばれる一部の集団に独占されている。しかし、聖書では、学者、あるいは聖別された者は、他の人に対してキリスト、信仰、キリスト者の自由を教えるための奉仕、下僕、管理者と呼ばれており、それ以外に何ら区別はない。私たちすべてが祭司であるとしても、皆が奉仕し、管理し、教えることができるわけではない。『コリントの信徒への手紙一』第四章〔第一節〕で聖パウロが、私はキリストに仕える者、福音の管理者以外の者とは人々から思われたくない、と述べているとおりである。ところが、今日では、福音の管理者としての務めは、世俗的で、外的で、華美で、強圧的で、支配的な権力になってしまった。この世で正当性をもつ権力でさえこれほどのものではなく、信徒はキリスト者とはまったく別ものであるかのように扱われている。そこでは、キリスト教の恩恵、自由、信仰、キリストから受けるあらゆる知識、それどころかキリスト自身が、私たちから奪い去られてしまっている。私たちはその代わりに多くの人間的な律法や行いを得たが、そのせいで私たちはもはやこの世の最も役に立たない人々の奴隷になってしまったのである。

18

この点からも、私たちが〔聖書の福音書に書かれた〕キリストの生涯とその働きを表面的に、しかもただ物語として、あるいは年代記として読むだけでは十分でないことは明らかである。つまり、キリストについては何も述べず、ただ教会法あるいは人間的な法や教えを述べるだけでは十分ではない。あるいは、キリストを語る時でも、キリストに同情を寄せるような語り方をしたり、ユダヤ人が憤慨するように語ったり、まるで子供騙しの手法で語ったりする者がいる。しかし、キリストを説教する場合には、私のうちに、そしてあなたのうちに、その説教を聞くことで信仰が呼び覚まされ、保持されるように語らなければならない。信仰が呼び覚まされ、保持されるのは、その説教で、なぜキリストはこの世に来たのか、主をどのように用い、そして味わうのか、主は私に何をもたらし、また与えてくださったのかが私に語られる時である。また、私たちが主から受けたこれまで述べてきたキリスト者の自由、すなわち私たちがあらゆるものを支配する王であり、祭司であり、私たちがなすことはすべて神の御前に受け入れられ、聞き入れられるということが正しく説教される時である。このような仕方で私の心がキリストを聞けば、そのとき心はまことに喜びに溢れたものとなり、慰めを受けて、キリストに向かって心が美しくなり、キリストを愛さずにはいられなくなる。〔しかし〕律法や行いでは、ここまで至ることはできない。誰もこのような心を破壊しようとはしないし、恐怖を感じることもない。もし罪や死が襲ってくるとしても、そのような心は、キリストの義がもはや自らのものであり、自分の罪はもはや自らのものではなくキリストのものであると信じることができる。それゆえ、信仰によって罪はキリストの義の前では消え去るほかない。〔私たちは〕使徒たちとともに、死と罪について「死よ、お前の勝利はどこにあるのか。死よ、お前の棘《とげ》はどこにあるのか。死の棘は罪である。しかし、神に賛美と感謝をせよ。神は私たちの主イエス・キリストによって私たちに勝利をお与えになった。死はその勝利に飲み込まれてしまった」〔『コリントの信徒への手紙一』一五・五五以下〕という事実を知るのである。

19

内的な人と、その人に与えられた自由、また義の主要な部分については、とりあえずここまでにしておこう。これらは、いかなる律法も行いも必要としていない。もしそれによって義となろうとする者がいるなら、むしろそのことによって義は損なわれることになるだろう。私たちは第二の部分に進もう。外的な人である。ここでは、これまでの議論を誤解して「信仰がすべてであり、義となるためには信仰で十分なら、なぜよい行いがさらに命じられるのか。私たちは何もしなくてよいのではないか」と考える人に答えてみたい。断じてそうではないのである。もしあなたがたがすでに内的な人であり、完全に霊的、精神的な人になっているのであれば、そうなのかもしれない。しかし、〔実際には〕それは終わりの日まで実現することはない。この世においては、出発点とそこからの何らかの前進があるだけで、完成は彼岸にある。それゆえ、使徒たちはそれを「霊の初穂」[*15]と呼んだ。「キリスト者はすべてに仕えることができる下僕であり、誰にでも服従する」という冒頭の命題は、この点に関わっている。キリスト者は自由であるという点では何らの行いも必要ない。しかし、下僕であるという点では、あらゆることをしなければならないのである。なぜだろうか。

20

人間は内的に見れば、また魂について言えば、信仰によって十分に義とされている。しかし、信仰も、この十分さも、人生の到達点まで常に増加していかなければならない。その点では、人間は確かにそれをもっているが、この世ではまだ身体的な生にとどまっているので、自分自身で自らの身体を支配し、人々と交わらなければならない。そのとき、行いが始まる。人間は〔人生の終わりの到達点に至るまで〕いたずらに時を過ごすべきではなく、〔外的人間としての〕身体は断食、徹夜、労働などによって適度の訓練を受けることで、刺激され、鍛えられ、内的人間と信仰に従って、それと同じようにならなければならない。身体は、そのような強制がないと自己流のものになり、内的な人間や信仰に従うのを拒否して、反抗するようになるので、〔このような訓練によって〕それを阻止しなければならない。なぜなら、内的人間は、この私のためにこれほどのことをしてくださるキリストのゆえに、神と一つになり、それを喜び、楽しみ、自らも自由な愛によって報いを求めずに神に仕えることに喜びを見出しているが、肉体においては、この世に仕え、自分を楽しませるものを求め、このような〔内的人間がもつ〕ものに抵抗しようとするからである。信仰はこれを放置することができない。そのため、自ら進んで喉元を押さえ、それを鎮め、そして阻止しようとする。『ローマの信徒への手紙』第七章〔第二二節以下〕で聖パウロが「内なる人としては神の律法を喜んでいるが、私の肉のうちにはもう一つの意志があって、心の法則によって戦い、私を肉の罪の法則へと誘う」と言っているが、他方で〔『コリントの信徒への手紙一』九・二七で〕「それは他の人々に宣べ伝えておきながら、自分のほうが失格者になってしまわないためだ」と、あるいは『ガラテヤの信徒への手紙』第五章〔第二四節〕で「キリストのものになった人たちは、肉を欲情や欲望もろとも十字架につけてしまった」と述べているとおりである。

21

もちろん、これらの行いによって人が神の前で義とされる、ということではない。神の前では信仰のみが義であり、義でなければならない。信仰はこのような誤った考えを認めることはできない。行いは、身体は〔内的人間に〕服従するようになり、悪い欲望からは浄化され、目はただ悪い欲を取り除く、という前提のもとになされねばならない。信仰によって魂は浄化され、神を愛しているが、その魂は、他のあらゆるものも、特に自分自身の身体も浄化され、自らの魂とともにこれらのものが神を愛し、賛美するようになることを願っている。人間は自分の身体について、いたずらに時を費やすべきではない。身体を強制し、多くの行いをすべきである。しかし、行いは、人間が神の前で義とされ、正しいとされるための真の宝というわけではない。神の御心に適《かな》うように、報いを求めない自由な愛で、それらをなすべきである。神の意志を喜び、行い、御心に適うことをしたいという願い以外のことを求めてはならないし、意図してもならない。そうすれば、人間は身体を鍛えるために適性や知恵を自ら見出せるようになる。自らの思いを抑えるために、身体に対してどれだけのことをすればよいかを考えて、断食し、徹夜し、労働することができるようになる。もし行いによって義となれると考える人がいるなら、その人はこのような意味での鍛錬などのことは考えずに行いのことだけを考え、行いをできるだけたくさんなせば、それで十分であり、義となると考える。それゆえ、そのような人は、頭を砕き、身体を滅ぼしたりすることさえある。そのような人が信仰なしに、行いによって義となり、救われたいと考えるのは、キリスト者の生と信仰についてのまったく愚かな理解と無知に基づくものである。

22

喩えで説明しよう。信仰によって、神の純粋な恩寵によって、その価値がないにもかかわらず義とされて、救済されたキリスト者の行いとは何だろうか。それは楽園におけるアダムとエバの行いにほかならない。『創世記』第二章〔第一五節〕によれば、「神は創造された人間を楽園に置き、これを耕させ、守らせた」。

アダムは神によって正しく、またよい者として創造されたので、罪のない者だった。それゆえ、楽園での労働や楽園を守るという行いによって義とされる必要はなかった。しかし、神はアダムがいたずらに時を過ごすことがないように、楽園で植えたり、また耕したり、この楽園を守ったりするための仕事を与えた。これは完全に自由な行いだった。また、これは神の御心に適《かな》うため以外の何ものでもなかった。アダムは、私たちが本来生まれながらに義をもっていたかのように、あらかじめ義をもっていたので、義を得るために何かを行うということはなかった。信仰ある者の行いは、これである。そのような者は信仰によって再び楽園に置かれ、新しく創造されたので、義となるための行いを必要としない。しかし、いたずらに時を過ごすのではなく、身体を働かせ、それを維持するために、ただ神の御心に適うように、自由な行いをするよう命じられたのである。

これは聖別された司教の場合も同じである。司教が教会を聖別し、堅信礼を授け、職務上の行いをなす時には、そのような行いが彼を司教にしているのではない。彼があらかじめ司教に聖別されていないなら、そのような行いは何の役にも立たず、ただの愚かなことである。それと同じで、信仰によって聖別されたキリスト者も、よい行いをし、その行いによって、よりよく、より多く聖別されることでキリスト者になるのではない。彼があらかじめ信じておらず、キリスト者でないなら、彼の行いは、意味なく、愚かで、罰せられ、断罪されるべき罪にすぎない。

23

この二つの命題は、いずれも真理である。よい、正しい行いが、よい、正しい人を作り出すのではなく、よい、正しい人が、よい、正しい行いをする。また、悪い行いが悪い人を作り出すのではなく、悪い人が悪い行いをする。人間のあらゆるよい行いの前に、まず人間はよく、正しくなければならないのであり、よい行いはそれに続くものとして、正しく、よい人から生み出される。

キリストは〔『マタイによる福音書』七・一八で〕「悪い木がよい実をならせることはないし、よい木が悪い実をならせることもない」と述べている。このように、実が木をならせるのではない。また、木が実から出るのでもない。逆に、木が実をならせ、実が木になるのである。木が実より先に存在していなければならない。また、実が木をよくしたり悪くしたりすることはできず、木が実をよくもするし、悪くもするのである。それと同じように、人間もよい行いや悪い行いをする前に、その人が正しいか悪いかが問われている。同じことは技術についても言える。よい家や悪い家がよい大工や悪い大工を育てるのではなく、よい大工や悪い大工がよい家や悪い家を建てる。仕事が仕事のよし悪しによって親方を生み出すのではなく、親方のよし悪しによって仕事が決定される。人間の行いも同じである。その人が信じているか信じていないかによって、行いはよくもなり、悪くもなる。行いに対応して人が正しくなったり信仰をもったりするのではない。行いは人を信仰ある者にしないし、正しくもしない。

しかし、信仰は人を正しくし、そしてよい行いもする。行いは人を正しくはしない。行いの前に人が正しくなければならないのだから、信仰だけがキリストとキリストの言葉から来る純粋な恩恵によって人を十分に義とするのであり、人間を救うのである。このことは明らかである。キリスト者が救われるためには、いかなる行いも戒《いまし》めも必要ではない。キリスト者は、あらゆる戒めから解放される。そして、自らが行うすべてのことを、自らの利益や救いのためではなく、自由に、見返りを求めずに行う。このようなキリスト者は、信仰によって、また神の恵みによってすでに満たされており、救われているので、行いにおいては、ただ神の御心を行うことだけを願うのである。

24

信仰のない人にとっては、どのようなよい行いも、義とされること、あるいは救われることの助けにはならない。どのような悪い行いも、人を悪くし、罪に定めることにはならない。〔聖書の喩えにあるように〕木である人間を悪くする不信仰が、罪に定められるような悪い行いをするのである。正しくなるか悪くなるかということは、行いから始まるのではなく、信仰をもつことから始まる。知恵ある者は「あらゆる罪の始まりは、神から離れ、神を信頼しないことだ」〔『ベン・シラの知恵』一〇・一二〕と述べている。キリストも、行いから始めてはならない、と教えている。〔キリストが〕「木がよければその実もよいとし、木が悪ければその実も悪いとせよ」〔『マタイによる福音書』一二・三三〕と教えているとおり、よい実を望む者は、まず木から始めなければならない。すなわち、まず木をよくしなければならないのである。よい行いをしようとする者は、行いから始めるのではなく、行いをする人自身から始めなければならない。しかし、人をよくするのは信仰だけである。また、人を悪くするのは不信仰だけである。『マタイによる福音書』第七章〔第二〇節〕でキリストが「その実で彼らを見分ける」と述べているとおり、人々の面前で、行いが人を正しくもし、悪くもする。誰が正しいのか、誰が悪いのかを行いが示す、というのは真実である。しかし、それは外的なもの、外面的なものにすぎない。多くの人がこのような外的なものに惑わされる。そして、いかにしてよい行いをなすべきか、いかにして正しくなるか、その手段について書いたり教えたりする。しかし、その場合、信仰についてはまったく考慮されていないので、その歩みは目の見えない人が見えない人を導くようなものとなり、行いによって自らを苦しめ、その結果、真の義に到達することができない。『テモテへの手紙二』第三章〔第五節以下〕で、聖パウロが「信心を装いながら、結果的には根がない。歩み続け、教えていながら、真の義の認識には至ることがない」と述べているとおりである。

このような分別のない人々とともに道に迷わないためには、人は行い、戒《いまし》め、行いについての教えより、さらに視野を大きくもたなければならない。第一に、その人自身のことを考えなければならないし、いかにしてその人が正しくなるのかを考えなければならない。人間自身は、戒めや行いによってではなく、神の言葉と信仰によって義となり、救われる。神が私たちを自らの行いによってではなく神の恵みの言葉によって、何らの見返りも求めない純粋な憐れみによって救済してくださることで、神の栄光は確かなものになるのである。

25

よい行いはいかにして退けられるべきなのか、退けられるべきではないのかということ、またさまざまな仕方で教えられているよい行いをすることに関する教えをどのように理解すべきなのかということ、それは〔これまでの議論から〕明らかである。行いによって義となり、救われた、という誤った、あとから付け足される法、[*16]すなわち事実についての倒錯した認識がある場合、その行いはよくない行いであり、罪に定められる。そのような行いは自由とは言えない。それればかりでなく、信仰によって義とし、救おうとする神の恵みに対する冒瀆である。義とし、救うことは、行いによっては不可能である。それなのに、行いによってそれを可能にしようとするのは、それによって神の恵み、働き、栄誉を汚すことになる。私たちはよい行いが悪いと言っているのではない。しかし、よい行いに付随してしまう悪、事実誤認に基づく考えゆえに、よい行いを排除するのである。誤った考えが行いを外見はよいが実際にはよくないものにし、あるいは羊の毛をまとった凶暴な狼[*17]のように自分のみならず他のすべての人も欺《あざむ》くのである。

これらは信仰なしでは克服できない。信仰がもたらされ、これらを完全に覆《くつがえ》してしまうことが起こらなければ、それは行いを重視する聖なる者たちのあいだに存在し続けてしまうことになる。人間がもっている本性は、自らそれを変えることはできない。それどころか、それを宝のようなもの、救いをもたらすものとみなして、多くの人がそれに惑わされている。

それゆえ、痛悔《つうかい》、告白、償い[*18]の問題について書き、また教えることは正しいが、それを信仰まで至らせることができないなら、悪魔的で、人を惑わす教えになってしまう。神の言葉を一面的に説明してはならない。両面がどちらも説明されるべきである。罪人であり続けている人を恐れさせ、罪を暴露し、後悔して、悔い改めさせるには、戒めが必要である。しかし、そこにとどまることはできない。もう一つの神の言葉、つまり恵みの約束についても教えなければならない。それによって信仰を教え、信仰がなければ戒めも後悔も無益であることを教えなければならない。罪を痛悔させ、神の恵みを教える説教者が今でもいるに違いない。しかし、そのような悔い改めと恵みがどこから来るのか、何によってもたらされるのかを教える説教者はいないし、いたとしても戒めと約束を強く語る者はいない。痛悔は戒めから、信仰は神の約束から流れ出て、もたらされる。それゆえ、神の戒めを畏れる者、へりくだる者、自らを正しく知った者が、神の言葉を信じる信仰によって義とされ、そして高められるのである。

26

行いについて、またキリスト者が自分の身体に関してなすべき行いについては、これで語り終えた。〔次に〕キリスト者が他の人々に対してなす行いについて語りたい。なぜなら、人間はこの世において、一人で生きる身体であるだけでなく、他の人々の中でも生きているからである。それゆえ、人間は他者に対する行いなしで存在することはない。また、行いが義や救いのためには必要ないとしても、他の人々と話をし、関わりをもつことなしで済ませるわけにはいかない。そのとき、キリスト者は自由でなければならないが、行いによって他者に仕え、役立とうとすることに向かっていなければならないし、他者が必要とすることを常に考える。これが真のキリスト者の生き方であり、聖パウロがガラテヤの信徒に教えたように、信仰は喜び、そして愛をもって行いに向かうのである。*19

聖パウロは『フィリピの信徒への手紙』〔二・一以下〕でも、キリストを信じる信仰によって恵みも充足も与えられることを教え、次のように述べている。「あなたがたがキリストにおいてもっているすべての慰めと、あなたがたに対する私たちの愛によってもっているすべての慰めと、あなたがたのすべての霊的で義であるキリスト者とともにもつすべての交わりによって、私はあなたがたに勧める。どうか私の心を完全に喜ばせ、そのようにしてこれからは一つの思いとなり、互いに愛し合い、互いに仕え合い、各人が自分や自分のことを顧みるのではなく、他人と他人に必要なことを顧みてほしい」。見よ、〔聖〕パウロがキリスト者の生活において、すべての行いが隣人の益になるのを目指すべきだと述べているではないか。個々の人間は、自分自身のためには自分の信仰で十分である。それ以外の行いや生活は、自由な愛をもって隣人に仕えるために残されているものだと言うのである。また、聖パウロは〔『フィリピの信徒への手紙』二・五～八で〕キリストを模範として、次のように述べている。「あなたがたはキリストにあって見ているのと同じ思いをもちなさい。キリストは神の形に満たされ、自分には十分であって、義とされ、救われるために、ご自分の生涯も働きも苦難も必要でなかったにもかかわらず、これらすべてのものを捨てて下僕の形をとり、あらゆる種類のことを行い、またあらゆる種類の苦しみを受けた。私たちの最善となることしか顧みられず、ご自分は自由であられたにもかかわらず私たちの下僕になられた」。

27

キリスト者は、キリスト者の頭《かしら》であるキリストのように、自らの信仰において十分に満ちたりていて、そして信仰が増すように努めるべきである。信仰こそがキリスト者の生命であり、義であり、救いである。だからこそ、キリストと神がもっているものは、すべてキリスト者に与えられている。『ガラテヤの信徒への手紙』の第二章〔第二〇節〕で、聖パウロが「私が今、肉において生きているのは、神の子に対する信仰による」と述べているとおりである。キリスト者は完全に自由であるが、自らの隣人のためには喜んで自分を下僕にし、神がキリストを通して自らと関わってくださったとおりに、この隣人と交わり、関係をもつべきである。いかなる報いも求めず、ただ神の御心に適《かな》うことを求めて、こう考えるべきだろう。すなわち、まことに私の神は、まったく価値のない、罪に定められた人間である私に、何らの功績も求めず、何らの代価も求めずに、純粋な憐れみによって、キリストを通して、すべての義と救いに満ちた富をくださり、これからのちは私がそのことを信じること以外もはや何も必要ないようにしてくださった。この溢れるような宝を私に注ぎかけてくださった父〔なる神〕に対して、私もまた自由に、喜びをもって、報いを求めずに、御心に適うことを行いたい。そして、キリストが私に対してなしてくださったように、私もキリスト者として私の隣人に対してなしたい。そして、もはや私は隣人にとって必要なこと、利益になることと、救いのために役立つこと、それ以外のことは何もしない。私は私の信仰によってすべてのものをキリストにあって十分にもっているのだから。見よ、信仰から神への愛と喜びが生まれ出る。そして、この愛から、報いを求めずに隣人に奉仕する自由な、自発的な、喜びの生活が生まれ出る。私たちが今は十分に、ありあまるほどもっているものに隣人たちが困窮し、それを必要としているように、私たちもかつては神の前で困窮し、神の恵みを必要としていた。それゆえ、神がキリストによって、代価を求めることなく私たちを助けてくれたように、私たちも身体によって、その行いによって隣人を助けるべきである。そのことを通して、キリスト者の人生がどれほど高貴なものであるのかが分かる。しかし、そのような人生は世界の至る所で下火になってしまっているばかりか、もはや認知されてもおらず、またそのような生き方が説教で語られることもないのは残念である。

28

『ルカによる福音書』第二章にも、これと同じことが記されている。処女マリアは、他の女性とは異なって、穢《けが》れていたわけでも、清められる必要があったわけでもなかったが、〔イエス・キリストを産んで〕六週間を経たあと宮詣でに行き、律法の規定に従って清めの儀式を受けた。マリアはそのとき他の女性を蔑《さげす》んだのではない。マリアはふつうにふるまい、自由な愛からこれを行ったのである。

同じように、聖パウロは聖テモテに割礼を受けさせた。[*20] 聖テモテに割礼が必要だったからではなく、信仰の弱いユダヤ人が誤った考えに至る要因を与えないためである。それゆえ、〔聖〕パウロはそれとは逆にテトスが割礼を受けるのを許さなかった。[*21] 他の人々がテトスも割礼を受けるべきだと主張し、割礼は救いのために必要だと主張したからである。『マタイによる福音書』第一七章〔第二四節以下〕で、キリストは弟子から神殿の納入金を求められたとき、「王の子供たちは税を納めなくてもよいのではないか」と聖ペトロに話しており、聖ペトロもそれに同意している。ところが、その同じ主〔イエス・キリスト〕が〔『マタイによる福音書』一七・二七で〕ペトロに海に行くよう命じて、「彼らを躓《つまず》かせないようにしよう。湖に行って釣りをしなさい。最初に釣れた魚の口の中には銀貨が一枚見つかる。それを取って私とあなたのために納めなさい」と言った。これが最もよい例である。キリストは自らを、また自らに属する者たちを、いかなるものも必要としない王の自由な子供と呼んだが、自ら決められたことを行い、服し、仕え、神殿への納入金さえ納めた。これらの行いは、いずれもキリストにとって義や救いのために必要なものではなく、何の役にも立つことはなかった。それと同じように、主〔イエス・キリスト〕とキリスト者のどのような行いも、彼らの義や救いのためには必要でなく、いずれも他者を喜ばせ、他者のためになるような自由な奉仕だった。この世のあらゆる祭司、修道会、教会の諸々の施設の行いは、このようにしてなされなければならない。個々人は他者の助けとなり、自らの身体を訓練するためにのみ自らのなすべき行いをする。そうすると、このような身体の訓練をする必要がある者はこのようにするべきだ、ということになってしまうが、その場合でも、そのことが義とされ、救われるためだと誤って理解されないよう注意すべきである。義とされ、救われるというのは、ただ信仰のみに可能なことである。同様のことを聖パウロは『ローマの信徒への手紙』第一三章[*22]や『テトスへの手紙』第三章[*23]で命じている。この世の権力に服従すべきだが、それによって救われるわけではない。むしろ、他の人々や権威に自由に仕えて、愛と自由によって自らの意志を行えばよいのである。このことを理解できるなら、教皇、司教、修道会、教会の制度、諸侯、君主たちの命令、法律に対応するのは容易になるだろう。愚かな高位聖職者は、これらの命令や法律は救いのために必要だと考えて、それを強制し、それがあたかも教会の命令であるかのように不当にも押しつけてくる。自由なキリスト者は［それに対して］こう言うべきだろう。すなわち、私が断食したり、祈ったり、命じられているすべてのことをなしたとしよう。しかし、だからといって私がそれを必要としているということではないし、それによって義とされ、救われるということでもない。むしろ、私がしているのは、教皇、司教、一般の人々、修道会の兄弟たち、諸侯のために、模範を示し、模範になるような奉仕をすることであり、私はそれをやり抜こうとしている。それはキリストが自らのためには何ら必要なかったのに、自らのためでなく、この私のために自らになす以上のことをなしてくださり、また成し遂げてくださったのと同じである。たとえこの世の暴君がこれを不当にも要求したとしても、それが神に逆らうものでないかぎり、私にとっては何の害にもならないのである。

29

これらのことによって、行いや戒《いまし》めにおいて、誰が認識が十分ではない愚かな聖職者で、誰が思慮深い聖職者であるかを自ら判断して、両者を区別することができるだろう。もちろん、他者が神に反逆するようなことをするよう強制してくることなどないことを前提にしているが、他者に奉仕して他者の意志に寄り添うことがない行いは、よい、キリスト教的な行いではない。もしそうであるなら、〔今日の〕教会、修道院、祭壇、ミサ、寄付、断食、聖者に捧げられる祈りのいずれもキリスト教的とは言えないことになってしまわないかと私は不安になる。私たちは誰でも、これらのことでは自分のことだけを考え、求め、それによって自分の罪が贖《あがな》われ、救われると考えているからである。それはいずれも信仰、そしてキリスト者の自由について十分に認識していないことから生まれてくる。そして、人をこのようなものに導き、これらの行為を称賛し、贖宥を前面に出して信仰を教えない、認識が十分ではない聖職者がいるのである。もしあなたが寄付をし、祈り、断食しようとするのなら、それが自分に対して何かよいことになるだろうとは考えず、他者がこれを享受できるようにと自由に施しをなして、他者のためになることを願って行うべきである。私はそう勧告したいと思う。そのようになしうるなら、あなたは真のキリスト者である。神が信仰においてあなたにすべてのものを与えたのだから、信仰においてあなたは十分なのだから、あなたにとってはもはや余分なものになったお金やよい行いが、あなたの身体の保持や養いのためにいったい何の役に立つだろうか。見よ、神の宝は、このことで一人の人から他の人へと流れていくことになって、共有される。個々人は隣人を自分自身であるかのように受け入れるべきである。この宝は、私たちのこの姿があたかも自らの姿であるかのように、自らの命の中に私たちを受け入れたキリストからそのことによって私たちの中に流れ込んできて、今度は私たちからそれを必要とする人々の中に流れ込んでいく。キリストが私たちすべてのためになしたように、私もまた私の信仰も義も隣人のために神の前に捧げる。そして、隣人の罪を覆い、その罪を自らの身に負い、その罪が私自身のものであるかのように行うこと、それ以外のことを私たちはなすべきではない。見よ、これが、愛が真である〔ことを正しく知った〕ことから来る、愛の本性である。信仰が真実である場合にのみ、愛は真実である。『コリントの信徒への手紙一』第一三章〔第五節〕で、聖なる使徒〔パウロ〕も「愛は自分の利益を求めない」ことを愛の特徴としている。

30

これらのことから引き出される結論は、以下のとおりである。キリスト者は自分自身においてて生きることはなく、キリストと隣人において生きる。キリスト者はキリストにおいて信仰に生きる。また、キリスト者は隣人において愛に生きる。キリスト者は信仰によって自らを超えて神の中に入り、愛によって神から出て再び自らのもとに戻るが、他方で常に神と神の愛にとどまる。『ヨハネによる福音書』第一章〔第五一節〕で、キリストが「天が開け、神の天使たちが人の子の上に昇り降りするのを、あなたがたは見ることになる」と言ったとおりである。

見よ、これが真の霊的な、キリスト教的な自由であり、心を罪と律法と戒《いまし》めから解き放つものであり、天が地からまったくかけ離れているように、他のすべての自由にまさる自由である。願わくは、神がこの自由を正しく理解する力を私たちに与えてくださるように。アーメン。

訳注

＊1　正しくは、ヘルマン・ミュルフォルト（生年不詳―一五三四年）。一五二一年九月にツヴィッカウの市長になっている。

＊2　ルターは父と同じように「マルティン・ルダー」と名乗っていたが、一五一七年一〇月頃から「エレウテリウス」という名前を使うようになった。これはギリシア語で「自由な者」という意味である。Eleutherius というギリシア語の中には Luder と似た綴りがあり、自らの神学的な研究の成果、そして何よりも本書『キリスト者の自由について』につながる彼自身の信仰的な確信にふさわしい名前だと考えたのだろう。このような名前のギリシア語化は当時の人文主義者のあいだで流行していた。その後、ルターは書簡などでは Eleutherius の省略形である ELuther も併せて用いるようになったが、最終的には Luther に落ち着いたものと思われる。

＊3　ヨハネス・シルウィウス・エグラヌス（一四八〇頃―一五三五年）は、一五一五年からツヴィッカウの説教者だった。一五二〇年にヴィッテンベルクでルターと会っている。

＊4　「ご覧なさい。この子は、イスラエルの多くの人を倒したり立ち上がらせたりするためにと定められ、また、反対を受けるしるしとして定められています」（『ルカによる福音書』二・三四）。

＊5　「教会のバビロン捕囚について」訳注＊1参照。

＊6　原文は「第一七章」。校訂本編者による修正に従う。

＊7　校訂本編者の指摘に基づいて修正した。ルターは「第一一八編」と記しているが、今日の区分では

＊8　『詩編』の詩人のこと。「第一一九編」になる。

＊9　原文は「第一〇四編」。最初の編者は「第一〇六編」と修正したが、底本の校訂本編者の指摘に基づき、今日の区分に従って「第一〇七編」とした。

＊10　校訂本編者によれば、『アモス書』八・一一からの引用。「見よ、その日が来ればと主なる神は言われる。私は大地に飢えを送る。それはパンに飢えることでもなく、水に渇くことでもなく、主の言葉を聞くことのできぬ飢えと渇きだ」。

＊11　『出エジプト記』一三・一以下、あるいは『民数記』八・一七に、次のように書かれている。「イスラエルの人々のうちに生まれた初子は、人間であれ、家畜であれ、すべて私のものである」。

＊12　「誰が私たちを罪に定めることができましょう。死んだ方、否、むしろ、復活させられた方であるキリスト・イエスが、神の右に座っていて、私たちのためにとりなしてくださるのです」(『ローマの信徒への手紙』八・三四)。

＊13　校訂本編者による修正に従う。原文にある on を ohne の略字ととって「すべてのものなしに」とも訳せる。「すべてにおいて」と訳す場合は、on を an の誤植と解する。

＊14　アイソーポス（前六一九―五六四年頃）の寓話の中に「犬と肉」という似たような話がある。

＊15　『ローマの信徒への手紙』八・二三の言葉。ここでは primitias spiritus というラテン語が用いられている。

＊16　ルターの時代の法律用語で、Clausula のこと。出来事が起こったあとで、それに適用できる条項を法律に追加すること。

＊17　「偽預言者を警戒しなさい。彼らは羊の皮を身にまとってあなたがたのところに来るが、その内側は貪欲な狼である」(『マタイによる福音書』七・一五)。

＊18　赦しのサクラメントの三つのプロセスで、神の赦しの行為に対応する人間の行為（痛悔、告白、償い）が求められた。

＊19　「キリスト・イエスに結ばれていれば、割礼の有無は問題ではなく、愛の実践をともなう信仰こそ大切です」（『ガラテヤの信徒への手紙』五・六）。

＊20　「パウロは、このテモテを一緒に連れていきたかったので、その地方に住むユダヤ人の手前、彼に割礼を授けた。父親がギリシア人であることを、皆が知っていたからである」（『使徒言行録』一六・三）。

＊21　テトスに割礼を求めなかったことについては、『ガラテヤの信徒への手紙』二・三に「私と同行したテトスでさえ、ギリシア人であったのに、割礼を受けることを強制されませんでした」とある。

＊22　「人は皆、上に立つ権威に従うべきです。神に由来しない権威はなく、今ある権威はすべて神によって立てられたものだからです。したがって、権威に逆らう者は、神の定めに背くことになり、背く者は自分の身に裁きを招くでしょう。実際、支配者は、善を行う者にはそうではないが、悪を行う者には恐ろしい存在です。あなたは権威者を恐れないことを願っている。それなら、善を行いなさい。そうすれば、権威者から誉められるでしょう。権威者は、あなたに善を行わせるために、神に仕える者なのです。しかし、もし悪を行えば、恐れなければなりません。権威者はいたずらに剣を帯びているのではなく、神に仕える者として、悪を行う者に怒りをもって報いるのです。だから、怒りを逃れるためだけでなく、良心のためにも、これに従うべきです。あなたがたが貢を納めているのもそのためです。権威者は神に仕える者であり、そのことに励んでいるのです。すべての人々に対して自分の義務を果たしなさい。貢を納めるべき人には貢を納め、税を納めるべき人には税を納め、恐るべき人は恐れ、敬うべき人は敬いなさい」（『ローマの信徒への手紙』一三・一以下）。

＊23　「人々に、次のことを思い起こさせなさい。支配者や権威者に服し、これに従い、すべてのよい業を行う用意がなければならないこと、また、誰をも謗《そし》らず、争いを好まず、寛容で、すべての人に心からや

さしく接しなければならないことを」(『テトスへの手紙』三・一以下)。

訳者解説　一五二〇年――ドイツ国民の神聖ローマ帝国とマルティン・ルター

1

その年、マルティン・ルター（この頃はまだ「ルダー」とか「エレウテリウス」などと名乗っていた可能性がある）は世界で最も多忙な男だったかもしれない。というのも、彼はグーテンベルクの印刷技術の改良によって情報革命の時代を迎えたヨーロッパの出版界に最も貢献した人物だったのだから。彼は一五二〇年に小さなパンフレットなども含めると一三三冊の印刷物を刊行した。当年のドイツの全出版物が約二〇〇冊だったというから、半分以上が彼の著作だったことになる。ちなみに、本書に収録した『キリスト教界の改善について』は同年八月一二日頃にヴィッテンベルクのメルキオール・ロッターの印刷工房から四〇〇〇部が刊行されたが、一八日には再版の準備が開始され、さらに各地の印刷工房では初版と再版が混ざった版（今日の言葉で言えば海賊版）が無数に印刷された。

時の人となったこの男は、一四八三年一一月一〇日、鉱業の町アイスレーベンで、父ハンスと母マルガレータの息子として生まれた。教育熱心な父の影響のもと、大学では法学を専攻し、官僚を目指したが、のちに宗教的回心を経験して、修道士になった。やがて彼は司祭になり、一五一二年にはヴィッテンベルク大学の聖書の教授になる。それからさらに五年後、ヨーロッパ中が彼の一挙一動に注目することになった。

聖書の教授となって聖書の解釈や神学の命題の研鑽を始めたルターは、その頃、教皇レオ一〇世がサン・ピエトロ寺院の修復のためにと言って売り出した贖宥状《しょくゆう》（いわゆる免罪符）に納得がいかなかった。それを率先して売りさばいていたマインツ大司教アルブレヒト・フォン・ブランデンブルクの説明によれば、この贖宥状を買った者の天国行きは教会によって保証されるという。ルターの疑問は素朴なものだった。——それで本当に人間は救われ、天国に行けるのだろうか。

一五一七年一〇月三一日、ルターは熟慮の末、この贖宥状についての公開質問状をヴィッテンベルク城の教会の扉に貼り出したと言われている。それが「贖宥の効力を明らかにするための討論」、いわゆる「九五箇条の提題」である。しかし、現在ではルターがこの日に公開質問状を貼り出したと考える研究者はほとんどいない。場所についても日付についても決定的な証拠があるわけではないし、公開質問状は貼り出されたのではなく、読んでもらうべき相手に書簡として送付されたという説が有力である。

だが、そこには何が書かれていたのか。そして「贖宥」とは何だったのか。

2

この時代のヨーロッパの人々にとって、究極の関心事は死、あるいは死後のことだっただろう。平均寿命は今とは比べものにならないほど短く、今日のような医学があったわけでもない。病気になれば多くの場合、医療も施すことができないまま最期の時を迎え、生まれた子供たちが大人になる確率も限りなく低かった。だからこそ、突然やって来る死は恐れであり、死んだあとのことは最大の関心事だった。豊かな生活や老後の心配というのは、死と戦う医学を手にした近代人の話だろう。キリスト教が今日ヨーロッパと呼ばれる世界にやって来て、多くの人々の心を捉えたのは、死後の説明の合理性のためだったと思われる。単純である。教会の教えに従っていれば、天国行きが約束されるというのだ。

それはどんな仕組みになっていたのか。キリスト教は、人間は生まれたままの姿で天国に行けるとは教えなかった。それを阻《はば》んでいるのは、人間が生まれながらにもっている原罪と、日々の生活の中での聖書や教会の教えに反する行いである。原罪はアダムとエバがエデンの園で神との約束を破って禁断の木の実を食べてしまって以来、人類に遺伝している。原罪やこれまでの罪は洗礼によって取り消されたとしても、私たちは生きているかぎり、その後も日々過ちを重ねてしまう。聖書には「嘘をつくな」、「人を殺すな」、「父と母を敬え」、「姦淫するな」という教えが書かれている。いや、そんな具体的なことだけでなく、単純に

「神を敬い、人に仕えよ」と書いてある。イエスはそれこそが最も大切な教えだと述べているが、人間はそれさえ守ることができない。

それゆえ、これらの洗礼後の過ちはいかにして赦されるのか、ということが問題だった。この素朴な問いに答え、人々に安心を与えるために生み出された制度が「悔い改めのサクラメント」と呼ばれるものである。人々はこの仕組みに強い関心をもち、その制度にすがった。悔い改めのサクラメントには、痛悔《つうかい》、懺悔、償いという要素が含まれている。痛悔は、罪を自覚し、心から悔い改めようとすることである。次に、自らの犯した罪を司祭の前で告白するのが懺悔である。司祭は告白された罪に対して「私はあなたの罪を赦す」と宣言する。それだけでなく、犯した罪を赦すための代価が要求される。例えば徹夜で神の前に悔い改めの祈りをするとか、断食をするとか、定められた時間に教会を訪ねて祈るといった行為である。これが罪を犯したことに対する罰であり、司祭は神に代わって適切な罰を科す。人々はそれを具体的に行うことで罪を償うのである。

これは天国行きのきわめて分かりやすい条件なので、人々の関心はここに集中した。ふだん行われている教会のミサや神の教えが書かれた聖書は、一般の人々には理解できなかった。聖書はラテン語で書かれ、それらの儀式もすべてラテン語で行われていたからである。いつも使っている日常の言葉ですべてを説明してくれるこの悔い改めのサクラメントこそ、この時代の最も重要な宗教だったのである。心配性の人々は毎日のようにこの悔い改めのサクラメントを行いたいと考えた。そうすれば、いつ死んでもよいことになる。嘘をついて、まだ犯していない罪まで告白し、赦しを得る人もいた。それは一種のお守りで、こうしておけば誤って罪を犯したのに次に悔い改めのサクラメントを行う前に死んでしまっても天国に行けると考えたのである。

教会は制度を厳密にし、この懺悔は年に一度程度でよいと教えた。それでも人々は不安を拭《ぬぐ》いきれない。万が一、罪を告白する前に、あるいは罪の赦しの代価として与えられた課題を果たす前に死んでしまったらどうするのか。それが人々のいちばんの不安だった。それだけ、死後の問題、天国の問題は真剣な問いだったのである。

この問いに答えるために、教会はさらに制度を刷新する。それが聖職者による償いの代行である。この教えが、ルターが歴史の表舞台に登場する頃の神聖ローマ帝国の人々の心をつかんでいた。それはキリスト教のヨーロッパ化、あるいはゲルマン化が引き起こした現象だった。ゲルマン人の法意識の中で最も重要な考え方の一つに「損害と賠償」というものがある。つまり、誰かに損害を与えた場合には賠償を求められる。しかし、ゲルマン人の法意識のもう一つの特徴が、償いの代行だった。このイメージがそのまま悔い改めのサクラメントに投影された。罪の告白を聴取した司祭は罪の赦しを宣言し、その罪を償うための罰を与えるが、それを司祭や修道士が代行するようになったのである。

最初は司祭や修道士の真に宗教的な奉仕だった。彼らは他人の救済のために真剣に断食し、徹夜して祈った。しかし、この制度は民衆の側でも教会の側でも悪用する余地のある曖昧な制度だった。人々は自らが償いのためのさまざまな課題を果たすのではなく、誰か別の人に代行してもらえると考えるようになった。それが、この時代に頻繁に発行され、人々が競って手に入れた「贖宥状」だった。これを手に入れれば自らが犯した罪に対する罰を代行してもらえるのである。なお、「免罪符」という日本語訳は正しくない。なぜなら、これによって免じられるのは、すでに述べたとおり罪ではなく、そのために科された罰であり、それが代行されたことの証明だからである。人々はこれで安心を買った。これでいつ死んでも天国に行けると考えたのである。

教会の側も考えた。これは儲かる。他者の罰の代行をとりあえず特定の個人のためには行わず、それを不特定多数の者たちのために修道士や司祭に日常的に行わせ、その贖宥を教会にストックしておけばよいのである。教会はそのストックの中から必要とする人々に分け与えることができる仕組みを作り上げた。この代行が行われたことの証明書が贖宥状だったのだ。それは人々のニーズに合っており、人々はぜひ手に入れたいと思うが、教会からしか分けてもらえないもので、まさしく売り手市場になった。

その贖宥状を自らの裁量で発行できたのがローマ教皇であり、その贖宥状が最も消費されてローマに莫大な収益をもたらすお得意様の市場がドイツ国民の神聖ローマ帝国だった。そして、この制度に疑問をもったのが、マルティン・ルターだったのである。

3

ルターの疑問は瞬時にしてヨーロッパ中を駆けめぐった。それは、すでに述べたようにグーテンベルクの活版印刷技術によるところが大きい。知識人のネットワークは大いに関心をもったし、宗教とは無縁だと思われるような政治勢力や大商人たちもこの話には興味を示した。なぜなら、ドイツ国民の神聖ローマ帝国を食い物にしていたローマの教皇主義者たちをこらしめる、またとないチャンスだと思えたからだ。この点について、さらに詳しく理解するためには、この時代に「ドイツ国民の神聖ローマ帝国」と呼ばれていたこの帝国とバチカンの教皇主義者との関係を理解しなければならない。

歴史はかなり遡る。三三〇年にコンスタンティヌス一世によって首都をローマからコンスタンティノポリスに移されたローマ帝国は、キリスト教を帝国の宗教として公認したあと、三九五年には東西に分裂した。西ローマ帝国は四七六年に滅亡し、西ローマ皇帝の座は消滅した。

それから三世紀を経た八〇〇年一二月二五日、教皇レオ三世は現在のドイツ、フランス、北イタリアに領土を広げたフランク王カール一世を改めて西ローマ皇帝として戴冠した。彼こそがカール大帝であり、ここにローマ皇帝位が復活する。その後、帝国は分裂と統合を繰り返したが、九六二年にドイツ人の王とイタリア王を兼ねたオットー一世が教皇ヨハネス一二世によってカロリング朝ローマ帝国の継承者として皇帝に戴冠された。これが神聖ローマ帝国の始まりだと一般には考えられている。これ以後、帝国はゲルマン王国の伝統に基づいた選挙王制の形式をとり、皇帝予定者であるドイツ人の王を「ローマ王」として選出して、教皇によって戴冠される伝統が確立した。そして、一四世紀の皇帝カール四世による有名な「金印勅書」以降、ローマ王は有力な七人の選帝侯の選挙で決定されるようになる。

しかし、ローマ皇帝の権力は実際には制限されており、諸侯、司教、都市は皇帝に忠誠を誓ってはいたものの、他の諸侯たち、とりわけ選帝侯には裁判権、貨幣鋳造権などの大幅な自治権が与えられ、各々の領内での独立性を増していった。ルターの時代には、皇帝の権力が及ぶ範囲は実際には中欧のドイツのみに縮小していたし、実際には神聖ローマ帝国はドイツ諸侯の連合体だった。一八世紀の哲学者ヴォルテールは、この姿を「神聖でなく、ローマでなく、帝国でない」と評したと言われているが、まさにそのとおりである。イタリアへの影響力もなくなっており、一五一二年には「ドイツ国民の神聖ローマ帝国」の名称が用いられるようになって、帝国の範囲がドイツ語圏とボヘミアに限定されていることが明らかになっていた。

それでもこの帝国の王朝の正統性のためには、ローマでの教皇による戴冠が必要だった。それゆえ、ドイツ国民の神聖ローマ帝国は、絶えずローマ教皇の顔色をうかがい、政治的にも宗教的にも拘束されることになった。この状況は、のちに「ウルトラモンタニズム」と呼ばれるようになる。「ウルトラ」は「超える」という意味、「モンタ」は「山々」で、ここではアルプスのことである。したがって、「ウルトラモンタニズム」とは、政治の実際がドイツから見るとアルプスの山々の向こう側に支配されている姿を指す。ローマ教皇の側も、この政治的特権を手放すはずがなかった。ドイツ国民の神聖ローマ帝国は、教皇にとっては山の向こうにある自らの庭のような場所だった。時のローマ教皇レオ一〇世はメディチ家出身で、カトリックの権威のみならず、経済的状況の立て直しのために持ち前の商才を用いて多額の資金をヨーロッパ全土から調達する仕組みを築き上げたが、中でも特に搾取されたのがドイツ国民の神聖ローマ帝国で、当時人々はドイツのことを「ローマの牝牛」と揶揄したほどだった。当然のことながら、こうした状況の中でドイツ国内の商工業者や農民層はローマに対して批判的な感情を抱くようになり、ドイツ国民であるのにドイツを搾取する、ローマ教皇の手下になっている司祭や司教、修道士たちにも反感をもつようになっていった。

ルターが登場したのは、このような時代である。ルターだけがローマの教会を批判したわけではない。また、ルターは純粋に宗教的な問題に限定してローマを批判し、潜在的にローマに対する反感をもっていた人々がそれに同調したわけでもない。初期にはそのようなこともあったかもしれないが、彼はのちには自らも国民感情をあらわにし、あえて火に油を注ぐような発言をして、神聖ローマ帝国の反ローマ的な感情を利用したことは明らかである。ルターだけが特殊だったのではないのだ。

しかし、ルターには他の人々よりも勇気があった。人並み外れた戦いのセンスと決断力があった。その彼にこれから動き出す時代の転換開始のスイッチを押すチャンスがめぐってきた。

4

その結果、ルターは、最初の素朴な宗教的な問いや熱情を超えて、ドイツ国民の神聖ローマ帝国とローマの教皇主義者、帝国内のローマ主義者と反ローマ主義者などの政治的対立のただなかに引き込まれることになった。ローマはこの問題について初期消火を試みたが、失敗していた。ルター自身、一五一八年にはアウクスブルクで異端審問を受けたあと、ハイデルベルクやライプツィヒでの教皇庁特使との討論を経て、自らの立場をより鮮明にする必要に迫られていた。そのような状況の中、自らの考えをいち早くヨーロッパの知識人や目覚めた宗教者に伝えることが重要だと考えたのだろう。ルターは、この時代の印刷ネットワークを最大限に利用した。そのようなルターの動きが加速したのが一五二〇年である。

すでに述べたとおり、彼はこの年に数多くの著作を公刊したが、中でも、のちに「宗教改革三大文書」として知られるようになる三つの著作が有名である。それが本書に収録した『キリスト教界の改善について』、『教会のバビロン捕囚について』、そして『キリスト者の自由について』である（同年に刊行された『ローマの教皇制についてライプツィヒの高名なローマ主義者を駁す』、『新しい契約、すなわち聖なるミサについての説教』を加えて「宗教改革五大文書」と呼ぶ研究者もいる）。これらの文書は右に並べた順に執筆された。

『キリスト教界の改善について』では、ドイツ国民の神聖ローマ帝国における宗教の問題が帝国の置かれた政治的・経済的な状況を踏まえて論じられており、それはルターの考える改革の政治的枠組みに関する議論でもある。『教会のバビロン捕囚について』は、改革の具体的な内容を記したものであり、この時代の教会、とりわけローマ主義者たちの考えの批判とリフォーム、特に聖書に根拠をもたないさまざまな規則や規定、伝統や儀式を修正することが提案されている。そして『キリスト者の自由について』では、ルターがキリスト教信仰の本質と考えるものが改めて主張される。これらの著作を書いたとき、ルターにはプロテスタント的なものを主張して新しい宗派を立ち上げるという思いはなく、むしろ自らの立場の保全や関係回復のための取引も含め、ローマの誤解を解くために自分の考えを正確に分かりやすく説明したいと思っていたはずである。

少し内容を分析してみたい。ルター自身が述べているように、彼にとって重要なことの一つは聖書の位置だった。ルターが「九五箇条の提題」を公にしたとき、教皇の権威をはっきり否定していたかどうかは分からない。おそらく、そうではなかったはずだ。ルターは贖宥状の販売を強く批判したが、教皇については「九五箇条の提題」で次のように述べているからである。

しかし、教皇の赦しとそれへの関わりを軽視するようなことがあってはならない。（これまで述べてきたように）それは神の赦しの宣言なのである。（13〔38〕）

贖宥をお金で買うことは憐れみの行いと何らかの意味で同じものだと認められているという考えは教皇の意見ではない、とキリスト者は教えられるべきである。（17〔42〕）

つまり、贖宥状の販売やそれを批判する理由を最初は教皇に結びつけていないのである。しかし、ローマ主義者たちがこの問題の争点を教皇の権威の問題に合わせてくる中で、ルターは教皇や公会議の権威の問題について改めて考え、発言せざるをえなくなっていった。この時代のキリスト教徒にとって、いちばんの関心事は天国に行くことだった。そのための方法を独占しているのが教会なら、その教えに従うことに異存はなかったはずである。そして、教会はその目に見える責任者が教皇であり、教皇は天国に通じる扉の鍵を預かるペトロの後継者だとも主張していたのだから、まさに教皇は権威ある存在だった。教皇がバチカンの聖座から発する教えは無謬であり、それこそがキリスト教だった。

しかし、もし教皇も公会議も過ちを犯す可能性があるとしたら、キリスト教は何によって誤りを正せばよいのか、また何を基準にリフォームすればよいのか、そして何に基づいて考えれば正しいのだろうか。ルターが行き着いた結論は、聖書だった。聖書は確かに教会がこの文章が聖書だと宣言したからこそ聖書になったが、聖書になった書物は逆に教会を規定することになる。聖書に書かれていることが、教皇の考えや教えの解釈に先行するのである。一五二〇年に書かれたさまざまな文章でルターがローマを批判する際に用いた基準は、聖書だった。批判の根拠は、それが聖書に書かれているかどうかである。あるいは聖書的な根拠をもっているかどうかである。例えば、ルターはこの時代の教会が定めていた七つの秘跡を二つ（最初は三つ）に限定したが、その理由は、それらの秘跡の制定がイエスの直接の命令に遡れること、それが聖書に書いてあることだった。つまり、教皇の権威に対して聖書の権威を前面に押し出したのである。彼は「聖書のみ」という原則を明確に主張した。

しかし、問題はこの時代の人々はほとんどが聖書を読めなかったということである。理由の一つは、すでに述べたとおり、ラテン語で書かれていたこと、もう一つは聖書が高価だったことだ。後者の問題を解決してくれたのが、グーテンベルクの印刷機だった。写本ゆえに高価だった聖書が印刷によって比較的廉価になった。しかし、何と言っても重要なのは前者の問題で、それを解決したのはルターによる聖書のドイツ語訳である。聖書はヘブライ語とギリシア語で書かれている。ルターはそれを知識人の言語であるラテン語ではなく、日常言語であるドイツ語に訳した。これは画期的なことだった。聖書を一般人も読むことができるようになったのである。文字が読めなくても朗読してもらえば理解できる。信じがたいことに、この時までキリスト教徒の多くは聖書を読んだことがなかった。ミサもラテン語で行われるから、出席してもほとんど理解できなかった。あえて言えば、このとき初めて人々は聖書を自分で読んだのである。そして、ルターが意図したことではなかったが、彼のドイツ語訳聖書が多くの人々に読まれたことを通して、ドイツ語の文法や表記法が統一されることにもなった。

これまで聖書を読み、その内容を解釈するのは司祭の仕事であり、その正しい解釈、つまり聖書の正しい読み方を決定するのは教皇ただ一人だったが、それを各人が行うことが可能になった、というのがルターの主張である。誰もが司祭のように聖書を読み、解釈してよい。ルターは、それを――時代の政治的風潮にも後押しされて――「全信徒の祭司性(万人祭司)」という仕方で主張した。彼は『キリスト教界の改善について』で次のように述べている。

信徒と司祭、諸侯と司教、あるいはローマ主義者たちの言う「霊的なもの」と「この世のもの」という区別は、その職務あるいはその業務以外の違いを意味しているわけではなく、両者のあいだに身分的な違いはありません。なぜなら、彼らはどちらも同じように、霊的な身分に属する真の司祭、司教、教皇だからです。

さらに、人間が救われ、天国に行くにはどのような可能性があるのかを真剣に問い続けていたルターは、この問題についても人々に答えを明確に示そうと試みた。キリスト教では、救いというのは「義とされる」ことである。「義」は説明が難しい。「義人」というと道徳的に正しい人間を想像するかもしれないが、誤解を恐れずに言えば、「義人」とは神との関係が正しい(=義しい)人のことである。道徳的に正しい人が救われ、天国に行けるというのであれば、それは至難の業であり、ふつうの人間には不可能だろう。しかし、「義」というのは神との関係の正しさのことであり、罪とはこの正しい関係の破壊のことだとすれば、話は違ってくる。神の教えに反したり、神の存在や恩寵を否定したり拒否したりすることは罪である。その場合には神と人間の関係が破壊されるからである。人間が罪人なのは、この関係を人間の側で破壊したからである。その結果、不道徳な行為が生じるかもしれないが、不道徳な行為自体が罪なのではない。

この罪の状態では人間は天国に行けないので、神との壊れた関係を修復しなければならない。そうして正しい関係を修復することが「義」になるということであり、それが救いなのである。ならば、どうすれば人間は「義」になりうるのだろうか。人間同士の関係で考えれば、関係を破壊した者のほうが修復の努力をするのが一般的である。しかし、ルターは自ら戒律の厳しい修道院でさまざまな修行をし、また贖宥状の販売に群がる人々を見て、どれほど人間が努力しても、自らの力で正しい関係を回復することや、自分は「義」とされたという確信をもつことは不可能だと考えた。自分で自分に保証を与えることはできないからである。

ルターが聖書を読みながら発見したのは、神は「義」をもっているだけでなく、それを与えることができる、ということだった。神が自らを信じる者を「義」とするということである。「義人」というのは、自らの努力で道徳的な善良さを手にした人や、さまざまな修行や業によって宗教的な徳を手に入れた人のことではなく、神によって「義」とされた人のことだというのが、ルターが聖書を読んで、そこから引き出した結論だった。「義」は人間の努力の末に得られるものではなく、神が分かち与えることができる神の側にある資源だというのが、ルターの発見だった。

では、それは具体的にはいかにして可能になるのだろうか。『キリスト者の自由について』でルターは次のように説明を試みている。神の「義」を人間が受け取るために、この世に来たのがキリスト（キリストというのは「助ける者」あるいは「メシア」という意味である）としてのイエスである。キリストとしてのイエスは神の子だから、まさに「義」をもった方であるが、このキリストは私たちの罪や過ちとご自分の「義」を交換してくださった。罪や過ちのないイエスが私たちの罪や過ちを引き取り、その代わりに「義」をくださる。イエスは引き取った罪や過ちを神の前で清算するために、自らには過ちはないのに、人間に代わって犠牲の、まさに贖罪の死を遂げたのである。それがイエスの十字架刑だった。これが「義認」ということである。この交換によってキリストは信仰をもつ者たちのうちにとどまり、キリスト者がよい行いをするようにしてくださる。それゆえ、キリスト者とは、自分のものではない「義」によって最も「義」とされた者たちのことである。

ルターはこの発見を、一方ではキリストの「義」と人間の罪が交換されるというような、いわば神秘主義的な表現で説明するが、他方ではバチカンとの戦いの中にあったので、人間は今日の教会が命じるいかなる努力や修行、業によっても救われず、人間が「義」とされるのは、ただこの事実を信じる信仰によると主張した。

このような考えを、ルターは特にパウロの考え、そしてペラギウスと戦ったアウグスティヌスの立場をより厳密にすることで説明しようとした。それゆえ、人間が救われるということは、人間にとってまったく受動的な行為になった。あたかも人間が救われるために人間は何もしないかのようである。しかし、そのとおりなのである。人間はただ受け取るだけなのである。ただこのことを信頼するのが信仰なのである。したがって、人間が救われるためには「信仰のみ」が必要なのである。

5

この年、ルターは教皇庁から破門脅迫の大教勅を受けたが、それを無視したため、翌一五二一年には破門となり、ウォルムスで喚問されて、帝国追放の命を受けた。このように、一五二〇年は「宗教改革」の歴史の中で大きな転機であり、この年に書かれたルターの著作は彼の考えを知る上で重要なものとされる。

しかし、ルターは従来と違った考えに立つ「プロテスタント」という宗派を立ち上げようとしたわけではない。すでに触れたように、彼の努力が向けられていたのは、壊れかけた教会制度の修復であって、新しい宗派の創設ではなかった。一五二〇年の著作で確認されたのはイエス・キリストという教会の土台の上に立つ柱であり、それまでの教会の教えや制度をすべて壊して、新しい教会を立ち上げたわけでもない。

日本語の「宗教改革」は“Reformation”の訳語としては適切ではない。この言葉は「再び」を意味する“Re”と「形成する、構成する」という意味の“Formation”から成る。つまり「再び形を整える」とか「再形成する」という意味であり、「宗教」や「改革」という意味は入っていない。それを「宗教改革」と意訳してしまったことは、この出来事の解釈において誤解を生む原因の一つになっている。ドイツの神学者ヴォルフハルト・パネンベルクは、アメリカで「Reformation とは何か」と問われたとき、次のように説明している。「ドイツでは、最も高級な住宅は、何世紀も前の古い石造りの住宅を買い取って、部屋の中だけをイノヴェーションした家のことです。〔…〕その場合、当然のことながら、柱や屋根などの屋台骨は法律で保護されているので破壊できず、壁や窓、古くなった暖房の修理などを行って部屋の内部を新しくし、現代人が住むのにふさわしくします」。日本でも「家のリフォーム」と称して老朽化した家を修理して新しく住みやすくするのが流行している。パネンベルクも、これは土台から完全に新しく作り上げる新築住宅より人気があり、しかも高級だと言う。その上で、彼はこの「リフォーム」と「リフォーメーション(Reformation)」は違う、と説く。「リフォームというのは主として内部の装飾の修理や変更ですが、リフォーメーションというのは土台、つまり基礎工事部分だけを残して、上に立っているすべての建物を新しく作り直すことです」。つまり、キリスト教である以上、聖書と、イエスこそが人類の救済者であるという土台は変わっていないが、その土台の上に建てられた教会制度や教え、つまりすでに数百年にわたって西ヨーロッパを支配してきたカトリック教会の伝統は徹底的に、完全にリフォームされたということである。しかし、私たちの住む家は同じ家なのである。一五二〇年のルターの著作は、この土台の確認、あるいは彼が考えた再建案のグランド・デザインと言ってよいものだろう。

＊

本書に収録した作品の底本は、以下のとおりである。

「贖宥の効力を明らかにするための討論〔九五箇条の提題〕」
„Disputatio pro declaratione virtutis indulgentiarum“ (1517), in *D. Martin Luthers Werke*, Kritische Gesamtausgabe (Weimarer Ausgabe = WA), Abt. 1, Bd. 1, S. 233-238.

『キリスト教界の改善について』
An den Christlichen Adel deutscher Nation von des Christlichen standes besserung (1520), in WA, Abt. 1, Bd. 6, S. 404-469.

『教会のバビロン捕囚について』
De Captiuitate Babylonica Ecclesiae Praeludium (1520), in WA, Abt. 1, Bd. 6, S. 497-526.

『キリスト者の自由について』
Von der Freyheyt eyniss Christen menschen (1520), in WA, Abt. 1, Bd. 7, S. 20-38.

ルターとその教会改革について、またルターの著作とその翻訳については、以下の文献を参照していただきたい。

著作集（ドイツ語、ラテン語）

D. Martin Luthers Werke, Kritische Gesamtausgabe (Weimarer Ausgabe), Abt. 1: Werke, bisher 66 Bde.; Abt. 2: Tischreden, 6 Bde.; Abt. 3: Die Deutsche Bibel, 12 Bde.; Abt. 4: Briefwechsel, 18 Bde., Weimar, 1883-; Neuausgabe in 120 Bde., Weimar, 2000-07.

著作集（邦訳）

ルター著作集委員会編『ルター著作集』第一集（全一〇巻）、聖文舎、一九六三—七三年。

ルター著作集委員会編『ルター著作集』第二集、聖文舎、一九八五年〜。（二〇〇五年からはリトンより刊行。現在までに第三〜一二巻が刊行）

伝　記（ドイツ語）

Martin Brecht, *Martin Luther*, 3 Bde., Stuttgart: Calwer, 1983-87.

Leben und Werk Martin Luthers von 1526 bis 1546: Festgabe zu seinem 500. Geburtstag,

herausgegeben von Helmar Junghans, Göttingen: Vandenhoeck & Ruprecht, 1983.
Bernhard Lohse, *Luthers Theologie in ihrer historischen Entwicklung und in ihrem systematischen Zusammenhang*, Göttingen: Vandenhoeck & Ruprecht, 1995.

伝　記（日本語）

日本ルーテル神学大学ルター研究所編『ルターと宗教改革事典』教文館、一九九五年。

徳善義和『マルチン・ルター――生涯と信仰』教文館、二〇〇七年。

――『マルティン・ルター――ことばに生きた改革者』岩波書店（岩波新書）、二〇一二年。

入門的研究書（ドイツ語）

Bernd Moeller, *Die Reformation und das Mittelalter: kirchenhistorische Aufsätze*, herausgegeben von Johannes Schilling, Göttingen: Vandenhoeck & Ruprecht, 1991.
Dietrich Korsch, *Martin Luther zur Einführung*, Hamburg: Junius, 1997.
Peter Blickle, *Die Reformation im Reich*, 3. Aufl., Stuttgart: E. Ulmer, 2000.
Oswald Bayer, *Martin Luthers Theologie: eine Vergegenwärtigung*, Tübingen: Mohr Siebeck, 2003.

入門的研究書（日本語、邦訳）

森田安一『ルターの首引き猫――木版画で読む宗教改革』山川出版社（歴史のフロンティア）、一九九三年。

金子晴勇・江口再起編『ルターを学ぶ人のために』世界思想社、二〇〇八年。

R・W・スクリブナー&C・スコット・ディクスン『ドイツ宗教改革』森田安一訳、岩波書店（ヨーロッパ史入門）、二〇〇九年。

K・G・アッポルド『宗教改革小史』徳善義和訳、教文館（コンパクト・ヒストリー）、二〇一二年。

エルンスト・トレルチ『近代世界の成立にとってのプロテスタンティズムの意義』深井智朗訳、新教出版社、二〇一五年。

深井智朗『プロテスタンティズム――宗教改革から現代政治まで』中央公論新社（中公新書）、二〇一七年。

訳者あとがき

二〇一七年はルターがいわゆる「九五箇条の提題」を公にしてから五〇〇年となる。世界各地で記念する行事が行われ、マルティン・ルターをはじめとする宗教改革に関連するさまざまな著作が刊行されている。それだけではない。ドイツでは子供たちに人気のプレイモービルにルターの人形が登場したし、すでに販売されているルター・チョコレートやルター・ワインにも「五〇〇年記念」の新しい文字が印刷されるようになった。世界各地から巡礼者が宗教改革時代の面影が残るドイツの諸都市を訪ねている。

一〇年ほど前の二〇〇五年にアウクスブルク市とアウクスブルク大学の共催で行われた「アウクスブルク宗教平和四五〇年」の記念シンポジウムに招かれたとき、二〇一七年が宗教改革から五〇〇年であることが話題にのぼり、最後の晩のレセプションでは、そのための準備を開始しようと当時の副学長が挨拶した。その頃の私には一〇年以上も先のことを考える余裕はなかったし、自分とはあまり関係のない話だとも感じていた。けれども、その年は近づいてきて、二〇一五年の暮れに、今度は二〇一七年に行われる「宗教改革におけるアウクスブルク」というシンポジウムに参加するよう招きを受けたとき、やはり私自身もこの記念の年に何かをしなければならないと考えるようになった。

私は一九九二年から九六年まで博士候補生としてバイエルン州のアウクスブルクで暮らした。アウクスブルクはローマ帝国時代に基礎が築かれた古い町だが、一六世紀にはドイツ国民の神聖ローマ帝国で起こった宗教改革の主要な舞台になった町の一つでもある。一五一八年に帝国議会の開催中、ルターが非公開で審問を受けたのはアウクスブルクだった。一五三〇年六月二五日にメランヒトンによって書かれた信仰告白が帝国議会で朗読されたが、それは『アウクスブルク信仰告白』と呼ばれ、ルター派の基本的な信条になった。さらに一五五五年には分裂した帝国の宗教の問題を扱う帝国議会がアウクスブルクで開催され、その議事録は「アウクスブルク宗教平和」と呼ばれるようになる。贖宥状の販売とアウクスブルクの大富豪ヤーコプ・フッガーは深い関係にあった。アウクスブルクはまさに宗教改革の町なのだ。

私はこの町の人々と静かに、しかし愉快に暮らした。そして、この町の大学から奨学金を受け、恩師や友人たちに助けられて論文を完成することができた。私がささやかな仕事を続けることができているのは、今からもう四半世紀も前に、この町での自由な四年間があったからだと思う。だからこそ、この町が舞台になった宗教改革を記念する年に、何らかの――もちろん小さなことにすぎないのだが――恩返しがしたいと思った。名前だけはよく知られているが、おそらくあまり読まれていない「九五箇条の提題」と「宗教改革三大文書」の翻訳を改めて日本に紹介することは、宗教改革の町アウクスブルクで学ぶことを許された者としてこの年にできるささやかな恩返しの一つではないかと考えた次第である。

翻訳にあたって、すでになされたさまざまな翻訳を参照させていただき、多くのことを教えていただいた。また、ドイツ語とラテン語の難解な部分については、ドイツ時代の友人たちに何度も教えていただいた。訳文は、一方で学生が読んで理解できるようなものに、他方でルターの熱意が伝わるような文体にしたいと考えた。そのため、文中で順序を入れ替え、また意訳した部分もある。校正の際には、練達の編集者・互盛央氏に貴重な助言をいただき、最終的に訳文を確定することができた。深く御礼申し上げたい。

二〇一七年八月　アウクスブルク

深井智朗

KODANSHA

*本書は、講談社学術文庫のための新訳です。

マルティン・ルター（Martin Luther）

1483-1546年。ドイツの宗教改革者。1517年に免罪符販売を批判する「九五箇条の提題」を発表し，宗教改革の発端を作った。

深井智朗（ふかい　ともあき）

1964年生まれ。専門は宗教学，ドイツ思想史。著書に，『超越と認識』（第13回中村元賞），『プロテスタンティズム』ほか。訳書に，シュライアマハー『ドイツ的大学論』ほか。

講談社学術文庫

定価はカバーに表示してあります。

宗教改革三大文書《しゅうきょうかいかくさんだいぶんしょ》

付《ふ》「九五《きゅうじゅうご》箇《か》条《じょう》の提題《ていだい》」

マルティン・ルター

深《ふか》井《い》智朗《ともあき》 訳

2017年９月11日　第１刷発行
2023年８月21日　第３刷発行

発行者　鈴木章一
発行所　株式会社講談社
東京都文京区音羽 2-12-21 〒112-8001
電話　編集（03）5395-3512
販売（03）5395-4415
業務（03）5395-3615
装　幀　蟹江征治
印　刷　株式会社ＫＰＳプロダクツ
製　本　株式会社国宝社
本文データ制作　講談社デジタル製作

ISBN978-4-06-292456-6

「講談社学術文庫」の刊行に当たって

これは、学術をポケットに入れることをモットーとして生まれた文庫である。学術は少年の心を養い、成年の心を満たす。その学術がポケットにはいる形で、万人のものになることは、生涯教育をうたう現代の理想である。

こうした考え方は、学術を巨大な城のように見る世間の常識に反するかもしれない。また、一部の人たちからは、学術の権威をおとすものと非難されるかもしれない。しかし、それはいずれも学術の新しい在り方を解しないものといわざるをえない。

学術は、まず魔術への挑戦から始まった。やがて、いわゆる常識をつぎつぎに改めていった。学術の権威は、幾百年、幾千年にわたる、苦しい戦いの成果である。こうしてきずきあげられた城が、一見して近づきがたいものにうつるのは、そのためである。しかし、学術の権威を、その形の上だけで判断してはならない。その生成のあとをかえりみれば、その根は常に人々の生活の中にあった。学術が大きな力たりうるのはそのためであって、生活をはなれた学術は、どこにもない。

開かれた社会といわれる現代にとって、これはまったく自明である。生活と学術との間に、もし距離があるとすれば、何をおいてもこれを埋めねばならない。もしこの距離が形の上の迷信からきているとすれば、その迷信をうち破らねばならぬ。

学術文庫は、内外の迷信を打破し、学術のために新しい天地をひらく意図をもって生まれた。文庫という小さい形と、学術という壮大な城とが、完全に両立するためには、なおいくらかの時を必要とするであろう。しかし、学術をポケットにした社会が、人間の生活にとってより豊かな社会であることは、たしかである。そうした社会の実現のために、文庫の世界に新しいジャンルを加えることができれば幸いである。

一九七六年六月

野間省一